普通高等教育机电类系列教材

电动汽车技术

吴晓刚　周美兰　等编著

机械工业出版社

本书共分9章,系统地阐述了电动汽车技术的发展现状和发展趋势,详细介绍了电动汽车的基本结构、工作原理、性能匹配及零部件等关键技术,包括电动汽车的电机驱动系统、动力电池及其管理系统、整车电气及控制系统,并对电动汽车的充电及其基础设施、电动汽车相关标准进行了介绍。

本书可作为高等院校电气工程及其自动化、车辆工程、机械设计制造及其自动化等专业的本科生和研究生选修课教材,还可作为其他专业如自动化、新能源材料与器件等本科生和研究生的教学参考书,也可供电动汽车相关领域的工程技术人员和科研人员参考。

图书在版编目(CIP)数据

电动汽车技术/吴晓刚等编著.—北京:机械工业出版社,2018.1(2025.6重印)

普通高等教育机电类系列教材
ISBN 978-7-111-58613-5

Ⅰ.①电… Ⅱ.①吴… Ⅲ.①电动汽车—高等学校—教材 Ⅳ.①U469.72

中国版本图书馆 CIP 数据核字(2017)第 296514 号

机械工业出版社(北京市百万庄大街22号 邮政编码100037)
策划编辑:王雅新 责任编辑:王雅新 李 然 王小东
责任校对:郑 婕 封面设计:张 静
责任印制:李 昂
涿州市般润文化传播有限公司印刷
2025年6月第1版第7次印刷
184mm×260mm·13印张·315千字
标准书号:ISBN 978-7-111-58613-5
定价:35.00元

电话服务　　　　　　　网络服务
客服电话:010-88361066　机 工 官 网:www.cmpbook.com
　　　　　010-88379833　机 工 官 博:weibo.com/cmp1952
　　　　　010-68326294　金 书 网:www.golden-book.com
封底无防伪标均为盗版　机工教育服务网:www.cmpedu.com

前言
PREFACE

随着世界汽车产业的发展，石油能源消耗日益增大，加快了能源短缺的速度。汽车排放造成的大气污染和温室效应，危害着全人类，人类社会和汽车产业的可持续发展，受到极大的威胁。发展汽车新能源、开发汽车新动力，成为世界汽车产业所面临的十分紧迫的任务。当代融合多种高新技术而兴起的电动汽车正在引发世界汽车工业的一场革命，展现了汽车工业新能源、新动力发展的光明前景。

本书结合哈尔滨理工大学汽车电子驱动控制与系统集成教育部工程中心在电动汽车关键零部件设计及开发中多年积累的经验，重点讲述了电动汽车动力系统的基本结构、工作原理、性能匹配以及电机驱动系统、动力电池及其管理系统、整车电气及控制系统等关键零部件的设计及相关技术的开发。对电动汽车的充电及其基础设施、电动汽车相关标准也进行了相应的介绍。

本书由吴晓刚、周美兰等编著，吴晓刚负责全书统稿。周美兰编写第2、3、7章，张思艳编写第4章，耿新编写第9章，其余内容由吴晓刚编写。感谢哈尔滨理工大学电气与电子工程学院、清华大学的杜玖玉博士、南京理工大学的孙金磊博士等在本书编写过程中提供的大力支持，哈尔滨理工大学的周永勤教授、金宁治副教授以及研究生高明明、韩静、梅尊禹、郑殿宇、王智扬、侯维祥、吕思宇、陈喆、石文文、王天泽、李学峰等为全书的审核校对以及插图的绘制等做了大量的工作，并提出了宝贵意见，在此表示由衷的感谢。

依照内容典型、注重实用的教材目标，编者进行了许多思考和努力，但由于水平的限制，本书还存在许多不尽如人意之处，敬请读者提出宝贵意见和建议。

编　者

目 录 CONTENTS

前言
第1章 绪论 ……………………………………… 1
1.1 电动汽车的发展背景 …………………… 1
 1.1.1 能源安全 ………………………… 1
 1.1.2 环境保护 ………………………… 1
 1.1.3 发展电动汽车的必要性 ………… 2
1.2 电动汽车的发展历史 …………………… 4
 1.2.1 纯电动汽车的发展历史 ………… 4
 1.2.2 油电混合动力汽车的发展历史 … 5
1.3 电动汽车的发展现状 …………………… 8
 1.3.1 美国电动汽车的发展现状 ……… 8
 1.3.2 欧洲各国电动汽车的发展现状 … 9
 1.3.3 日本电动汽车的发展现状 ……… 9
 1.3.4 我国电动汽车的发展现状 ……… 9
1.4 电动汽车的发展趋势 …………………… 11
1.5 本书简介 ………………………………… 11
习题 …………………………………………… 12

第2章 电动汽车的基本结构与工作原理 …………………………………… 13
2.1 电动汽车的分类 ………………………… 13
2.2 纯电动汽车 ……………………………… 13
 2.2.1 电驱动的结构形式 ……………… 13
 2.2.2 储能装置的结构形式 …………… 16
2.3 混合动力电动汽车 ……………………… 16
 2.3.1 混合动力电动汽车的分类 ……… 17
 2.3.2 串联式混合动力电动汽车的结构及工作原理 ……………………… 18
 2.3.3 并联式混合动力电动汽车的结构及工作原理 ……………………… 21
 2.3.4 混联式混合动力电动汽车的结构及工作原理 ……………………… 25
 2.3.5 插电式混合动力电动汽车的结构及工作原理 ……………………… 29
2.4 燃料电池电动汽车 ……………………… 31
 2.4.1 燃料电池的结构及工作原理 …… 31
 2.4.2 燃料电池电动汽车的结构及工作原理 ………………………………… 33
2.5 本章小结 ………………………………… 36
习题 …………………………………………… 37

第3章 电动汽车的行驶工况与性能匹配 …………………………………… 38
3.1 电动汽车的行驶性能 …………………… 38
 3.1.1 驱动力和行驶阻力 ……………… 38
 3.1.2 驱动力与行驶阻力的平衡 ……… 41
 3.1.3 动力性评价参数 ………………… 44
 3.1.4 续驶里程 ………………………… 44
3.2 汽车的行驶工况 ………………………… 46
 3.2.1 汽车行驶工况概述 ……………… 47
 3.2.2 国外汽车行驶工况简介 ………… 47
  3.2.2.1 美国行驶工况 ……………… 47
  3.2.2.2 欧洲行驶工况 ……………… 50
  3.2.2.3 日本行驶工况 ……………… 51
 3.2.3 我国汽车行驶工况的研究现状 … 51
 3.2.4 汽车行驶工况的开发方法 ……… 52
  3.2.4.1 开发计划 …………………… 52
  3.2.4.2 汽车行驶工况数据的获取 … 53
  3.2.4.3 数据的分析与整理 ………… 54
  3.2.4.4 行驶工况的解析与合成 …… 54
  3.2.4.5 行驶工况的验证 …………… 55
 3.2.5 汽车行驶工况的特征分析 ……… 55
3.3 纯电动汽车的性能匹配 ………………… 57
3.4 本章小结 ………………………………… 57

习题 ················· 58

第4章 电动汽车驱动电动机及控制系统 ················· 59
4.1 概述 ················· 59
4.2 直流电动机驱动系统 ················· 60
4.2.1 直流电动机的结构 ················· 60
4.2.2 直流电动机的工作原理 ················· 62
4.2.3 直流电动机的基本特性 ················· 63
4.2.3.1 直流电动机的电压方程 ················· 64
4.2.3.2 直流电动机的转矩平衡方程 ················· 64
4.2.3.3 直流电动机的功率平衡方程 ················· 65
4.2.3.4 直流电动机的工作特性 ················· 66
4.2.3.5 直流电动机的机械特性分析 ················· 66
4.2.4 直流电动机的控制 ················· 68
4.2.5 直流电动机驱动系统的特点 ················· 69
4.3 交流感应电动机驱动系统 ················· 70
4.3.1 交流感应电动机的结构 ················· 70
4.3.2 交流感应电动机的工作原理 ················· 71
4.3.3 交流感应电动机的机械特性 ················· 72
4.3.4 交流感应电动机的控制 ················· 76
4.3.5 交流感应电动机驱动系统的特点 ················· 76
4.4 交流永磁电动机驱动系统 ················· 77
4.4.1 交流永磁电动机的结构 ················· 77
4.4.2 永磁同步电动机的工作原理 ················· 78
4.4.3 永磁同步电动机的基本特性 ················· 79
4.4.4 永磁同步电动机的控制 ················· 81
4.4.5 交流永磁电动机驱动系统的特点 ················· 82
4.5 开关磁阻电动机驱动系统 ················· 83
4.5.1 开关磁阻电动机的结构 ················· 83
4.5.2 开关磁阻电动机的工作原理 ················· 83
4.5.3 开关磁阻电动机的运行特性 ················· 84
4.5.3.1 开关磁阻电动机的基本方程 ················· 84
4.5.3.2 开关磁阻电动机的机械特性 ················· 86
4.5.4 开关磁阻电动机控制系统 ················· 86
4.5.5 开关磁阻电动机驱动系统的特点 ················· 87

4.6 本章小结 ················· 88
习题 ················· 88

第5章 动力电池 ················· 89
5.1 概述 ················· 89
5.2 动力电池的基本术语 ················· 90
5.3 电动车辆对电池性能的要求 ················· 95
5.3.1 纯电动汽车对电池的要求 ················· 95
5.3.2 混合动力电动汽车（HEV）对电池的要求 ················· 95
5.3.3 插电式混合动力电动汽车（PHEV）对电池的要求 ················· 96
5.4 锂离子动力电池 ················· 97
5.4.1 锂离子电池的结构及工作原理 ················· 98
5.4.2 锂离子电池的失效机理 ················· 99
5.4.3 锂离子电池的电特性 ················· 100
5.4.4 不同类型锂离子电池的性能比较 ················· 103
5.5 其他电动汽车用动力电池 ················· 104
5.5.1 铅酸电池 ················· 104
5.5.2 镍氢电池 ················· 107
5.5.3 金属空气电池 ················· 110
5.6 本章小结 ················· 111
习题 ················· 112

第6章 动力电池管理系统 ················· 113
6.1 电池管理系统的功能及基本结构 ················· 113
6.1.1 电池管理系统的功能 ················· 113
6.1.2 电池管理系统的结构 ················· 114
6.2 动力电池测试 ················· 115
6.2.1 常用动力电池测试项目 ················· 115
6.2.2 特性测试的标准化 ················· 115
6.3 电池管理的关键技术 ················· 117
6.3.1 动力电池的建模 ················· 117
6.3.1.1 动力电池的电化学模型 ················· 118
6.3.1.2 动力电池的等效电路模型 ················· 119
6.3.2 SOC/SOH 估计 ················· 120
6.3.2.1 动力电池的 SOC 估计 ················· 120
6.3.2.2 动力电池的 SOH 估计 ················· 122
6.3.3 动力电池组的均衡 ················· 123
6.3.4 电池组的热管理 ················· 126
6.4 动力电池的梯次利用与回收 ················· 128
6.4.1 动力电池的梯次利用 ················· 128
6.4.2 动力电池的回收 ················· 131
6.5 本章小结 ················· 131

习题 …………………………………………… 132

第7章　电动汽车的电气系统 …………… 133
7.1　概述 ……………………………………… 133
7.1.1　低压电气系统 ……………………… 133
7.1.2　高压电气系统 ……………………… 134
7.2　电源变换器 ……………………………… 135
7.2.1　降压变换器 ………………………… 135
7.2.1.1　直流斩波式降压变换器 ……… 135
7.2.1.2　单端正激式降压变换器 ……… 135
7.2.2　升压变换器 ………………………… 136
7.2.2.1　Boost 型变换器 ……………… 136
7.2.2.2　全桥逆变式变换器 …………… 136
7.2.3　双向电源变换器 …………………… 137
7.2.3.1　双向电源变换器的电路结构 …………………………… 137
7.2.3.2　双向电源变换器的升压特性 …………………………… 138
7.2.3.3　双向电源变换器的降压特性 …………………………… 138
7.2.3.4　双向电源变换器的工作模式 …………………………… 139
7.3　电气系统的电磁兼容性 ………………… 139
7.3.1　电磁噪声的分析 …………………… 140
7.3.2　电磁噪声的传播 …………………… 141
7.3.2.1　传导耦合 ……………………… 141
7.3.2.2　辐射耦合 ……………………… 142
7.3.3　减少电磁干扰的主要措施 ………… 142
7.3.3.1　屏蔽 …………………………… 142
7.3.3.2　滤波 …………………………… 145
7.4　电动汽车的电气安全技术 ……………… 147
7.4.1　电气绝缘检测的一般方法 ………… 147
7.4.1.1　辅助电源法 …………………… 147
7.4.1.2　电流传感法 …………………… 147
7.4.2　电动汽车电气绝缘性的描述 ……… 147
7.4.3　绝缘电阻检测原理 ………………… 148
7.5　本章小结 ………………………………… 149
习题 …………………………………………… 149

第8章　整车控制系统 …………………… 150
8.1　整车控制系统及其功能分析 …………… 150
8.1.1　整车控制系统的结构 ……………… 150
8.1.2　整车控制器的基本任务 …………… 151
8.2　整车控制器的开发 ……………………… 152
8.2.1　硬件在环开发系统 ………………… 152
8.2.2　建立仿真模型 ……………………… 153
8.2.3　快速控制器原型 …………………… 154
8.3　整车通信系统 …………………………… 156
8.3.1　CAN 总线及其应用 ………………… 156
8.3.1.1　技术特点 ……………………… 156
8.3.1.2　CAN 总线的组成 ……………… 157
8.3.1.3　数据传输形式和数据传输原理 …………………………… 159
8.3.1.4　CAN 总线的应用 ……………… 161
8.3.2　TTCAN 协议及通信实时性分析 …………………………… 162
8.3.2.1　TTCAN 协议 …………………… 162
8.3.2.2　TTCAN 和标准 CAN 的延迟时间模型 …………………… 162
8.3.2.3　TTCAN 和标准 CAN 的实时性试验分析 ………………… 164
8.3.3　FlexRay 总线及其应用 …………… 165
8.3.3.1　FlexRay 总线 ………………… 165
8.3.3.2　FlexRay 应用 ………………… 166
8.4　本章小结 ………………………………… 167
习题 …………………………………………… 167

第9章　电动汽车的充电及其基础设施 ………………………………… 168
9.1　充电设备及充电接口 …………………… 168
9.1.1　充电设备概述 ……………………… 168
9.1.2　充电接口的标准 …………………… 171
9.2　常用充电设施和应用形式 ……………… 174
9.2.1　家用充电设施 ……………………… 174
9.2.2　公共充电设施 ……………………… 175
9.2.3　动力电池更换站 …………………… 175
9.3　无线电能传输技术 ……………………… 176
9.3.1　无线电能传输技术分类 …………… 177
9.3.2　感应耦合式无线电能传输原理分析 ……………………………… 180
9.3.3　无线电能传输技术在电动汽车中的应用 ……………………… 186
9.4　本章小结 ………………………………… 193
习题 …………………………………………… 193

附录 …………………………………………… 194
附录A　中国电动汽车标准列表 …………… 194
附录B　国外电动汽车相关标准 …………… 196

参考文献 ……………………………………… 202

第1章

绪　　论

1.1　电动汽车的发展背景

1.1.1　能源安全

人类在享受石油、天然气、煤炭等能源带来的经济发展及科技进步的同时，能源短缺、资源争夺以及过度使用能源造成的环境污染等问题威胁着人类的生存与发展。以石油的消费为例，国际能源机构（IEA）统计数据表明，2001年全球57%的石油消费在交通领域（其中美国达到67%），预计到2020年交通用油占全球石油总消耗的62%以上。美国能源部预测，2020年以后，全球石油需求与常规石油供给之间将出现净缺口，2050年的供需缺口几乎相当于2000年世界石油总产量的两倍。

虽然我国也是世界石油生产大国，但近10年来，我国原油消耗量以年均5.77%的速度增加，而同期国内原油供应增长速度仅为1.67%。目前，我国石油的年产量基本维持在1.5亿吨左右，石油进口数量则以每年上千万吨的速度增加。根据中国海关发布的统计数字，2012年我国原油进口量达2.7亿吨，2014年我国石油对外依存度已经升至59.5%，国家能源安全问题已经不容忽视。国际能源机构发表的报告预测，从2015年到2040年，全球能源需求量将增加30%。

汽车给我国的能源安全带来了巨大压力，而且这个压力正在日益增大。从2009年起，我国汽车产销量连续居全球首位，我国已成为世界第一大汽车生产国和第一大新车销售市场。2017年，我国汽车保有量超过2.05亿辆，预计到2020年，我国汽车保有量将达到3亿辆。汽车消费的快速增长导致了石油消耗的加速增长。我国机动车燃油消耗量约占全国总油耗的1/3。如果按传统交通能源动力系统发展下去，将难以维持汽车产业在我国的发展。

1.1.2　环境保护

传统燃油汽车保有量的增加除了带来能源安全问题外，其尾气排放导致空气污染并严重影响人类健康。根据《中国机动车污染防治年报（2015）》，汽车是全国机动车污染物排放的主要贡献者，在2014年全国机动车污染物排放中，汽车排放的一氧化碳（CO）和碳氢化合物（HC）占80%以上，氮氧化物（NO_x）和颗粒物（PM）占90%以上。汽车尾气中CO与血液中的血红蛋白的结合速度比氧气快250倍，即使吸入微量的CO，也可能造成严重的缺氧性伤害，轻者眩晕、头痛，重者脑细胞受到永久性损伤。NO_x、HC会使易感人群患上眼病、喉炎，尾气中的HC含有一种高散度的致癌颗粒物质——苯并芘，它可在空气中悬浮几昼夜，被人体吸入后不能排除。

许多大城市空气污染已经超过健康许可标准，直接危害市民健康和生活环境。数字显示，长时间在人口稠密的地区行驶的普通柴油车辆，所排放的空气污染物——"悬浮粒子"，特别是其中称为"可吸入悬浮粒子"（排放的可吸入颗粒物）的较微细悬浮粒子，严重影响城市居民的健康，更与肺癌、心脏病等高死亡率疾病有关，其他疾病如长期咳嗽、胸肺病及支气管炎也都与可吸入悬浮粒子有关系；而老人、儿童和哮喘病患者更加容易受可吸入悬浮粒子的影响，引发呼吸道疾病。

汽车尾气中的二氧化碳（CO_2）会造成温室效应，导致全球变暖。联合国估计，到2020年全球平均温度增幅将达1.3~2.5℃，到2070年全球平均温度增幅达2.4~5.1℃。而氮氧化物（NO_x）、氧化硫（SO_x）会形成酸雨，泥土、湖泊及河流将被氧化，pH值下降，水中及植被生态将被严重破坏，造成鱼类、花草树木等死亡。

欧洲从1970年开始制定控制汽车排放污染物的法规，以后又陆续多次严加控制汽车排放标准。欧盟成立后于2000年1月开始实施欧Ⅲ标准，2005年起实施欧Ⅳ标准，2009年起实施欧Ⅴ标准，2013年起实施欧Ⅵ标准，对汽车排放提出极为严格的法规要求。

日本在2005年开始实施JP2005法规（相当于欧Ⅴ），这是目前世界上最严格的排放法规。我国的北京、上海、广州等一些大城市都提前执行较严的排放标准。

由于环境保护的压力，一些国家和地区已把生产和销售低污染汽车作为法定目标。20世纪90年代初，美国加州空气资源委员会（CARB）制定了从1998年起逐步增加零污染汽车销售比例的法定目标。虽然这一要求并没有达到，但是，对促进零排放和低污染汽车的研发起到了很大作用。

总之，人类社会不能没有汽车，但汽车自身必须有根本性变化。能源和环境这两大因素对未来汽车走向起着至关重要的引导作用。许多汽车制造商正在积极行动，研究、开发、制造带有新型动力系统的汽车，以降低对传统能源的依赖和对生活环境的污染。

1.1.3 发展电动汽车的必要性

电动汽车因全部或部分采用电力驱动，能源来源途径广泛；可以改善能源结构，解决汽车的能源替代问题，改善电网系统峰谷负荷平衡问题；可以实现低排放，甚至零排放行驶，具有良好的环境保护效果；行驶噪声小、排放的废热少，可有效减轻城市"热岛效应"；实现了制动能量回收，结构简单，使用维护方便等优点。

通过发展电动汽车技术和推广电动汽车的应用，可以减少石油燃料的总消耗量。与传统燃油汽车相比，电动汽车能量利用效率高。据测算，将原油提炼成柴油、汽油用于燃油汽车驱动时，平均能量利用率为12%左右，而纯电动汽车仅使用燃烧重油发的电，平均能量利用率为20%左右，因此电动汽车相比于燃油汽车，能量转换效率提高50%左右，如图1-1所示。如果电动汽车还应用其他发电方式，能量利用效率将更高。

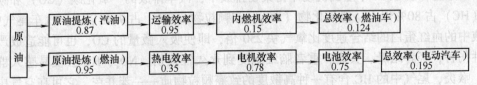

图1-1 电动汽车与燃油汽车能量转换效率的比较

电动汽车可以改变能源消耗结构，不受石油资源的限制，可以利用核能、风能、水能、太阳能等多种能量转换途径（图1-2），从而有效缓解石油能源安全问题。据有关专家对石油有效利用情况的分析，若利用上述类型的电能，电动汽车比燃油汽车节能70%左右，能源费用节省50%左右，这对于我国这样一个人口众多、能源紧缺的国家是相当重要的。

图1-2 电动汽车能源多样化

除了能源安全问题外，燃油汽车还带来一系列环境问题，如大气、水体与土壤污染和固态废弃物污染问题，以及环境噪声污染问题等。在世界范围内，各大城市都能面临着不同程度的汽车排放污染。美国资料表明，城市大气污染量的63%来自燃油汽车的废气排放，80%的噪声污染来自城市交通，汽车大量的废气排放、噪声以及扬起的尘土，对自然环境造成严重的污染并危害人体健康，见表1-1。

表1-1 车辆排放物对人体健康的影响

废气排放物	对人体健康的影响
一氧化碳	降低血液携带氧气的能力，引起慢性呼吸系统疾病及心脏功能失效
烃类化合物	致癌物质
氮氧化物	使身体易于被病毒入侵，导致肺炎、支气管炎等
铅	破坏脑部组织及中央神经系统，尤其影响儿童的脑发育
臭氧	破坏肺组织，降低身体免疫力，可引起咳嗽

相对于传统燃油汽车，电动汽车产生的噪声和散热量较小。相关资料显示，纯电动汽车噪声比同类燃油车辆低5dB以上，如图1-3所示。从图中可以看出，电动汽车对降低城市噪声污染方面更具优势。而且纯电动汽车在工作中，由于能量转换效率高、发热较少且不排放废气，排向环境中的热量要比燃油汽车少80%以上，是减少城市热污染的最有效途径。

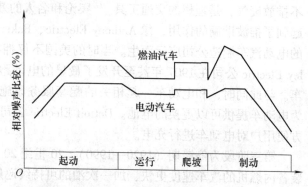

图1-3 燃油汽车和电动汽车产生的噪声比较

1.2 电动汽车的发展历史

电动汽车作为汽车的新型动力系统，自诞生起，就以其低能耗、低噪声、低污染的特色，得到了多国政府的重视和众多汽车生产厂商的青睐。纯电动汽车和混合动力电动汽车作为电动汽车动力系统的不同形式，其发展经历也略有不同。

1.2.1 纯电动汽车的发展历史

纯电动汽车的发展经历了大致四个不同的阶段。

第一阶段为发明初期（1830—1870）。电动车的历史可追溯到1834年，美国人托马斯·达尔波特（Thomas Davenport）制造了一辆由不可充电的干电池驱动的电动三轮车，但只能行驶一小段距离。他因此获得了美国电机行业的第一个专利。1832—1838年，苏格兰人罗伯特·安德森（Robert Anderson），发明了电驱动的马车，这是一辆使用不能充电的初级电池驱动的车辆。

第二阶段为发展中期（1870—1920）。这段时期是电动车发展的黄金时期，法国和英国都出现了制造电动车的公司。1899年，比利时人卡米乐·热纳茨（Camille Jenatzy）驾驶着一辆名为La Jamais Contente的炮弹外形电动车（图1-4）以105.88km/h的速度刷新了由汽油动力发动机保持的世界汽车最高车速的纪录，这是汽车速度第一次突破100km/h大关，这个电动车速度纪录一直到20世纪才被打破。

图1-4 La Jamais Contente的炮弹外形电动车

美国在电力技术发展和普及上虽然领先于欧洲，但美国在汽车的普及上比欧洲稍晚，不过美国具有自身的优势。发明了电灯、留声机的美国著名科学家托马斯·爱迪生（Thomas Edison）是电动汽车的坚定支持者，1911年《纽约时报》曾经这样评论电动车："它经济，不排放废气，是理想的交通工具。"舆论和名人的效应对于电动车在美国的推广与普及无疑起到了推波助澜的作用，像Anthony Electric、Baker、Detroit Electric、Columbia和Riker这样的电动汽车制造公司应运而生。当时的美国不仅拥有数量众多的电动轿车和电动货车，Bailey Electric公司在1907年甚至开发了最早的电动跑车。1897年纽约出现了第一辆电动出租车。与此同时，和电动车一起相关的配套服务设施也应运而生，Hartford Electric Light公司为电动车提供可以更换的电池。Detroit Electric公司不仅制造电动车，还建立了电池充电站，方便用户对电动车进行充电。

第三阶段为停滞期（1920—1990）。20世纪20年代后，内燃机技术达到了一个新水平，装备内燃机的汽车速度更快，加一次油的可持续巡航里程是电动汽车的3倍左右，且使用成本低。相比之下，电动汽车的发展进入了瓶颈时期，在降低制造成本和改善使用便利性方面没有明显的进步。在这种背景下，电动汽车很快失去了存在的意义，在 1940 年左右电动汽车基本上从欧美汽车市场中消失了。

第四阶段为复苏期（1990 年至今）。中东石油危机令全世界再次陷入石油资源匮乏的境地中，人们又开始关注其他动力的汽车，电动汽车再一次进入了人们的视线。在 1990 年的洛杉矶车展上，通用汽车公司推出了 Impact 纯电动轿车。值得注意的是，通用汽车发布的 EV1 电动汽车（图 1-5）于 1996 年被推出，它是以 1991 年的 Impact 概念车为原型的。该车主要在美国加利福尼亚州销售，因为当时该州要求汽车厂商为居民提供一定数量的零排放车型。通用汽车公司对该车型期望非常高，全车除收音机和车门把手外，全部采用全新设

图 1-5　通用汽车公司发布的 EV1 电动汽车

计和技术。但居高不下的成本却让通用汽车公司的希望落了空，使得通用汽车公司为该车型投入巨大却无法从市场收回成本。在 2003 年，通用汽车公司停止了电动车方案。1992 年福特汽车公司研制出使用钠硫电池（Sodium-sulfur Battery）的 Ecostar。1996 年丰田汽车公司推出使用镍氢电池的 RAV4LEV，1996 年法国雷诺汽车公司推出 Cho。1997 年日产汽车公司发布世界上第一辆使用锂离子电池的电动车 Prairie Joy EV，并于 2006 年推出了每次充电可行驶 400km 的 Roadster 电动跑车。

比亚迪作为我国纯电驱动乘用车的代表，于 2011 年推出比亚迪 e6，如图 1-6 所示。该车最高车速可达 140km/h，0～100km/h 加速时间在 16s 以内，每百公里电耗 21.5kWh，最大续驶里程 290km。而在 2013 年，特斯拉推出的 Model S，（图 1-7），其最高车速达 210km/h，拥有 480km 的续驶里程的特色，更是将纯电动汽车推向了新的发展高度。

图 1-6　比亚迪 e6

图 1-7　特斯拉 Model S

1.2.2　油电混合动力汽车的发展历史

世界第一辆油电混合动力汽车于 1916 年 8 月问世（图 1-8）。这款双排座的轿车使用操纵杆代替踏板来控制加速踏板。

第一辆充电式混合动力汽车于 1920 年 1 月问世。它是美国新泽西州的发明家在早期混

合动力汽车设计基础上的创新之作。电动机直接被安装在后轮轴上，车辆滑行时发电机能直接为蓄电池充电。此外，安装在车前的4缸汽油发动机也可以在行驶途中为汽车充电。

由于20世纪20年代内燃机技术达到了一个新水平，装备内燃机的汽车速度更快，且使用成本低。与当时的普通燃油汽车相比，混合动力汽车始终存在价格昂贵和动力偏弱的问题，在经济性和动力性方面与普通的燃油车相比不具有优势，因此，从20世纪

图1-8 世界第一辆油电混合动力汽车

20年代开始，混合动力汽车进入了一个近40年的发展停滞期。到了20世纪60年代，随着能源危机和环境污染问题的出现，人们对新能源、低污染越来越重视，因此，混合动力汽车再一次进入了人们的视野。

1968年12月，通用汽车公司推出斯特林混合动力发动机。当年，发展势头强劲的通用汽车公司把斯特林发动机与14个12V电池组合在一起。这款汽车引进了每小时48公里的"盈亏平衡"速度新概念。由于斯特林发动机不断为汽车充电，因此电力不会耗尽。不过，车的起动和停止需要耗时20s以上。

1974年11月，澳大利亚南部的Flinder大学一改依赖电池升级发展的思路，把重点转移到发动机和传输系统的开发上，使一次充电可行驶距离增加到144km。

1975年9月，菲亚特汽车公司研制了涡轮电动汽车X1/23，如图1-9所示。该车动力来自独立的燃油涡轮机和电动机两套传动系统。

1991年5月，美国洛杉矶发出推行电动汽车倡议，拿出一份订购1万辆电动汽车的合同。奥迪公司推出一款"双动力"混合车，后轮为电力驱动，前轮为汽油驱动。有人提出更先进的思路，即修建一套通过路面供电的系统，以便让这些跑在路上的汽车始终处于充电状态。

图1-9 菲亚特X1/23

1997年8月，丰田在日本发布了柯斯达（Coaster）混合动力电动汽车。同年12月发布了世界上第一款量产混合动力车普锐斯（Prius）。自2000年开始在北美及欧洲等海外地区开展普及混合动力汽车的工作。2003年丰田发布第二代Prius，在此之后又将混合动力车型扩大到多用途汽车、运动型多用途汽车、后驱轿车等车型。

2009年5月上市的第三代Prius受到世界各地顾客的喜爱。2011年2月底，丰田混合动

力车型累计销量突破 300 万辆。在此之后丰田又发布了 Prius-α 和 AQUA 等新车型。另外，从 2012 年 1 月起，外接插电式混合动力汽车"Prius PHEV"也开始在日本销售。

2013 年 12 月国内上市的比亚迪插电式并联型混合动力轿车"秦"成为混合动力乘用车的代表，如图 1-10 所示。在 2014 年 1—10 月销量累计高达 11 175 台，已经成为我国混合动力乘用车成功的典型。2014 年 9 月，上海汽车的荣威 550 插电式混合动力汽车上市（图 1-11），作为 2014 年新上市的车型也引起了人们的高度关注。

图 1-10 比亚迪秦　　　　　　　　　　图 1-11 荣威 550

2015 年 1 月，插电式混合动力电动汽车宝马 530e（图 1-12）上市，代表着新能源汽车的又一次发展。2016 年 4 月上市的福特 C-MAX Energi 新能源汽车如图 1-13 所示。2017 年 7 月上市的本田 CR-V 锐·混动电动汽车如图 1-14 所示。上述车型都是新一阶段新能源电动汽车发展的代表车型。

图 1-12 宝马 530e　　　　　　　　　　图 1-13 福特 C-MAX Energi

图 1-14 本田 CR-V 锐·混动

1.3 电动汽车的发展现状

由电动汽车的发展历史可以看出,自 1881 年首辆电动汽车诞生以来,电动汽车经历了曲折起伏的几个发展阶段,其中的决定因素就是动力电池技术和人们对环境、能源的关注程度,但电动汽车自身具有的显著优点决定了其会成为新能源汽车技术发展的一个重要方向和 21 世纪的重要交通工具。目前世界各国都加紧了对电动汽车的研究和应用的投入,具有代表性的为美国、欧洲、日本和中国。

1.3.1 美国电动汽车的发展现状

美国是汽车工业最发达的国家之一,汽车产量和保有量均位居世界前列,每年的石油消耗量和汽车污染物的排放量也都位居世界前列。为增强汽车制造业的竞争力,美国政府提出了著名的新一代汽车合作伙伴计划(The Partnership for a New Generation of Vehicle,PNGV)计划和 Freedom CAR 计划。时任美国总统奥巴马部署实施总额为 48 亿美元的电池与电动汽车研发与产业化计划,并提出到 2015 年要普及 100 万辆插电式电动汽车。各州政府也纷纷制定政策引导并促进电动汽车的健康发展,要求纯电动汽车(BEV)和插电式混合动力电动汽车(PHEV)在内的"零排放标准车"的销售比例在 2014 年前为 3%,到 2015 年要达到 6%。为满足这一规定,各汽车企业需在其销售中实现 BEV3%、PHEV3%,或 BEV6% 的目标,而若不达标,则每辆汽车会被征收 5000 美元的罚款。美国的通用和福特都曾在燃料电池汽车研发方面投入巨资,但随着燃料电池汽车产业化的推迟和混合动力汽车市场份额的不断扩大,关注重心已经向插电式混合动力电动汽车方面倾斜。

在 2014 年,美国已有 22 种插电式电动汽车车型热销。其中包含 13 种纯电动汽车及 9 种混合动力电动汽车,分别由宝马(BMW)、戴姆勒股份公司(Daimler AG)、菲亚特(Fiat)、福特(Ford)、通用(GM)、本田(Honda)、起亚(Kia)、三菱(Mitsubishi)、日产(Nissan)、保时捷(Porsche)、特斯拉(Tesla)、丰田(Toyota)和大众(Volkswagen)13 个生产商生产销售。

截至 2016 年 10 月美国电动汽车的保有量为 52.8 万辆,其中纯电动汽车约为 28 万,插电式混合动力电动汽车约为 24.8 万。同年 12 月美国电动汽车注册量达到了 24 635 辆,2016 年美国电动汽车全年的累计销量接近 16 万辆,相比 2015 年增长了 37%。2016 年 7 月,美国联邦政府发布了关于"加快普及电动汽车"计划的声明,旨在通过政府与私营部门合作,推广电动汽车和加强充电基础设施的建设,以应对气候变化、增加清洁能源使用并减少对石油的依赖。美国"加快普及电动汽车"计划将对整个新能源电动汽车产业带来重要影响。关于"加快普及电动汽车"计划美国政府重视发展三类技术方向:高能量密度(≥500 Wh/kg)锂电池技术;电动汽车快速充电技术(350 kW、10min);电池领域的新型原创技术(小型"种子"研发项目)。

2016 年美国电动汽车全年的累计销量占同年全球销量的 23.95%。美国电动汽车销量排行榜前五名均销量过万,分别是特斯拉 Model S,雪佛兰 Volt,特斯拉 Model X,福特 Fusion Energi 以及日产 Leaf。美国纯电动汽车与插电式混合动力电动汽车型的比例为 54∶46,但是插电式混合动力电动汽车的市场份额在逐渐上升,相较于 2015 年的 39% 来说上升了 7%。

1.3.2 欧洲各国电动汽车的发展现状

欧洲更加注重温室气体减排战略，规定了日益严格的二氧化碳排放限制要求，提出将每辆乘用车二氧化碳排放量从2012年的平均130g/km减少至2020年的平均95g/km、2025年的平均70g/km的中长期目标，这已成为欧洲对新能源汽车发展的主要驱动力之一。欧盟计划旨在增强欧盟各国工业的竞争力，充分调动各国的科学技术力量，避免各国科研计划重复，有效利用各国的人力和物力资源。欧盟与电动汽车相关的发展计划主要有FP系列计划、欧盟燃料电池研究发展示范计划、欧盟燃料电池巴士示范计划和欧洲电动汽车城市运输系统计划等。欧盟已拨款14.3亿欧元用于支持电动汽车的研发。英国和法国是欧洲电动汽车研发和应用最早的国家，目前已有十几万辆电动汽车在运行。德国电动汽车在欧洲处于领先地位，已于2009年8月发布了以纯电动式和插电式电动汽车为重心的《国家电动汽车发展计划》；大众、奔驰和宝马公司对混合动力电动汽车和纯电动汽车开始加大投入力度，奔驰和宝马在燃料电池电动汽车技术上处于世界领先地位。

1.3.3 日本电动汽车的发展现状

日本是汽车生产大国，由于日本的石油资源匮乏，石油几乎全部依赖进口，因此，日本政府及日本各大汽车公司对电动汽车的开发十分重视。日本从20世纪70年代就开始开发电动汽车，长期坚持确保能源安全及提高产业竞争力的双重战略，通过制定国家目标，引导新能源汽车产业的发展并高度重视技术创新。日本制定的电动汽车研发计划主要有低公害汽车开发普及行动计划、JHFC示范计划和专项研究计划等。同时，政府也制定了鼓励电动汽车开发与推广应用的相关政策及措施，把发展电动汽车作为"低碳革命"的核心内容，并计划到2020年普及以电动汽车为主体的"下一代汽车"达到1350万辆。日本的丰田、本田两家汽车公司分别实现了电动汽车的产业化，它们推出的普锐斯和思域两款混合动力电动汽车得到了日本和北美市场的普遍认可，截至2017年1月，丰田混合动力汽车的全球累计销量已突破1000万辆。可以说日本已经在混合动力电动汽车领域走在了世界前列，其电动汽车的市场推广已经进入了实质性阶段。

1.3.4 我国电动汽车的发展现状

我国一直重视电动汽车的发展。纵观我国电动汽车的研发与产业化历程，大致可分为三个阶段。第一阶段是从1996年到2008年，主要通过技术支持和研发与奥运会等小规模示范运行相结合，奠定了纯电动、混合动力和燃料电池三种动力系统平台汽车的研发和初步产业化基础。

第二阶段是从2009年到2012年。2009年1月，中华人民共和国财政部、中华人民共和国科学技术部共同发布了《关于开展节能与新能源汽车示范推广试点工作的通知》和《节能与新能源汽车示范推广财政补助资金管理暂行办法》，11月在北京、上海、重庆等13个城市开展节能与新能源汽车示范推广试点工作，逐步完善了对企业和相关产品的管理，加快了标准化体系的建设。

第三阶段是从2013年至今。在2013年9月，出台了《关于继续开展新能源汽车推广应用工作的通知》，北京、天津、太原等20个城市或区域被确认为首批新能源汽车推广应用城市。2014年2月，财政部、科技部、工业和信息化部、发展和改革委员会确认了沈阳、长春等12个城市或城市群作为第二批新能源汽车应用推广城市，我国新能源汽车的推广工作进一步加强。在新的推广政策中，补贴额度按照乘用车纯电行驶里程为标准，插电式混合动力乘用车（包含增程式）里程50km（含）以上每车补贴3.5万元，纯电动乘用车里程80km（含）以上、150km以下每车补贴3.5万元；150km（含）以上、250km以下每车补贴5万；250km（含）以上每车补贴6万元。从这些补贴政策中可以看出我国致力于发展电动汽车的决心。据统计，2013年我国新能源汽车生产1.7533万辆，同比增长39.7%。其中，纯电动汽车1.4243万辆、插式混合动力电动汽车3290辆。新能源汽车销售1.7642万辆，同比增长37.9%，其中纯电动汽车1.4604万辆，插电式混合动力电动汽车3038辆。

目前，我国新能源汽车产业发展迅猛。国家工信部统计显示，仅在2017年的1~5月期间，国内共计生产新能源汽车12.93万辆。其中，纯电动乘用车9.6万辆，纯电动客车0.27万辆，纯电动专用车0.66万辆，合计10.53万辆，占比高达81.4%；插电式混合动力乘用车2.13万辆，插电式混合动力客车0.27万辆，合计2.4万辆，占比18.6%。由于新能源电动汽车的补贴政策趋于稳定，地方补贴政策陆续出台，产销量情况都出现了平滑的上扬式增长。相信随着北汽、上汽、比亚迪等汽车企业不断推出新能源车产品，三四线市场的潜力将被进一步激活，加上充电设施的进一步完善，都将推动新能源汽车市场的扩大。

尽管新能源汽车在我国的发展很快，但是对于我国来说新能源汽车发展的道路还很长。从国家扶持的角度看，各国侧重的电动汽车种类不完全相同。美国为了减少碳排放最初极力推崇纯电动汽车，但由于技术不成熟，转向燃料电池汽车。2008年后，美国的研究重点又从燃料电池汽车转向了插电式混合动力汽车。欧洲一直都比较推崇纯电动汽车，但经过十余年的发展后，仍没能成功解决续驶里程短的问题，商业化进程缓慢，欧洲正从纯电动汽车转向混合动力电动汽车。日本是最先发展电动汽车的国家，日本最早鼓励纯电动汽车和插电式混合动力电动汽车的发展。近年来，日本也开始积极研究燃料电池汽车。我国一直以来都大力支持纯电动汽车的发展，近年来我国重点鼓励纯电动汽车和插电式混合动力电动汽车一起发展。各国电动汽车发展路线见表1-2。

表1-2 各国电动汽车的发展路线

区域	企业	纯电动汽车	混合动力电动汽车			插电式混合动力电动汽车	燃料电池电动汽车
			微混	中混	强混		
美国	通用	**	*	***	***	***	**
	福特	***	*	*	*	**	*
欧洲	大众	**	**	*	*	**	*
	奔驰	**	***	***	***	***	***
	宝马	**	*	*	*	**	*
日本	丰田	**	*	**	**	**	***
	日产	***	*	**	**	**	*
	本田	***	*	*	*	**	**
中国	比亚迪	***	*	*	*	***	*

注：*表示企业投资及研发重点程度，*、**、***强度依次增加。

1.4 电动汽车的发展趋势

电动汽车目前主要的发展趋势可概括为能源多样化、驱动电气化、技术平台化与系统化。

（1）能源多样化

我国的现有能源情况大体可以分为气体燃料、液体燃料和电能等。其中，气体燃料包括压缩天然气、液化天然气和液化石油气等；液体燃料主要包括石油、生物柴油、甲醇、乙醇、二甲醚等；电能为二次能源。正是由于以上各种类型的燃料具备各自不同的特点，造成了目前新能源汽车发展的多样化。气体燃料和液体燃料的燃烧效率较低，且具有地域分布的差异性，而电能具备来源的多样性，如太阳能、风能、水电、火电、核电以及潮汐能、地热等资源。电能的获取更为方便，在大多数时间和场合均可以得到。

（2）驱动电气化

传统车辆的动力来源主要为发动机，通过控制燃料的喷射量以及燃烧过程来达到控制发动机的动力输出。随着电动汽车的发展，汽车动力系统的电气化趋势越来越明显。驱动电气化可以从两个方面理解，首先是驱动能源体的电气化，如采用高能量密度的电池、高功率密度的超级电容，或是高续驶里程的燃料电池作为动力的能源供应；其次是驱动执行部件的电气化，如当前电动汽车中广泛采用的驱动电动机。

（3）技术平台化与系统化

电动汽车动力系统的集成设计，不是简单地将各个部件进行一个叠加组合，而是需要全新的系统耦合创新设计理念以及包括诸多复杂问题在内的集成问题分析、控制系统设计等。例如丰田 THS-II 系统实现了电动机与变速器的耦合，满足混合动力电动汽车对于燃油和电能分配的双重优化。本田的 IMA 系统实现了发动机与电动机的耦合，具有结构设计简单、质量小、布局紧凑等特点。此外，在电动汽车新型底盘设计过程中更应注重模块化，即可以较为容易地进行安装、调试以及后续的监测、维护等，具有良好的可拓展性，这样能够方便地应用于多个车型。

1.5 本书简介

本书对电动汽车的发展背景、历史及现状，电动汽车的构型、驱动系统、能量储存及管理系统、电气系统、总线系统以及电动汽车的充电及基础设施等进行了论述和总结。

内容主要分为以下六部分。

第一部分包括第 1 章，主要介绍了电动汽车的发展背景、历史、现状及趋势。

第二部分包括第 2、3 章。对纯电动汽车、混合动力电动汽车、燃料电池电动汽车的基本结构、工作原理以及运行模式进行了介绍。分析了电动汽车行驶性能，包括动力性评价和续驶里程的要求，结合车辆行驶工况，介绍了整车性能分析及匹配过程中行驶工况的应用。

第三部分包括第 4 章。针对电动汽车驱动系统中的电机及其控制系统进行了介绍。重点讲述了直流电机、交流感应电机、交流永磁同步电机、开关磁阻电机的结构、工作原理、基本特性、控制方法及驱动系统的特点。

第四部分包括第 5、6 章。主要围绕电动汽车电池及电池管理系统等内容进行介绍。在分析纯电动汽车、混合动力电动汽车以及插电式混合动力电动汽车对电池工作要求的基础上，讲述了锂离子动力电池、铅酸电池、镍氢电池、金属空气电池以及锌-银电池的工作原理、电性能以及典型应用。在分析电池管理系统的基本结构和功能的基础上，介绍了常用的电池测试方法，总结了常用的电池建模方法、SOC/SOH 估计以及电池组热管理方法的基本内容，并就电池的梯次利用与回收进行了基本的论述。

第五部分包括第 7、8 章。围绕电动汽车的电气系统和总线系统进行了介绍。重点讲述了电动汽车用电源变换器、高压安全以及电磁兼容性等内容。结合几种常用的车载总线，介绍了其特点、传输形式及应用场合等内容。

第六部分包括第 9 章。重点介绍了电动汽车的充电及其基础设施，包括充电设备及充电接口的分类及标准、常用充电设施和应用形式以及无线电能传输技术等内容。

附录部分列举了国内外电动汽车的相关标准。

习　题

1. 简述电动汽车与传统燃油汽车相比的优势。
2. 列举国内外对发展电动汽车产业的相关政策。
3. 简述电动汽车的发展趋势。
4. 简述纯电动汽车的发展历史。
5. 简述我国电动汽车的发展现状。

第 2 章

电动汽车的基本结构与工作原理

2.1 电动汽车的分类

电动汽车主要以动力电池为能量源，全部或部分由电动机驱动。按照电动汽车动力系统的结构和工作原理，结合目前的技术状况，可将其划分为纯电动汽车（Battery Electric Vehicle，BEV）、混合动力电动汽车（Hybrid Electric Vehicle，HEV）、插电式混合动力电动汽车（Plug-in Hybrid Electric Vehicle，PHEV）和燃料电池电动汽车（Fuel Cell Electric Vehicle，FCEV）四种类型。

2.2 纯电动汽车

纯电动车辆迄今还没有一个公认的统一定义，较一般的理解是从车载储能装置（包括车载蓄电池、超级电容、飞轮电池等装置）获得电力，以电动机驱动的各种车辆。如低速的工业用电动车辆（通常所说的电瓶车），机场、码头、车站、仓库用的电动车，电动叉车，残疾人用车，高尔夫球场用车，观光游览用车，电动自行车以及一些专用车，一般总称为"电动车辆"。

纯电动汽车一般理解为是从车载储能装置上获得电力，以电动机驱动，但同时又满足道路交通安全法规对汽车的各项要求，并获准在正规道路上行驶的车辆。

纯电动汽车作为机械、电子、能源、计算机、信息技术等多种高新技术的集成，是典型的高新技术产品，其最终目标是实现智能化、数字化和轻量化。目前，研制和开发的关键技术主要包括动力电池、驱动电动机、电动机控制、车身和底盘设计及能量管理技术等。从电气工程的角度出发，纯电动汽车可以分为机械子系统、电力电子子系统和信息子系统。

机械子系统由底盘和车身、驱动装置、变速器等组成；电力电子子系统由动力网、电动机及其控制器和能源系统组成；信息子系统用于处理驾驶人的意图，并监控汽车的运行以及电源、电动机、控制器和充电器的状态。

2.2.1 电驱动的结构形式

纯电动汽车驱动系统布置的常规形式如图 2-1 所示。在此种形式中，传统内燃机由一组动力电池和一台驱动电动机所代替，离合器、变速器和差速器的布置形式与传统内燃机车辆的布置形式一致。其中，离合器和变速器也可被自动变速器所取代。差速器的功能是通过机械传动使车辆曲线行驶时两侧车轮能够在不同速度下行驶。

由于驱动电动机能够在较大的速度范围内提供相对恒定的功率，因此多速变速器可以被一个固定速比减速器所取代，并且离合器也可省去，即无变速器的驱动形式，如图 2-2 所

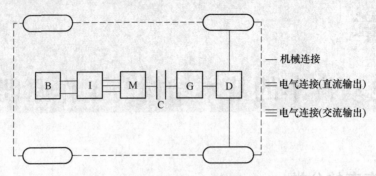

图 2-1 纯电动汽车驱动系统布置的常规形式
B—电池 I—电动机控制器 C—离合器 D—差速器 G—变速器 M—电动机

示。这种驱动形式一方面可以减少机械传动装置的质量和体积，另一方面可以减少由于换档所带来的控制难度。

第三种驱动形式如图 2-3 所示。这种驱动形式与发动机横向前置、前轮驱动的燃油汽车的布置形式类似，它将电动机、固定速比减速器和差速器集成为一个整体，两个半轴连接驱动车轮。从再生制动的角度出发，这种形式可以较容易地实现电能从车轮到电动机的回收（驱动轮以外的动能通过制动转化为热能），因此有利于全轮驱动。因为没有传动装置，所以运转更加容易，但是这样的布置形式要求有低速大转矩、速度变化范围大的电动机，同时需要增加电动机和逆变器的容量。

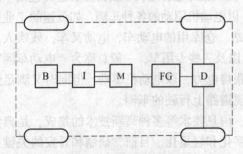

图 2-2 固定速比减速器
B—电池 I—电动机控制器 FG—固定速比减速器
D—差速器 M—电动机

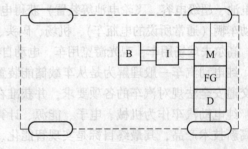

图 2-3 无传动装置驱动形式

为了进一步简化驱动系统，牵引电动机与车轮之间取消了传统的传动轴，由驱动电动机直接驱动车轮前进。双电动机独立驱动结构如图 2-4 所示，它采用两个电动机通过固定速比减速器分别驱动两个车轮，每个电动机的转速可以独立调节控制，因此不必选用机械差速器，而且比燃油汽车易于实现整车复杂的动力学控制。

在完全舍弃驱动电动机和驱动轮之间的机械传动装置之后，轮毂电动机的外转子直接连接在驱动轮上。驱动电动机转速控制与车轮转速控制融为一

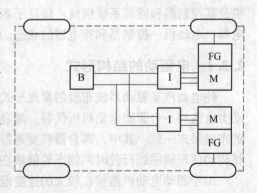

图 2-4 双电动机独立驱动结构

体，构成了所谓的双轮毂电动机，使车速控制变得简单。然而，这种布置形式需要驱动电动机提供更高的转矩来起动和加速车辆，如图 2-5 所示。轮毂电动机驱动系统的结构如图 2-6 所示。

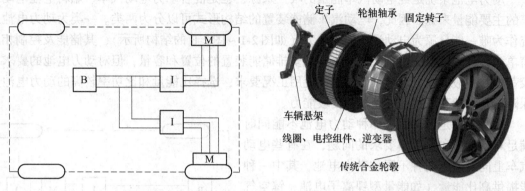

图 2-5　双轮毂电动机驱动系统
B—电池　I—电动机控制器　M—电动机

图 2-6　轮毂电动机驱动系统的结构

轮毂电动机驱动方式有两种，一种为内转子型，如图 2-7a 所示；另一种为外转子型，如图 2-7b 所示。

四轮毂电动机及安装四轮独立控制的电动机和逆变器的驱动系统，可以使结构更加紧凑，同时能够使车辆达到前所未有的机动性。图 2-8 所示为四轮毂电动机驱动系统，它能够实现以下功能：

1）车轮可以实现 ±180°的旋转、横向行驶、任意旋转行驶。

2）由于可以进行各车轮任意转矩控制，使得防滑控制、制动控制等多种性能得以发挥。

3）轮毂电动机的大型化较难，但是总功率依靠四个电动机分担，可使每个电动机的容量变小。此外，由于没有动力传动装置，可以提高效率。

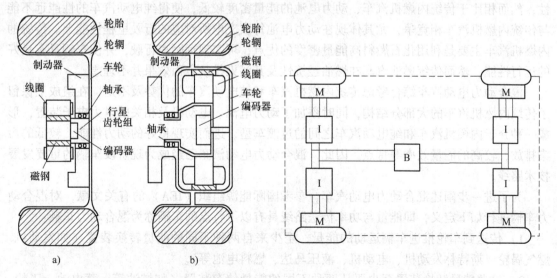

图 2-7　两种轮毂电动机驱动方式的内部示意图
a) 内转子型　b) 外转子型

图 2-8　四轮毂电动机驱动系统
B—电池　I—电动机控制器　M—电动机

2.2.2 储能装置的结构形式

动力电池系统是纯电动汽车能量的唯一来源，也是混合动力电动汽车、燃料电池电动汽车的主要能量来源。因此，电动汽车储能装置的结构形式可以分为两类。一类为动力电池系统作为唯一能量源为电动汽车提供动力（如图2-1～图2-8的结构所示），其储能及控制相对简单。设计者可根据整车设计需要合理安排储能装置的位置和容量，但对动力电池的要求比较苛刻，一般按照电动汽车的功能和使用工况要求，选择比能量和比功率较高的动力电池来保障整车的续驶里程、加速性和爬坡能力。

另一类则是为了解决一种动力电池不能同时满足对比能量和比功率要求的问题，在有些电动汽车上同时采用两种不同的动力电池，其中一种能提供高比能量（如能量型锂离子电池、锌空气电池），另一种则可提供高比功率（如功率型锂离子电池、超级电容器），如图2-9所示。该种结构不仅满足了对比能量和比功率的要求，而且在电动汽车的制动能量回收方面起到了较为显著的效果。

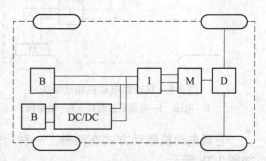

图2-9 两种储能装置的结构形式
B—电池　DC/DC—直流-直流变换器
I—电动机控制器　D—差速器　M—电动机

除此以外，目前还可以利用超级电容器和飞轮等共同作为电动汽车的新型储能装置，共同提高电动汽车的续驶里程或者整车的动力性能，其结构形式与图2-9类似。

2.3 混合动力电动汽车

纯电动汽车主要是利用动力电池高能量效率、零排放的优点，可实现良好的运行经济性，然而相比于传统内燃机汽车，动力电池的能量密度较低，使得纯电动汽车的性能远不能与传统内燃机汽车相竞争，尤其体现在动力电池每次充电所对应的行驶里程性能上。传统的内燃机汽车主要是利用化石燃料高能量密度的优点，可实现远距离行驶，并使车辆具有良好的运行性能，然而传统燃油汽车在燃油经济性及其污染排放方面效果并不理想。

混合动力电动汽车综合考虑传统内燃机汽车和纯电动汽车的优势及不足，在组成上保留了传统内燃机汽车的大部分结构，同时添加了动力电池、电动机及相关的电力电子装置，形成一种介于内燃机汽车和纯电动汽车之间的过渡车型，进而实现良好的动力性能、较低的污染排放、较高的能量效率等特点。因此，混合动力电动汽车已经成为现阶段车辆的重要发展技术路线。

为了进一步阐述混合动力电动汽车，参考国际能源组织（IEA）的有关文献，对混合动力车辆进行如下定义，即能量与功率传送路线具有以下特点的车辆称为混合动力车辆：

1) 传送到车轮推进车辆运动的能量，至少来自两种不同的能量转换装置（如发动机、燃气涡轮、斯特林发动机、电动机、液压马达、燃料电池等）。

2) 这些能量转换装置至少要从两种不同的能量储存装置（如燃油箱、蓄电池、飞轮、超级电容器、高压储氢罐等）吸取能量。

3）从储能装置流向车轮的这些通道，至少有一条是可逆的（既可放出能量，也可吸收能量），且至少还有一条是不可逆的。

4）如果可逆的储能装置供应的是电能，则称为混合动力电动汽车。

就总的能量效率而言，混合动力车辆相比传统车辆具有以下优点：

1）再生制动。混合动力车辆在车辆制动时，可利用驱动电动机以发电机模式工作来回收制动能量，而传统车辆的机械制动使这部分能量转化为热量而损失掉。

2）车载动力总成可以更有效地工作，甚至可以消除或大大减少怠速工作状态。混合动力车辆可利用储能装置去吸收车载动力总成多余的输出功率，或补充车载动力总成功率的不足。这两种方法使发动机的转速和负荷避开低效率区域，使其只工作在最大效率下。

3）因为车上的另一套储能装置可以提供一部分功率，所以车载动力总成可以更轻、更小。在某些情况下车载动力总成的功率大小可根据最大持续功率而不是短时间的加速功率来决定，从而混合动力车辆车载动力总成的额定功率比传统车辆大大降低，这就使得在大多数行驶工况下，发动机工作在高效率的额定功率附近。另外，发动机重量的减轻也会为燃油经济性带来一些好处。

4）可以选择多种车载动力总成。在动力源的类型上，除了可选传统发动机以外，还可以选择压缩天然气（Compressed Natural Gas，CNG）或液化天然气（Liquefied Natural Gas，LNG）发动机、微型涡轮机等，还可以选择燃料电池作为动力源。所适用燃料也可选择汽油或柴油、天然气以及氢燃料等。

混合动力车辆存在的不足如下：

1）质量较大。一般来说，尽管混合动力车辆上使用燃料的能源装置比性能类似的传统车辆功率小、质量小，但是混合动力车辆的总质量比传统车辆大，因为它附加了另一套储能装置、电动机等元件。

2）电气效率损失大。在大多数混合动力车辆中，电能-机械能通过储能元件、发电机等部件转换导致效率损失增加。此外，电动机在城市工况下行驶时，经常会遇到低速、低负荷工况，其效率也会降低。

3）存在车辆某些性能降低的可能。混合动力车辆通常采用功率较小的车载动力总成。当车辆需要最大功率时，再用蓄电池或其他储能装置来补充车载动力总成功率的不足，而储能装置的容量是有限的，如果储能装置的能量消耗到某一极限值，车辆的某些动力性能就会降低。

4）结构复杂，成本高。

2.3.1 混合动力电动汽车的分类

混合动力电动汽车有多种分类方法，最普遍的分类方法是按存储、动力传递至车轮的能量流的路径来分。在混合动力电动汽车中，驱动力传递至车轮有3种方式：一种是机械传递路径，另一种是电功率传递路径，第三种是两者的组合。机械传递路径包括发动机和传动系统，而电功率传递路径包括能量存储系统、发电机、驱动电动机和传动系统。车辆动力系统的设计不仅要满足基本负载要求，还要满足加速、起动时的高负载要求。混合动力电动汽车动力传递路径中动力系统组件的布置使其分成3种结构，即串联、并联和混联。

从使用电池-电动机与发动机的搭配比例来看，混合动力汽车有微混合、轻混合、全混合、可外接电源充电混合动力四种类型。

(1) 微混合系统

有时也称为"起-停混合"（Start-Stop），依靠电池-电动机功率的比例很小，车辆的驱动功率主要由发动机提供。

在微混合系统中，电动机仅作为发动机的起动机/发电机使用，其工作模式如下：如遇红灯或者交通堵塞等情况车辆需短时停车怠速时，使发动机熄火取消怠速，而当车辆再次行驶时，立即重新起动发动机；在制动时可转变为发电机，实现制动能量回收。微混合系统可实现5%~10%的节油效果。

(2) 轻混合系统

与微混合系统相比，驱动车辆的两种动力源中依靠电池-电动机功率的比例增大，发动机功率的比例相对减小。在车辆加速、爬坡等工况下，电动机可向发动机提供辅助的驱动力矩，但不能单独驱动车辆行驶。这种系统同样具有制动能量回收、发动机熄火/重起等功能。轻混合系统节油可达10%~15%。

(3) 全混合系统

与轻混合系统相比，驱动车辆的两种动力源中依靠电池-电动机功率的比例更大，发动机功率的比例更小。全混合车辆的电动机和发动机均可独立（或一起）驱动车辆，因此在低速、缓加速行驶（如交通堵塞、频繁起步-停车）、车辆起步行驶和倒车等情况下，车辆可以纯电动行驶，急加速时电动机和发动机一起驱动车辆，并有制动能量回收的能力。全混合系统发动机和电动机功率的比例也有不同的变化范围，典型的情况是电动机功率为发动机最大功率的40%左右。不同试验工况的节油达30%~50%，但实际节油效果随车辆结构设计、行驶工况、驾车操作细节而变化。

(4) 可外接电源充电混合动力系统

该系统电动机功率比例与纯电动情况基本相同（或稍小），视对纯电动行驶模式的性能要求而定，但发动机功率比例与全混合系统基本相同。此外，电池容量（应保证必要的纯电动行驶里程）要比全混合系统的大，比纯电动车辆的小。

可外接电源充电混合动力系统由于可以利用电网的电来作为车辆的"燃料"，大大减少了对石油的依赖，而且有很好的环境效益，被认为是混合动力的重要方向。

2.3.2 串联式混合动力电动汽车的结构及工作原理

串联式混合动力电动汽车的结构示意图如图2-10所示，其特征在于只有一个能量转换装置可以为车辆提供驱动力。在串联式混合动力电动汽车中，发动机带动发电机发电，或通过燃料电池直接输出电能，发出的电能通过电动机控制器被直接输送到电池或电动机。电动机工作在电动模式下，产生驱动力矩驱动汽车，或工作在发电模式下将车辆机械能转换为电能（制动能量回收）。因为系统中为车辆提供驱动力的通路只有电动机一条，没有分支，故称为串联混合动力。发电机输出的电能和电池储存的电能均可为电动机提供能量，在此处系统能量以电能的形式进行混合。电池作为能量储存器用于平衡能量差值。系统通过发电机-电动机实现了能量的机械—电—机械转换，由传统汽车通过轴进行的机械传动变为通过电缆进行的电传动，从而实现了发动机和车轮间完全的机械解耦。电动机和车轮间可根据需要安装变速器、减速器等机械变速装置。

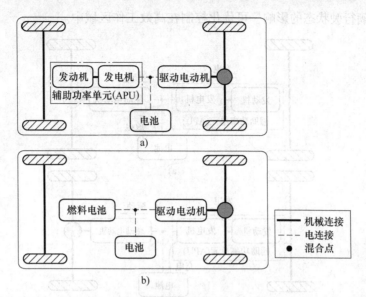

图 2-10 串联式混合动力电动汽车的结构示意图
a) 构型 1　b) 构型 2

发动机与发电机构成的发电单元又称辅助动力单元（Auxiliary Power Unit，APU），其中发动机可以是汽油机、柴油机、燃气发动机等多种类型。发电机通常只具备发电模式（不需要电动模式），可以是永磁同步发电机、电励磁同步发电机等。发电机还需配备 AC/DC 变换器以便接入电池直流总线。由于电动机功率通常较大，发电机输出端、电池、电动机输入端共享的直流总线多为高压总线（300～500V）。除电池外，超级电容器也可用作电能存储装置，用于提高制动能量的回收效率。

串联式混合动力汽车可工作在纯电动驱动、发动机/电动机联合驱动、制动能量回收和停车充电等工作模式。

（1）纯电动驱动模式　当车辆低速行驶、倒车或蠕行时，电动机需求功率很小；当电池荷电状态（SOC）很高时，系统进入纯电动模式（图 2-11）。发动机停机，电动机所需的能量完全由电池提供。这样就避免了发动机工作在低负荷区域带来的燃油经济性不佳，提高了系统综合效率。当电机需求功率增大到一定程度后，或电池 SOC 降低到一定程度后，APU 启动发电，系统进入发动机/电动机联合驱动模式。

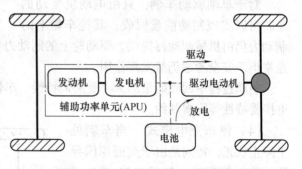

图 2-11 纯电动驱动模式（串联式）

（2）混合驱动模式（功率分配模式）　在车辆行驶的大多数情况下，系统处于此工作模式。如图 2-12 所示，APU 向外发电，电动机消耗电能驱动车辆行驶。此模式又可分为两种情况：①当 APU 输出功率小于电动机需求功率时，不足的电能由电池提供，电池放电；②当 APU 输出功率大于电动机需求功率时，多余的电能给电池充电。这样，APU 的输出功率不直接受车辆行驶状态的影响,可优化控制在高效工作区域中。

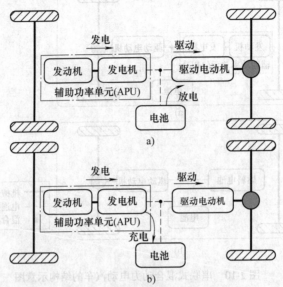

图 2-12 混合驱动模式（串联式）

(3) 制动能量回收模式

当车辆进行制动时,电动机可工作在发电模式,由车轮向电机提供制动转矩,将车辆的动能转换为电能,存储于电池中,如图 2-13 所示。这样,车辆制动过程中的动能没有像传统车辆那样因摩擦做功转化为热的形式消耗掉,而是通过电动机发电转化为电能,实现了能量的回收。

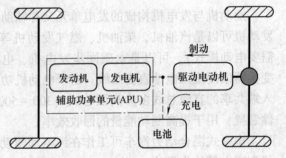

图 2-13 制动能量回收模式（串联式）

对于单轴驱动车辆,只由电动机驱动的车轮可以实现制动能量回收,其他车轮上的制动力仍由机械制动器提供。驱动轮上的制动力也只是对其部分进行回收,传统机械制动器通常出于安全考虑仍然发挥作用。

制动过程中回收能量的大小受路面特性、车辆制动安全特性、电动机制动功率和电池充电接受特性等因素制约。

(4) 停车充电模式 当车辆处于停止状态,特别是由于交通原因导致的临时停车时,如果电池 SOC 过低,APU 输出电能为电池充电,系统工作在停车充电状态,如图 2-14 所示。此模式对于迅速补充电池电能和避免发动机频繁停机具有显著效果。

串联混合动力系统适用于目标和行驶工况相对确定的车辆,如货物分

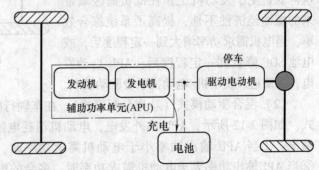

图 2-14 停车充电模式（串联式）

送车、城市公共汽车等在城市内频繁起停的车辆。串联式混合动力电动汽车具有以下优点：

1）发动机工作状态不受车辆行驶工况的影响，始终在最佳的工作区域内稳定运行，因此，发动机具有良好的经济性和较低的排放性能。

2）发动机与电动机之间无机械连接，整车的结构布置自由度较大。各种驱动系统元件可以放在最适合的车辆位置，如在低地板公共汽车上，可以将发动机-发电机组装在车辆尾部或其他部位并采用电动轮驱动方式，从而降低地板高度。

3）由于电动机功率大，制动能量回收的潜力大，从而提高了能量效率。

串联式混合动力电动汽车存在以下缺点：

1）发电机将发动机的机械能转变为电能，电动机又将电能转变为机械能，还有电池的充电和放电都有能量损失，因此，发动机输出的能量利用率较低。串联式混合动力电动汽车的发动机能保持在最佳工作区域内稳定运行。这一特点的优越性主要体现在低速、加速等行驶工况，而在车辆中、高速行驶时，由于其电传动效率较低，抵消了发动机效率高的优点。

2）电动机是唯一驱动汽车行驶的动力装置，因此，电动机的功率要足够大。此外，电池一方面要满足汽车行驶中峰值功率的需要，以补充发电机输出功率的不足；另一方面，要满足吸收制动能量的要求，这就需要较大的电池容量。因此，电动机和电池的体积和质量都比较大，使得整车质量较大。

根据以上特点，串联式混合动力汽车更适用于市内低速运行的工况，而不适合高速公路行驶工况。

2.3.3 并联式混合动力电动汽车的结构及工作原理

并联式混合动力汽车的结构示意图如图 2-15 所示。并联构型的特点是有多个能量转换装置可以同时为车辆提供驱动力。系统由发动机、电动机、电池和传统车辆机械传动装置构成。电动机与发动机通过机械耦合方式将机械能混合后驱动车辆行驶。根据混合点的位置不同，并联构型又可分为离合器前混合型（图 2-15a）、离合器后混合型（图 2-15b）、变速器后混合（图 2-15c）、双离合器型（图 2-15d）和道路混合型（Through the Road，TTR）（图 2-15e）。

并联构型中的电动机一般同时具备电动机/发电机两种工作模式，既可以将电池中储存的电能转换为机械能输出，也可以通过发电模式将机械能转换为电能储存在电池中。

并联构型中车辆驱动力通常主要由发动机提供，电动机起辅助作用。即使电动机不工作，系统仍然可以依靠发动机驱动车辆行驶。电动机的作用只是改变发动机的工作状态，使发动机避免工作在低效率区域，从而提高系统的综合效率。因此，所要求的电动机、发动机功率可以降低，电池容量可以减小，电池组重量也可以降低，使制造成本降低。

对于混合点前没有离合器的构型（图 2-15b），离合器位于混合点后，发动机不能独立于电动机脱开。发动机起系统主要动力源的作用，电动机只起辅助作用，一般没有纯电动状态，系统通常为微混合或轻混合动力系统。对于发动机和混合点之间存在离合器的构型（图 2-15b、c、d），发动机可以通过离合器分离实现与传动系统脱离，车辆由电动机独立驱动。因此，此类构型通常也需要功率较大的电动机，系统多为全混合动力系统。对于混合点后有离合器的系统（图 2-15a、d），可以通过发动机和车辆传动系统脱开，采用电动机实现发动机迅速起动的功能。

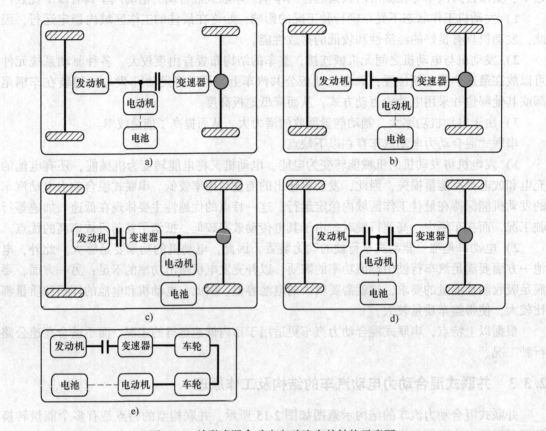

图 2-15 并联式混合动力电动汽车的结构示意图
a) 构型 1　b) 构型 2　c) 构型 3　d) 构型 4　e) 构型 5

在并联式混合动力汽车中，电动机通过在系统中加、减转矩来调节发动机的负荷。在加速时，电动机工作在电动模式，消耗电池中的电能为系统提供转矩，帮助车辆加速。在制动时，电动机工作在发电模式，将车辆机械能转换为电能储存到电池中。另外，在车辆行驶过程中，电动机还可以根据发动机当前运行工况的油耗、排放和电池 SOC 情况智能决定转矩输出，从而进一步对系统油耗、排放进行优化。

并联式混合动力汽车可工作在发动机快速起动/停止、纯电动、联合工作和制动能量回收等工作模式。

(1) 发动机快速起动/停止模式　如前所述，只有混合点后有离合器的系统构型具备此模式，如图 2-16 所示。

通过混合动力电动机可以使发动机在短时间内 (<1s) 快速起动，从而实现发动机的快速起动/停止。在车辆由于交通等原因临时停车时，发动机迅速停止，取消了原有的怠速状态，降低了怠速状态中的燃油消耗和有害气体排放。当检测到驾驶人发出的车辆起步意图后，发动机被迅速起动，驱动车辆前进。

(2) 纯电动模式　只有发动机和混合点之间存在离合器的构型具备纯电动模式，如图 2-17 所示。

第 2 章 电动汽车的基本结构与工作原理

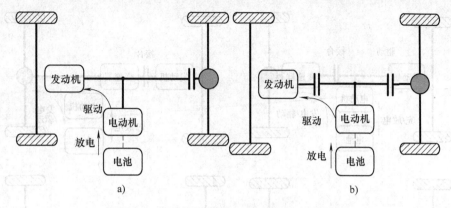

图 2-16 发动机快速起动/停止模式（并联式）

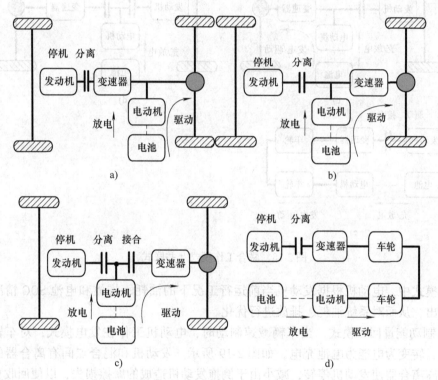

图 2-17 纯电动模式（并联式）

当汽车起步蠕行、低速行驶或倒车时，发动机与混合点间的离合器分离，发动机不工作，电动机为车辆提供驱动力，电池放电。此模式使得发动机在小负荷时可以完全停止运转，减少了燃油消耗。

（3）联合工作模式　此模式是汽车正常行驶时系统的主要工作模式，各个离合器均处于接合状态，如图 2-18 所示，发动机和电动机联合工作。当车辆起步加速或上坡时，车辆需求功率较大，电动机处于电动模式输出转矩，对系统进行功率补偿，电池放电。当汽车处于中低速巡航或电池 SOC 很低时，电动机处于发电模式将发动机输出的部分转矩转变为电能为电池充电。

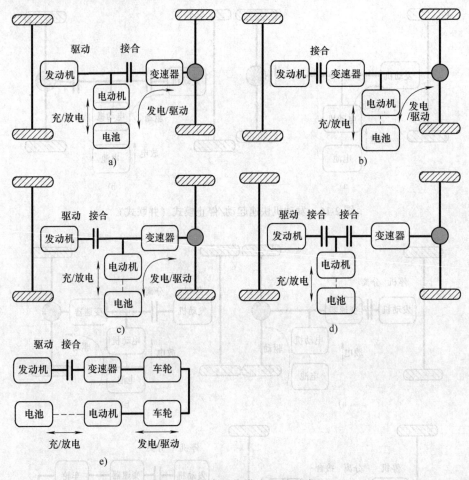

图 2-18 联合工作模式（并联式）

在此模式中，电动机根据发动机当前运行工况下的油耗、排放和电池 SOC 情况智能决定转矩输出，从而对系统油耗、排放进行优化。

（4）制动能量回收模式　当车辆减速制动时，电动机工作在发电模式，对车辆机械能进行回收，转变为电能为电池充电，如图 2-19 所示。发动机和混合点间有离合器的构型可以通过分离离合器使发动机停转，减小由于倒拖发动机造成的摩擦损失，以便回收更多的能量。对于发动机和混合点间没有离合器的构型，发动机停止喷油，处于断油状态，减小燃油消耗。对于可控气门发动机，气门处于完全关闭状态（停缸），减少发动机泵气损失，以便回收更多的能量。

并联式混合动力汽车具有以下特点：

1）发动机通过机械传动机构直接驱动汽车，无机械能-电能转换损失，因此发动机输出能量的利用率相对较高。如果汽车行驶工况能保证发动机在其最佳的工作范围内运行，并联驱动系统的燃油经济性比串联高。

2）当电动机仅起功率"调峰"作用时，电动机、发动机的功率可适当减小，电池的容量也可减小。

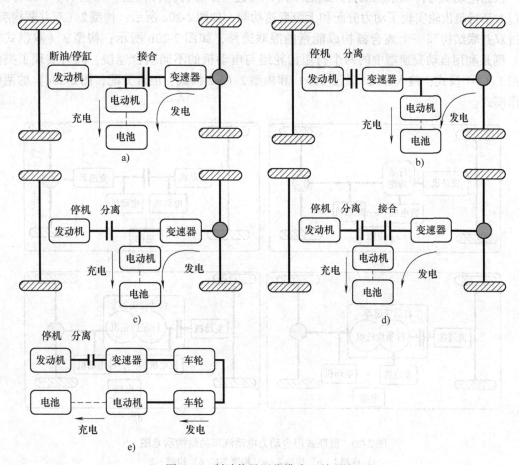

图 2-19 制动能量回收模式（并联式）

3）在繁华的市区低速行驶时，并联式混合动力汽车也可通过关闭发动机，以纯电动模式运行实现零排放行驶，但这需要有功率足够大的电动机，所需电池容量也相应要大。

4）发动机与电动机并联驱动时，还需要动力复合装置，因此，并联驱动系统的传动机构较为复杂。

5）并联驱动系统与车轮之间直接通过机械连接，发动机的运行工况会受车辆行驶工况的影响，因此车辆在行驶工况频繁变化的情况下运行时，发动机有可能不在其最佳工作区域内运行，其油耗和排放指标可能不如串联式混合动力系统。并联式混合动力系统最适于汽车在中、高速工况下稳定行驶。

此外，并联式混合动力系统不适合采用燃料电池作为动力源。

2.3.4 混联式混合动力电动汽车的结构及工作原理

混联式混合动力构型是串联式混合动力构型与并联式混合动力构型的综合。系统的主要特征包括：①至少含有两个电动机；②系统能量混合方式同时具备并联混合和串联混合的特征。通过两个电动机与传动装置间的配合，使系统既可以按串联方式进行工作也可按并联方式工作。混联式混合动力电动汽车的结构示意图如图 2-20 所示。

根据电动机与传动系统耦合方式的不同,可进一步分为三种构型:构型1(丰田构型)通过1套行星齿轮实现了动力分配和无级变速功能,如图2-20a所示;构型2(双并联构型)通过双并联结构和一个离合器构成能量的混联通路,如图2-20b所示;构型3(双模式构型)则是利用自动变速器中的两个行星齿轮组与电动机的不同耦合连接,同时实现了类似构型1(3-1模式:输入分配,图2-20c)和构型2(3-2模式:混合分配,图2-20d)的两种工作模式。

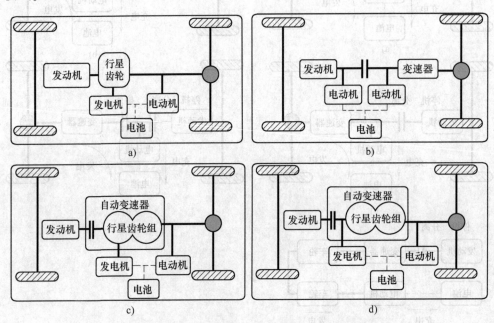

图2-20 混联式混合动力电动汽车的结构示意图
a)构型1 b)构型2 c)构型3-1 d)构型3-2

发动机通过机械动力分配装置(如行星齿轮)将一部分动力传送至一个电动机,此电动机通常工作在发电模式,将机械能转换为电能储存在电池中,系统的另一个电动机则负责将电能转换为机械能,能量在电池处以电能形式进行混合,具备串联能量混合特征。发动机的另一部分动力则直接输出至车辆,与上述串联能量混合通路通过电动机以并联方式进行混合,共同驱动车辆行驶。

混联式混合动力电动汽车可工作在纯电动、联合工作、制动能量回收和停车充电等工作模式。

(1)纯电动模式 当汽车起步蠕行、低速行驶或倒车时,发动机停机,车辆由电动机以纯电动方式带动行驶,如图2-21所示。上述构型1中的行星齿轮和发电机处于空转状态。构型2中的离合器分离。双模式构型3工作于3-1模式,行星齿轮组处于空转状态,离合器分离。

(2)联合工作模式 车辆正常行驶时,主要处于此工作模式,如图2-22所示。在构型1中,发动机一部分动力直接输出至车轮,另一部分动力通过发电机—电动机输出至车轮。在构型2中,离合器处于接合状态,发动机主要动力通过机械方式输出至车轮,两个电动机可以根据发动机工作状态智能决定驱动/发电,优化系统效率。对于双模式构型3,其3-1模式适于频繁行驶/停车的低速低负荷城市工况,工作方式与构型1类似;其3-2模式适于高速高负荷的高速路工况，工作方式类似于构型2。当车辆有急加速需求时，系统中的电动机迅速输出能量，为车辆提供加速动力。

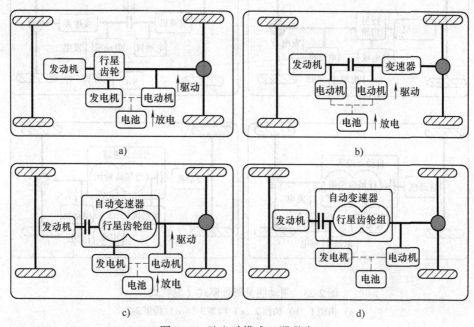

图 2-21　纯电动模式（混联式）
a）构型1　b）构型2　c）构型3-1　d）构型3-2

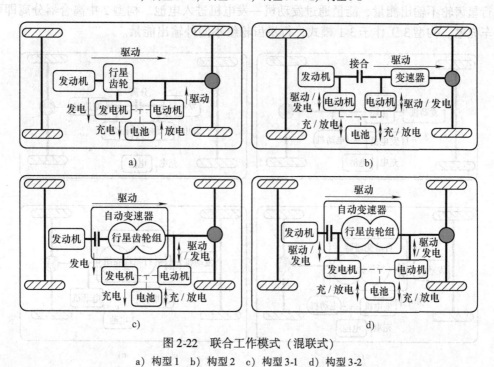

图 2-22　联合工作模式（混联式）
a）构型1　b）构型2　c）构型3-1　d）构型3-2

（3）制动能量回收模式　当车辆制动时，行星齿轮处于空转状态，离合器分离，发动机停机。电动机将车辆机械能转换为电能，储存在电池中，如图2-23所示。

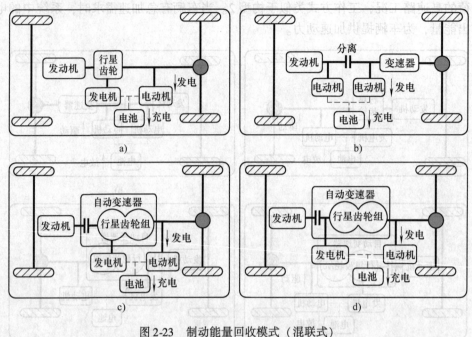

图 2-23 制动能量回收模式（混联式）
a) 构型 1 b) 构型 2 c) 构型 3-1 d) 构型 3-2

（4）停车充电模式　混联式混合动力构型具备停车充电功能，如图 2-24 所示。构型 1 中的行星齿轮不输出能量，能量通过发动机—发电机进入电池。构型 2 中离合器分离即可实现停车充电。构型 3 工作于 3-1 模式，行星齿轮组不向外输出能量。

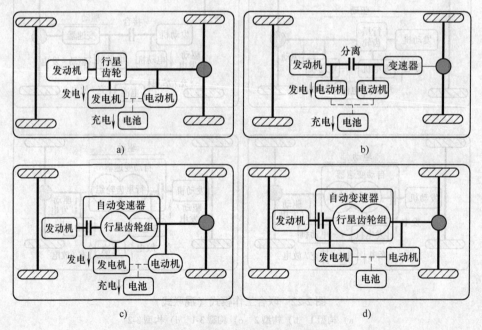

图 2-24 停车充电模式（混联式）
a) 构型 1 b) 构型 2 c) 构型 3-1 d) 构型 3-2

混联式驱动系统兼具串联式和并联式的优点，具有更全面的混合动力工作模式，系统能量分配灵活度更高，能更好地适应车辆复杂的行驶工况。

对于频繁行驶/停车和蠕行的城市工况，系统可以通过关闭发动机，使用电动机以纯电动模式行驶，充分利用了串联混合动力的优势。对于持续高负荷的高速路工况，发动机为车辆行驶提供主要能量，具有并联构型的特征和优势。系统通过行星齿轮的变速特性和电动机的辅助作用，对发动机工况点进行优化，使系统在高速路工况下仍然能够得到较高的系统效率。

多数混联构型（如构型1、构型3-1）都利用了行星齿轮机构进行能量分配，在实现了能量分配的同时，还实现了车辆的变速器功能，替代了传统车辆的手动或自动变速器。构型1利用了一套行星齿轮通过控制发电机转速实现了无级变速器的功能，称为电子无级变速器（e-CVT）。构型3-1则利用了现有自动变速器中的行星齿轮组，通过动态改变电动机机械耦合位置，在变速器的基础上实现了能量混合。然而，混联构型往往系统比较复杂，需要动力分配装置（行星齿轮）和多个电动机，使得系统成本和复杂度大大提高。

2.3.5 插电式混合动力电动汽车的结构及工作原理

插电式混合动力电动汽车（Plug-in HEV，PHEV），是一种可外接充电的新型混合动力电动汽车。PHEV是在传统混合动力电动汽车（HEV）的基础上派生而来的，并兼有传统HEV与纯电动汽车（BEV）的基本功能特征。

PHEV与传统HEV有两个较大的差异：

1) PHEV可以直接由外接电源充电。而传统的HEV大多通过发动机为电池充电以及车辆行驶过程中回收制动能量等。

2) PHEV的电池容量较大，可以靠电力行驶较远的距离，电力驱动在PHEV中所占比例更高，其对发动机的依赖较传统HEV少。在PHEV中，电动机大多是主要的动力输出，因此其对电动机的性能要求较高，并需要大容量的电池来为电动机提供足够的电力。PHEV主要以电为动力来源，传统的发动机只作为辅助动力，在电池能量消耗完时才启用。

PHEV动力系统主要可分为并联式、串联式和混联式三种结构，其结构主要特点与传统HEV类似。但是PHEV用的发动机功率比HEV的小，电动机和电池功率比HEV的大，电池可通过电力网进行充电。

(1) 串联式PHEV 串联式PHEV（图2-25），通常称为增程式电动车，其特点是发动机带动发电机发电，发出的电能通过电动机控制器直接输送给电动机，由电动机驱动汽车行

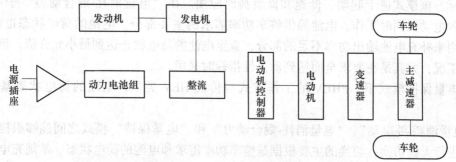

图2-25 串联式PHEV动力系统简图

驶。其动力电池组可进行外接充电，在允许的条件下可通过切断发动机的动力实现纯电动行驶；在要求迅速加速和爬坡时，可以混合动力模式工作；当电池组不起作用或不能使用时，发动机可单独驱动电动机带动汽车运行；在停车状态下可对动力电池进行充电。

（2）并联式 PHEV　并联式 PHEV（图 2-26）的发动机和电动机是两个相对独立的系统，既可实现纯电动行驶，又可实现发动机驱动行驶，在功率需求较大时还可以实现全混合动力行驶，在停车状态下也可进行外接充电。

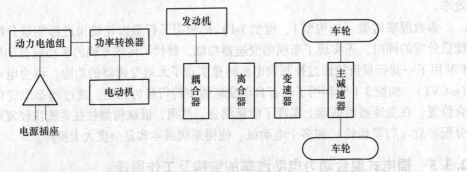

图 2-26　并联式 PHEV 动力系统简图

（3）混联式 PHEV　混联式 PHEV 驱动系统是串联式与并联式的综合，可同时兼顾串联式和并联式的优点，但系统较为复杂。在汽车低速行驶时，驱动系统主要以串联方式工作；汽车高速稳定行驶时，则以并联工作方式为主；停车时，可通过车载充电器进行充电。

根据车上电池荷电状态的变化特点，可以将 PHEV 的工作模式分为电量消耗（Charge Depleting, CD）阶段和电量保持（Charge Sustaining, CS）阶段，如图 2-27 所示。其中电量消耗又分为纯电动和混合动力两种子模式。

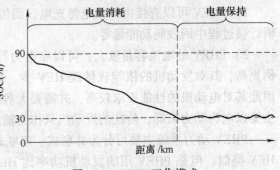

图 2-27　PHEV 工作模式

混联式 PHEV 优先应用电量消耗模式。在电量消耗模式中，PHEV 根据整车的功率需求，具体选择纯电动和混合动力两种子模式。在"电量消耗-纯电动"子模式中，发动机是关闭的，电池是唯一的能量源，电池的荷电状态降低，整车一般只达到部分动力性指标。该模式适于起动、低速和低负荷时应用。在"电量消耗-混合动力"子模式中，发动机和电动机同时工作，电池提供整车功率需求的主要部分，电池的荷电状态也在降低，发动机用来补充电池输出功率不足的部分，直至电池的荷电状态达到最小允许值。该模式适于高速工况，尤其是在要求全面达到动力性指标时采用。

在电量保持模式下，PHEV 的工作方式与传统 HEV 类似，电池的荷电状态基本维持不变。

"电量消耗-纯电动"、"电量消耗-混合动力"和"电量保持"模式之间能够根据整车管理策略进行无缝切换，切换的主要根据是整车功率需求和电池的荷电状态。常规充电模式就是用电网给 PHEV 电池充电。

PHEV 具有以下特点：

1）具有 BEV 的全部优点，如零排放、低噪声及高能量效率等。

2）相比传统的 HEV，其大大降低了有害气体、温室气体的排放，并提高了燃油经济性和动力性能。

3）将混合动力驱动系统与纯电动驱动系统相结合，纯电动状态下可行驶较长距离，需要时也可采用混合动力模式。

4）可利用外部公用电网（主要是晚间低谷电力）对车载动力电池进行充电。这样可改善电厂发电机效率，节约能源；显著减少燃油的使用量，大大降低对石油的依赖，同时较低的电价也降低了车辆使用成本。

当前 PHEV 研发面临的主要问题有以下 3 个方面：

1）根据市场和用户需要确定的整车结构、成本、控制策略、纯电动里程的大小、电池能量和功率的选择等。

2）满足 PHEV 需要的电池及其管理系统的开发。保证 PHEV 有必要的动力性能指标和纯电动行驶里程，又不增加太多的车辆质量，因此电池必须要有足够高的能量密度和功率密度。PHEV 经常要采用纯电动模式行驶，电池在 SOC 为 20%~100% 的较宽区域充放电，应保证有很长的循环寿命，同时要保证 SOC 降到较低时，仍能大电流放电，SOC 较高时，能接受大功率充电，以回收制动能量。

3）PHEV 充电基础设施的建设。对于我国各机关单位的公务车、公交车、特种车都有专用的停车地点，可以安装充电设备，但大多数城市居民都居住在没有独立车库的楼房里，需进一步研究如何解决充电方案。同时还需进一步考虑 PHEV 的最佳充电时间以及功率、通信、控制等充电设备接口标准的制定。

2.4 燃料电池电动汽车

燃料电池电动汽车作为新能源汽车的一种，其电池的工作原理是将氢气和氧气通过电极反应直接转化成电能，最大的特点是由于反应的过程不涉及燃烧和热机做功，能量转换效率不受卡诺循环的限制可达 60%~70%，实际使用效率则是普通内燃机的 2 倍左右。能量转换效率高是燃料电池的主要特点之一，因此从能源的利用和环境保护方面看，燃料电池汽车是一种理想的车辆。质子交换膜燃料电池（Proton Exchange Membrane Fuel Cell，PEMFC）是一种被认为是今后电动汽车上最理想的驱动电源。

燃料电池电动汽车的氢燃料能通过几种途径得到。有些车辆直接携带纯氢燃料；有些车辆装有燃料重整器，能将烃类燃料转化为富氢气体。单个燃料电池必须结合燃料电池组，以便获得必需的动力，满足车辆使用的要求。

2.4.1 燃料电池的结构及工作原理

燃料电池按其运行机理可分为酸性燃料电池和碱性燃料电池；按反应温度不同可分为低温、中温以及高温电池；按电解质的种类不同，燃料电池又可分为碱性燃料电池（Alkaline Fuel Cell，AFC）、磷酸盐燃料电池（Phosphoric Acid Fuel Cell，PAFC）、熔融碳酸盐燃料电池（Molten Carbonate Fuel Cell，MCFC）、固体氧化物燃料电池（Solid Oxide Fuel Cell，

SOFC)、质子交换膜燃料电池（Proton Exchange Membrane Fuel Cell，PEMFC）等。在燃料电池中，磷酸盐燃料电池、质子交换膜燃料电池可以冷起动和快起动，可以作为移动电源，满足特殊情况的使用要求，更具有竞争力。几种典型燃料电池的组成结构、性能以及应用方向见表2-1。

表2-1 几种典型燃料电池的比较

电池类型	AFC	PAFC	MCFC	SOFC	PEMFC
阳极	Pt/Ni	Pt/C	Ni/Al	Ni/ZrO$_2$	Pt/C
阴极	Pt/Ag	Pt/C	Li/NiO	Sr/LaMnO$_3$	Pt/C
燃料	纯氢	天然气、氢	天然气、煤气	天然气、煤气	纯氢
电解质	KOH	H$_3$PO$_4$	Li$_2$/K$_2$CO$_3$	YSZ（用氧化钇稳定氧化锆）	聚合物
腐蚀性	强	强	强	弱	无
工作温度/℃	约100	约200	600~700	800~1000	约100
比功率/(W/kg)	35~105	120~180	30~40	15~20	340~3000
起动时间	几分钟	几分钟	>10min	>10min	<5s
寿命水平/h	10000	15000	13000	7000	10000
应用方向	航空航天	电站	电站	电站	移动电源、电动汽车、航空航天等

(1) 碱性燃料电池（AFC） 碱性燃料电池的工作温度约为80℃。但是由于其电力密度比质子交换膜燃料电池的密度低十几倍，在汽车中安置非常不便。它主要广泛应用于空间任务，包括为航天飞机提供动力和饮用水。不过，它是燃料电池中生产成本最低的一种电池，因此可用于小型的固定发电装置。

(2) 磷酸盐燃料电池（PAFC） 磷酸盐燃料电池构造简单、稳定、电解质挥发度低，它的工作温度略高，为150~200℃。能量转换效率约为40%，低于其他燃料电池。

(3) 熔融碳酸盐燃料电池（MCFC） 这种燃料电池的能量转换效率最高，可达60%。如果它浪费的热量能够加以利用，其潜在的效率可高达80%。工作温度为650℃左右，因此该种电池需要较长的时间才能达到工作温度，一般不能用于交通运输。其电解质的温度和腐蚀特性，表明它们用于家庭发电不太安全。但是，其较高的发电效率对于大规模的工业加工和发电汽轮机则具有较大的吸引力。

(4) 固态氧化物燃料电池（SOFC） 固态氧化物燃料电池的工作温度为700~1000℃，效率为60%左右。它对目前所有燃料电池都有的硫污染具有最大的耐受性。

(5) 质子交换膜燃料电池（PEMFC） 质子交换膜燃料电池有时也称聚合物电解质膜/固态聚合物电解质膜/聚合物电解质膜燃料电池。质子交换膜燃料电池的工作温度约为80℃。它可代替充电电池，并能在较低的温度下工作，可以在严寒条件下迅速起动。其电力密度较高，体积相对较小。由于拥有上述优点，质子交换膜燃料电池成为汽车和家庭应用的理想能源。

由于质子交换膜燃料电池与其他类型的燃料电池（如AFC、PAFC、MCFC、SOFC等）相比，具有工作温度低、比能较高、起动快、寿命较长，并且能够在动力系统中应用等特点，被认为是在动力系统领域解决能源危机和环境污染的最具前景的方案之一。

质子交换膜燃料电池的结构及工作原理示意图如图 2-28 所示。它以氢气为燃料，氢气在阳极催化剂作用下，氢分子解离为带正电的氢离子（即质子），并释放出带负电的电子；氢离子穿过质子交换膜到达阴极，电子则通过外电路到达阴极，电子在外电路形成电流；在电池另一端，氧气在阴极催化剂作用下，氧与氢离子及电子发生反应生成水。

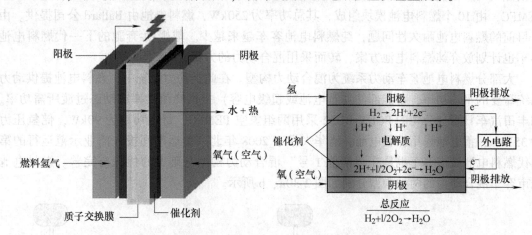

图 2-28　质子交换膜燃料电池的结构及工作原理示意图

质子交换膜燃料电池的单体结构主要包括膜电极、密封圈和带有导气通道的流场板。其结构特点为导电聚合物电解质的两面分别为高比表面积的催化剂构成的电极。这三层结构紧密地压合在一起，形成一个非常薄的"阴极—电解质—阳极"结构，即膜电极（MEA）。由双极板将多个 MEA 串联起来，用于电池堆中。MEA 中间是一层导电聚合物膜——质子交换膜（PEM），这种膜不能传导电子，却是质子的优良导体。质子交换膜燃料电池通常以氢气为燃料，空气或氧气为氧化剂。可将多个电池单体根据需要进行串联或并联组成不同功率的燃料电池组，如图 2-29 所示。

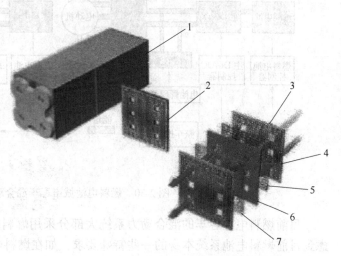

图 2-29　燃料电池结构示意图

1—燃料电池堆　2—燃料电池单体　3—燃料电池单体组合
4—流场板　5—氢气　6—膜电极　7—空气（氧气）

2.4.2　燃料电池电动汽车的结构及工作原理

燃料电池电动汽车在整体结构上与普通内燃机汽车相似，主要不同之处在于由燃料电池供电的电动机直接驱动汽车，同时以储存于高压氢罐（35～70MPa）的氢气燃料替代汽油或柴油。目前，燃料电池电动汽车动力系统主要集中在客车动力系统，主要分为三大类：纯燃料电池动力系统（Fuel Cell Powertrain）、混合动力系统（Hybrids）以及增程式动力系统（Range Extender）。

纯燃料电池客车的动力能源只有燃料电池，因此为了满足车辆能量的需要，此类客车的燃料电池功率相当大，而且为了达到车辆的起动及动态响应性能要求，燃料电池一般均采用直接氢气的质子交换膜燃料电池，如戴姆勒-奔驰的 Citaro 采用的高压气瓶供气的直接氢气 PEMFC，由 10 个燃料电池模块组成，其总功率为 250kW，燃料电池由 Ballard 公司提供。由于目前的燃料电池耐久性问题，纯燃料电池客车越来越少。戴姆勒-奔驰的下一代燃料电池客车也计划放弃纯燃料电池方案，转而采用混合动力的方案。

大部分燃料电池客车动力系统为混合动力构型。在此类动力系统中，燃料电池提供动力系统需要的平均功率，蓄能部件（蓄电池或超级电容）提供峰值功率或动态过渡所需功率。如丰田汽车日野分公司的 FCHV-BUS2 采用两组氢空 PEMFC，每组功率为 90kW，储氢压力为 35MPa，蓄电池采用镍氢电池。清华大学于 2008 年北京奥运期间投入商业示范运行的第四代燃料电池城市客车也是在"清能 1 号"混合动力构型基础上的优化与完善。燃料电池城市客车混合动力的两种构型分别如图 2-30a、b 所示。

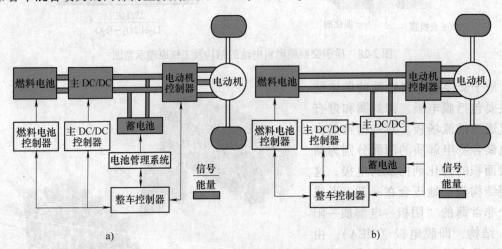

图 2-30　燃料电池城市客车混合动力的构型

目前燃料电池客车的混合动力系统大部分采用燃料电池 + 蓄电池（F + B）的形式。考虑到目前燃料电池系统本身的一些特殊要求，如在燃料电池起动时空压机或鼓风机需要提前工作，氢气和空气需要预加湿，燃料电池堆需要预热等，这些过程都需要提前向燃料电池系统供电；同时为了能够回收制动能量，需要将辅助电池和燃料电池系统组合起来形成混合储能系统。该系统降低了对燃料电池的功率和动态特性的要求。同时也降低了燃料电池系统的成本，但却增加了驱动系统的复杂性以及质量和体积，增加了辅助电池的维护和更换费用。也有采用燃料电池 + 超级电容（F + SC）的方案，即采用燃料电池与超级电容相组合，完全摒弃了寿命短、成本高和使用要求复杂的辅助电池。采用超级电容的突出优点就是寿命长和效率高，希望能大大降低使用成本，有利于燃料电池电动汽车的商业化推广和应用。混合动力系统的结构有两种形式（由 DC/DC 的位置决定），第一种为 DC/DC 布置在燃料电池出口，称为燃料电池间接连接构型；第二种为布置在蓄电池出口，称为燃料电池直接连接构型。

（1）燃料电池间接连接构型　燃料电池间接连接构型是燃料电池电动汽车常用的一种构型，如图 2-31 所示。其特点是燃料电池系统通过单向 DC/DC 与电驱动系统连接，蓄电池或超级电容直接连接到直流母线上。

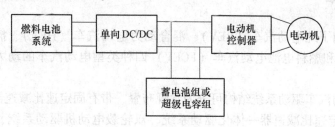

图 2-31　燃料电池间接连接构型

燃料电池间接连接动力系统的特点如下：

1）通过单向 DC/DC 变换器直接对燃料电池系统的输出功率进行控制，能够保证燃料电池平稳工作。燃料电池输出电压范围不需要与电动机匹配，但根据 DC/DC 类型需满足一定约束条件。

2）储能装置电压范围需要与电动机匹配。超级电容作为储能装置时，最低工作电压应大于电动机最小工作电压，否则超级电容存储能量不能被完全利用。要满足工况动力性，必须选取较大容量的超级电容，成本高，体积大。

3）电动机在制动状态下，储能装置能够自动吸收电动机发电能量，储能装置充电过程中电压会上升，制动控制策略需要将电压控制在电池允许的电压范围内。

4）控制中电动机的需求功率预测误差对系统的动力性能影响很小，控制易于实现。

（2）燃料电池直接连接构型　燃料电池直接连接构型如图 2-32 所示，其特点是燃料电池系统直接与电驱动系统连接，蓄电池或超级电容通过双向 DC/DC 与电驱动系统连接，这种构型在燃料电池混合动力系统中比较常见。双向 DC/DC 变换器可采用恒流或恒功率或恒压控制模式，在恒功率模式下整车控制器可直接设定辅助储能装置输出功率的大小。

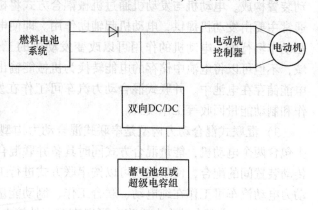

图 2-32　燃料电池直接连接构型

燃料电池直接连接动力系统的特点如下：

1）通过双向 DC/DC 变换器间接对燃料电池系统的输出功率进行控制，燃料电池平稳工作依赖于对需求功率的准确预测。

2）储能装置电压范围不受电动机工作电压约束，参数选择比较灵活，其存储能量能够被完全利用。

3）该构型一般燃料电池发动机输出功率较大。

4）储能装置的充放电需要控制器通过双向 DC/DC 对辅助储能装置功率进行准确控制，

否则容易引起系统波动问题。

2.5 本章小结

本章主要介绍了纯电动汽车（BEV）、混合动力电动汽车（HEV）、插电式混合动力电动汽车（PHEV）和燃料电池电动汽车（FCEV）四种类型电动汽车的动力系统结构及工作原理。

常见的纯电动汽车驱动系统结构可分为常规布置、带有固定速比减速器、无传动装置驱动、双电动机-固定速比减速器一体化驱动系统、双轮毂电动机驱动系统、四轮毂电动机驱动系统等形式。按照储能装置结构可分为唯一能量源、高比功率/高比能量复合能量源等形式。

混合动力电动汽车按照动力传输路径中动力系统组件的布置可分为串联、并联和混联三种结构。从使用电池-电动机与发动机的搭配比例来看，混合动力车辆可分为微混合、轻混合、全混合、可外接电源充电混合动力四种类型。

1) 串联式混合动力电动汽车中，发动机带动发电机发电，或通过燃料电池发动机直接输出电能，发出的电能通过电动机控制器直接输送到电池或电动机。电动机工作在电动模式下，产生驱动力矩驱动汽车，或工作在发电模式下将车辆机械能转换为电能（制动能量回收）。串联式混合动力汽车可工作在纯电动驱动、发动机/电动机联合驱动、制动能量回收和停车充电等工作模式。

2) 并联式混合动力电动汽车的动力系统由发动机、单电动机、电池和传统车辆机械传动装置构成。电动机与发动机通过机械耦合方式将机械能混合后驱动车辆行驶。车辆驱动力通常主要由发动机提供，电动机起辅助作用。即使电动机不工作，系统仍然可以依靠发动机驱动车辆行驶。电动机的作用可以改变发动机的工作状态，使发动机避免工作在低效率区域，不但可以将电池中储存的电能转换为机械能输出，也可以通过发电模式将机械能转换为电能储存在电池中。并联式混合动力汽车可工作在发动机快速起动/停止、纯电动、联合工作和制动能量回收等工作模式。

3) 混联式混合动力构型是串联式混合动力构型与并联式混合动力构型的综合。系统至少包含两个电动机，能量混合方式同时具备并联混合和串联混合的特征。通过两个电动机与传动装置间的配合，使系统既可以按串联方式进行工作，也可按并联方式工作。混联式混合动力电动汽车可工作在纯电动、联合工作、制动能量回收和停车充电等工作模式。

4) 插电式混合动力电动汽车可以直接由外接电源充电。而传统的 HEV 大多通过发动机为电池充电以及车辆行驶过程中回收制动能量等。PHEV 的电池容量较大，可以靠电力行驶较远的距离，电力驱动在 PHEV 中所占比例更高，其对发动机的依赖较传统 HEV 少。在 PHEV 中，电动机大多是主要的动力输出，因此其对电动机的性能要求较高，并需要大容量的电池来为电动机提供足够的电力。PHEV 主要以电为动力来源，传统的发动机只作为辅助动力，在电池能量消耗完时才启用。根据车上电池荷电状态的变化特点，可以将 PHEV 的工作模式分为电量消耗（Charge Depleting, CD）阶段和电量保持（Charge Sustaining, CS）阶段。

燃料电池将氢气和氧气通过电极反应产生的化学能直接转化为电能，能量转换效率高，是今后电动汽车上较理想的驱动电源。燃料电池按其运行机理可分为酸性燃料电池和碱性燃料电池；按反应温度不同可分为低温、中温以及高温电池；按电解质的种类不同，燃料电池又可分为碱性燃料电池、磷酸盐燃料电池、熔融碳酸盐燃料电池、固体氧化物燃料电池、质子交换膜燃料电池等。质子交换膜燃料电池的工作温度约为80℃。它可代替充电电池，并能在较低的温度下工作，可以在严寒条件下迅速起动，其电力密度较高，体积相对较小，是汽车应用的理想电源。燃料电池电动汽车的动力系统可分为纯燃料电池动力系统、混合动力系统以及增程式动力系统。

习　题

1. 简述纯电动汽车的分类并分析其工作原理。
2. 简述混合动力电动汽车的分类方法。
3. 结合动力系统的结构，分析串联式混合动力电动汽车的工作原理。
4. 以某一汽车生产厂商所生产的并联式混合动力电动车型为例，结合其动力系统的结构，分析其工作原理。
5. 以丰田普锐斯（Prius）混联式混合动力电动汽车为例，简述其动力系统的结构并分析其工作原理。
6. 以通用汽车公司生产的Volt车型为例，简述其动力系统的结构并分析其工作原理。
7. 简述插电式混合动力电动汽车的构型分类及运行模式。
8. 简述燃料电池电动汽车动力系统的分类及特点。

第3章 电动汽车的行驶工况与性能匹配

3.1 电动汽车的行驶性能

电动汽车与内燃机汽车在外表上没有什么区别,而在车辆行驶时,车轮与地面之间相互接触、相互作用,以及它们之间的力学过程也不存在本质的区别。这两种汽车的转向装置、悬架装置及制动系统基本上也是相同的。它们之间的主要差别是采用了不同的动力系统。内燃机汽车是可燃混合气在内燃机中燃烧做功,从而推动汽车前进。电动汽车的电能由动力电池提供,经过驱动系统和驱动电动机驱动行驶。因此,电动汽车的操纵稳定性、平顺性及通过性与内燃机汽车完全相同。电动汽车本身除具有再生制动性能外,与内燃机的制动性能也是相同的。电动汽车的能量供给和消耗,与动力电池的性能密切相关,直接影响电动汽车的动力性和续驶里程,同时也影响电动汽车行驶的成本效益。

3.1.1 驱动力和行驶阻力

电动汽车在行驶中,动力电池输出电能给驱动电动机,驱动电动机输出功率,用于克服电动汽车机械装置的内阻力以及由行驶条件决定的外阻力所消耗的功率。内阻力通常由汽车内机械装置的效率表示;外阻力即电动汽车行驶阻力。从分析电动汽车行驶时的受力状况出发,建立行驶方程式,这是分析电动汽车行驶性能的基础。

(1) 驱动力 电动汽车的驱动电动机输出轴输出转矩 M,经过减速齿轮传到驱动轴上的转矩为 M_t,它使驱动轮与地面之间产生相互作用,车轮对地面作用一圆周力 F_0,同时,地面对驱动轮产生作用力 F_t。F_t 与 F_0 大小相等,方向相反,F_t 的方向与驱动轮前进方向一致,是推动汽车前进的外力,定义为电动汽车的驱动力,即

$$M_t = M i_g i_0 \eta$$
$$F_t = \frac{M_t}{r} = \frac{M i_g i_0 \eta}{r} \tag{3-1}$$

式中 F_t——驱动力(N);
M——驱动电动机输出转矩(N·m);
i_g——减速器或变速器传动比;
i_0——主减速器传动比;
η——电动汽车机械传动效率;
r——驱动轮半径(m)。

电动汽车机械传动装置是指与驱动电动机输出轴有运动学联系的减速齿轮变速器、传动轴以及主减速器等机械装置。机械传动链中的功率损失包括:齿轮啮合点处的摩擦损失、轴

承中的摩擦损失、旋转零件与密封装置之间的摩擦损失以及搅动润滑油的损失等。因为影响因素复杂，所以单独计算每个损失比较困难。现代机械传动装置生产技术水平较高，传动装置中的损失较小，为了简化计算，将各项损失合并到啮合损失内。对于一般机械传动装置的效率，可以按式（3-2）计算：

$$\eta = \eta_y^n \eta_z^m \tag{3-2}$$

式中　η_y——圆柱齿轮对的效率，$\eta_y = 0.97 \sim 0.98$；

　　　η_z——锥齿轮对的效率，$\eta_z = 0.96 \sim 0.97$；

　　　n——传递转矩处于啮合状态的圆柱齿轮对数；

　　　m——传递转矩处于啮合状态的锥齿轮对数。

对于采用行星轮系或行星排的机械传动效率，计算方法更为复杂，在此不予讨论。单排行星齿轮减速器的效率一般取 0.97～0.98，万向传动轴的效率为 0.98。

汽车在各种行驶工况下行驶时，所需的转矩和功率是行驶速度的函数，取决于不同车速行驶时所遇到的行驶阻力。驱动电机的转矩-转速特性必须满足汽车的这种需要。假设原动机在不同转速时的功率保持不变，则有

$$P_M = \frac{Mn}{9549} \tag{3-3}$$

式中　n——原动机转速（r/min）；

　　　M——原动机转矩（N·m）；

　　　P_M——原动机的输出功率（kW）。

在原动机的工作转速范围内，转矩与转速成反比，转矩特性是在第一象限内的双曲线。转速低时转矩大，转速高时转矩小。这种特性比较接近汽车的行驶工况。但是各种原动机的转矩特性与这种理想的特性是有区别的。串励式直流驱动电动机的功率与转矩特性如图 3-1 所示。串励式交流驱动电动机的功率与转矩特性如图 3-2 所示。原动电动机存在不同的工作制，如 1min 工作制、5min 工作制、30min 工作制等，即存在瞬时功率、连续功率和小时功率。

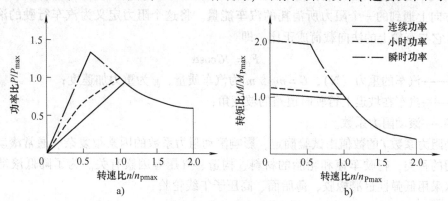

图 3-1　加载时间不同时串励式直流驱动电动机的功率与转矩特性
a）功率特性　b）转矩特性

这些特性图上有三条曲线，即连续功率、小时功率和瞬时功率（起动功率）。起动功率和小时功率均大于连续功率。由于驱动电动机发热，起动功率与小时功率使用时间受到限制。这个特点使车辆具有在一段时间内得到较大加速度或者克服较大坡道阻力的能力，因而

得到广泛使用。

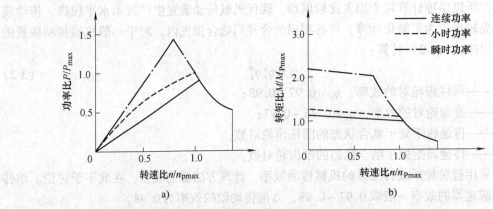

图 3-2 加载时间不同时串励式交流驱动电动机的功率与转矩特性
a) 功率特性 b) 转矩特性

(2) 行驶阻力 电动汽车在上坡加速行驶时，作用于电动汽车上的阻力与驱动力保持平衡，可建立以下汽车行驶方程式：

$$F_t = F_f + F_w + F_j + F_i \tag{3-4}$$

式中 F_t——驱动力；

F_f——行驶时的滚动阻力；

F_w——行驶时的空气阻力；

F_j——行驶时的加速阻力；

F_i——行驶时的坡道阻力。

1) 滚动阻力 F_f。

电动汽车在硬路面上行驶，由于橡胶轮胎的弹性迟滞形成的能量损失，相当于汽车车轮在前进方向上遇到的一个阻力所消耗的汽车能量。将这个阻力定义为汽车行驶的滚动阻力 F_f，通常它与车轮上的法向载荷成正比，即

$$F_f = fG\cos\alpha \tag{3-5}$$

式中 G——汽车的重力（N），$G = mg$，m 为汽车质量，g 为重力加速度；

α——汽车在坡道上行驶时道路的坡度角；

f——滚动阻力系数。

滚动阻力系数 f 的数值由试验确定，影响滚动阻力系数的因素很复杂。通常滚动阻力系数与路面的种类，行驶车速和轮胎的材料、构造、气压等因素有关。为了降低滚动阻力系数，可以采用低弹性迟滞橡胶、薄胎面、高压子午线轮胎。

2) 空气阻力 F_w。

根据空气动力学原理，汽车在行驶过程中由于空气动力的作用，在汽车行驶方向上作用在汽车上的分力称为空气阻力。空气阻力通常与气流相对速度的动压力成正比。空气阻力可以表示为

$$F_w = \frac{C_D A v_a^2}{21.15} \tag{3-6}$$

式中 C_D——空气阻力系数；

　　　v_a——汽车行驶速度（km/h）；

　　　A——迎风面积（m²）。

降低空气阻力的主要途径是降低 C_D 的值。空气阻力系数 C_D 的值与汽车表面的结构形状有关，由风洞试验确定。通常，轿车 $C_D=0.3\sim0.46$，货车 $C_D=0.6\sim0.7$，大客车 $C_D=0.6\sim0.7$。

3) 坡道阻力 F_i。

汽车上坡行驶时，除必须克服滚动阻力与空气阻力外，还必须克服上坡阻力 F_i。由于汽车的重力沿上坡路面的分力 $G\sin\alpha$ 阻止汽车前进，此力称为上坡阻力，用下式表示：

$$F_i = G\sin\alpha \tag{3-7}$$

式中 G——汽车的重力；

　　　α——道路的坡度角。

道路的坡度角除了以角度表示外，工程上常以坡度表示，即坡度角的正切值：

$$i = \tan\alpha = \frac{h}{s} \tag{3-8}$$

式中 h——坡高；

　　　s——坡底长度。

一般路面上的坡度角很小，可以近似认为

$$F_i = G\sin\alpha = Gi \tag{3-9}$$

4) 加速阻力 F_j。

设有两个物体其质量均等于 m，其中一个物体在运动时有部分质量可以旋转，并与该物体有一定的运动学联系；另一个物体没有旋转质量。若以相同的力作用于这两个物体时，两个物体所得到的加速度是不相等的，前者的加速度小于后者。这是因为物体受力作用而做加速运动时，有旋转质量的那一部分除随该物体做平移加速外，还将产生旋转加速度。因此，旋转质量加速旋转而形成附加惯性负荷，表现为对该物体整体的阻力。对于有旋转质量的物体，其加速度比没有旋转质量的物体要小一些。可以设想有旋转质量的物体，其质量比无旋转质量的物体增加了 δ 倍，δ 称为质量增加系数，或者质量换算系数，用牛顿第二定律表示为

$$F = \delta m a \tag{3-10}$$

电动汽车加速行驶时的加速阻力则可以表示为

$$F_j = \frac{\delta G}{g}\frac{dv}{dt} \tag{3-11}$$

式中 δ——电动汽车的质量换算系数。

电动汽车的质量换算系数可进一步进行理论分析计算，通常由试验确定。因为还缺乏电动汽车的试验数据和近似的计算方法，所以可参考内燃机汽车的质量换算系数计算方法。由于电动汽车没有笨重的内燃机和飞轮，因此质量换算系数会相对小一些。

3.1.2 驱动力与行驶阻力的平衡

电动汽车在行驶过程中，驱动力与行驶阻力始终保持平衡，这种平衡关系由电动汽车行驶方程式（3-4）表示。可以利用行驶方程式通过解析法或者图解法分析电动汽车的动力性能。

绘制给定电动汽车的驱动力与行驶阻力平衡图，已知数据如下：驱动电动机输出轴上的

转矩特性、汽车的总质量、减速器与主减速器的传动比、传动效率、车轮半径、汽车空气阻力系数和汽车的迎风面积。利用式（3-1）即可计算电动汽车车轮上的驱动力，车速可根据式（3-12），利用驱动电动机的转速换算，即

$$v_a = 0.377 \frac{nr}{i_g i_0} \tag{3-12}$$

式中　i_g——减速器或变速器传动比；
　　　i_0——主减速器传动比；
　　　n——原动机转速（n/min）；
　　　r——驱动轮半径（m）。

利用上述计算结果，即可绘制驱动力图。

电动汽车等速行驶时，由式（3-4）得

$$F_t = F_f + F_w \tag{3-13}$$

式中　F_t——电动汽车的驱动力；
　　　F_f——电动汽车行驶时的滚动阻力；
　　　F_w——电动汽车行驶时的空气阻力。

将不同车速下的滚动阻力和空气阻力加起来画在驱动力图上（图3-3），由驱动力曲线与$(F_f + F_w)$曲线的交点即可求出电动汽车的最高车速。特别要注意，这个交点是在驱动电动机的连续工作区，还是在短时工作区或者瞬时工作区。电动汽车的最高车速只有在驱动电动机的连续工作区才有意义。

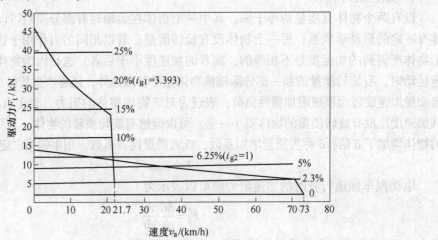

图3-3　驱动力-行驶阻力平衡图

令

$$F_{fw} = F_f + F_w \tag{3-14}$$

将式（3-4）改写为

$$F_i + F_j = F_t - F_{fw} \tag{3-15}$$

式中　F_j——电动汽车行驶时的加速阻力；
　　　F_i——电动汽车行驶时的坡道阻力。

当汽车在坡道上以速度v等速行驶时，$F_j = 0$，则有

$$i = \frac{F_t - F_{fw}}{G} \tag{3-16}$$

由式（3-16）可求出电动汽车以速度 v 等速爬坡行驶时的坡度 i。当车速 $v=v_{\min}$ 时，即可求得电动汽车的最大爬坡度 $i_{\max}$。注意此处 F_t 应取短时间工作的转矩曲线对应的 F_t（图 3-3）。五种不同主减速器传动比的电动汽车爬坡度如图 3-4 所示。

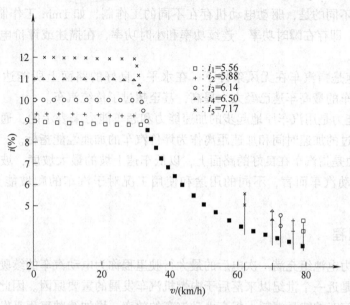

图 3-4　五种不同主减速器传动比的电动汽车爬坡度

当汽车在水平良好硬路面上加速行驶时，$F_i=0$，则有

$$F_j = F_t - F_{fw} \tag{3-17}$$

$$\frac{dv}{dt} = \frac{g}{\delta G}(F_t - F_{fw}) \tag{3-18}$$

利用式（3-18），再经过一些数学处理后，可由计算机编程计算汽车的加速性能。五种不同主减速器传动比的电动汽车加速曲线如图 3-5 所示。

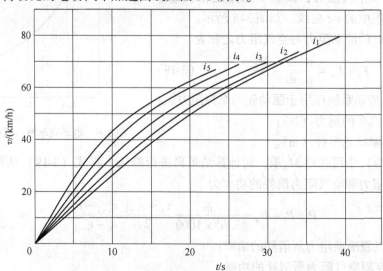

图 3-5　五种不同主减速器传动比的电动汽车加速曲线

3.1.3 动力性评价参数

和传统汽车一样，电动汽车的动力性也可以用最高车速、加速能力和最大爬坡度来描述。与燃油汽车不同的是，驱动电动机存在不同的工作制，如1min工作制、5min工作制、30min工作制等，即存在瞬时功率、连续功率和小时功率，在描述或评价电动汽车的动力性时，要进行说明。

1）最高车速是指汽车在无风条件下，在水平、良好的路面上所能达到的平均最高车速。现在电动汽车的最高车速已经大大提高，甚至超过了传统汽车。

2）加速度能力是用汽车原地起步的加速能力和超车能力来表示的，通常采用电动汽车加速过程中所经过的加速时间和加速距离作为评价汽车的加速性能指标。

3）爬坡能力是指汽车在良好的路面上，以低车速上坡的最大坡度，坡度值一般用百分比表示。对于电动汽车而言，不同的用途和使用工况对于汽车的爬坡能力的要求是不一样的。

3.1.4 续驶里程

电动汽车动力电池组充满一次电后的最大行驶里程称为电动汽车的续驶里程。电动汽车的续驶里程短，是近一个世纪以来落后于内燃机汽车发展的重要原因。因此，如何降低不同行驶工况下电动汽车的能量消耗、提高电动汽车的效率、增加续驶里程是发展电动汽车必须解决的重要课题。

1. 续驶里程的计算方法

如上所述，不同电动汽车在不同的行驶工况下单位行驶里程的能量消耗与续驶里程有显著的差别，难以用统一的计算公式进行计算，可用试验方法求取。采用电动汽车在道路上滑行试验的方法求取汽车的滚动阻力和空气阻力，试验中采用五轮仪记录汽车在滑行过程中的 v-t 曲线，如图3-6所示。

汽车滑行时的滚动阻力与空气阻力之和为

$$F_f + F_w = \frac{G}{g}\frac{dv}{dt} - \frac{M_m}{r} \quad (3\text{-}19)$$

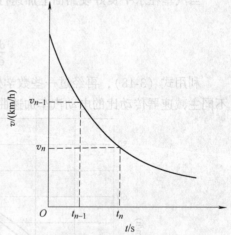

图3-6 电动汽车滑行试验的 v-t 曲线

式中 M_m——传动系统作用于驱动轮的摩擦阻力矩；
　　G——汽车的重力（N）；
　　r——驱动轮半径（m）。

在式（3-19）中可忽略 M_m 项，对计算结果再进行修正。将式（3-19）两端乘以平均速度，克服滚动阻力和空气阻力消耗的功率为

$$P = P_f + P_w = \frac{m}{3.6^2 \times 1000}\frac{v_n + v_{n-1}}{2}\frac{v_{n-1} - v_n}{t_n - t_{n-1}} \quad (3\text{-}20)$$

式中 P_f——克服滚动阻力所消耗的功率；
　　P_w——克服空气阻力所消耗的功率。

经过单位换算后化简得

$$P = 3.86 \times 10^{-5} m \frac{v_n^2 - v_{n-1}^2}{t_n - t_{n-1}} \tag{3-21}$$

式中 m——电动汽车的质量（kg）；
  v——电动汽车的速度（km/h）；
  t——时间（s）。

电动汽车克服滚动阻力和空气阻力所消耗的能量为

$$E = FS \tag{3-22}$$

式中 F——电动汽车的驱动力；
  S——电动汽车的行驶里程。

电动汽车行驶单位里程所消耗的能量为

$$e = \frac{FS}{S} = \frac{P}{v} \tag{3-23}$$

电动汽车滑行时的加速度为

$$a = \frac{v_{n-1} - v_n}{t_n - t_{n-1}} \tag{3-24}$$

因此，电动汽车在平均车速下，克服滚动阻力和空气阻力的单位里程消耗的能量为

$$e = \frac{m}{3.6 \times 3600} \left(\frac{v_{n-1} - v_n}{t_n - t_{n-1}} \right) \tag{3-25}$$

经过修正后的电动汽车克服滚动阻力和空气阻力所消耗的功率 P 与车速 v 的关系如图3-7所示，所需能量与车速之间的关系如图3-8所示。

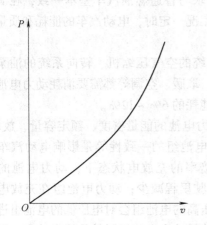 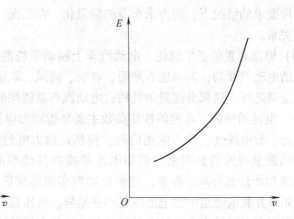

图 3-7 电动汽车行驶所需功率与车速的关系　　图 3-8 电动汽车行驶所需能量与车速的关系

在一些文献中，将电动汽车的能量经济性定义为电动汽车以不同形式规范达到的续驶里程与动力电池再充电恢复到原有的充电状态所需要的交流电能量之比，即

$$\text{电动汽车能量经济性} = \frac{\text{预定行驶规范所走的续驶里程}}{\text{蓄电池再充电恢复到原充电状态所需的交流电能量}} \tag{3-26}$$

设电动汽车行驶时单位里程能耗为 e（kW·h/km），电动汽车总质量为 m，则每吨的比能耗 e_0（[kW·h/(km·t)]）为

$$e_0 = \frac{e}{m} \tag{3-27}$$

设电动汽车动力电池组充满电的总能量为 E（kW·h），由式（3-28）可计算电动汽车的续驶里程 S。

$$S = \frac{E}{e} = \frac{E}{e_0 m} \qquad (3-28)$$

实际情况并不像式（3-28）那样简单，由于空气阻力消耗的能量与质量无关，同时动力电池存在放电效率、放电深度、放电电流以及自放电现象，有的动力电池每天自放电率高达 1% 以上，均会影响动力电池组的输出总能量。另外，行驶工况的差别等因素都将影响电动汽车的续驶里程，因此，式（3-28）只能近似地估算电动汽车的续驶里程。

2. 电动汽车续驶里程的影响因素

影响电动汽车续驶里程的因素比较复杂，与电动汽车在行驶过程中的能量消耗紧密相关，影响它们的主要因素来自电动汽车行驶的外部条件与自身的结构条件。

（1）环境状况　在相同的车辆条件下，道路与环境气候影响着电动汽车的能量消耗，道路状况较差、交通堵塞等均会使车辆的能量消耗增加，降低电动汽车的续驶里程；反之，道路状况良好、交通畅通等就会相对节省车辆的能量消耗，进而增加电动汽车的续驶里程。

（2）环境温度　环境温度对电动汽车的续驶里程有着重要的影响。首先，温度对动力电池的性能影响较大，每种动力电池都有自己最佳的工作温度，且在不同的温度时，动力电池组放出的能量及内阻等有很大的差别，如温度过低时，可用的能量和容量大为减少，动力电池的内阻也会成非线性增长，严重制约了电动汽车的续驶里程。其次，汽车内部各润滑部分、气泵、转向油泵的工作效率以及空气阻力等都与环境温度有一定的关系。

（3）电动汽车的总质量　对电动汽车车身的要求与普通燃油汽车基本一致，在满足刚度和强度要求的情况下，应力求车身的轻量化。在工况一定时，电动汽车的能耗和质量基本呈线性关系。

（4）辅助装置的能量消耗　电动汽车上制动系统的空气压缩机、转向系统的油泵等均需要辅助电动机驱动，其他还有照明、音响、通风、取暖、空调等都需要消耗动力电池的电能。除空调之外，这部分能量消耗约占电动汽车总能耗的 6%~12%。

（5）电池的性能　电池的性能参数主要是指动力电池的能量密度、额定容量、放电率、放电电流、放电深度、动力电池内阻，特别是动力电池组的一致性等是影响电动汽车能量消耗和续驶里程的重要因素。例如电池持续在高倍率的充放电状态下，动力电池的可用放电容量和能量就会减少许多，使得电动汽车的续驶里程减少；动力电池组在充放电的过程中，如果并联电池组中的电池性能存在差异，电压高的电池组会对电压低的电池组进行充电，易引起充电时过充电，放电时过放电，这就会消耗动力电池组对外的输出功率，影响续驶里程。

3.2　汽车的行驶工况

行驶工况对纯电动汽车性能参数的匹配和设计，具有决定性意义。没有具体的行驶工况，纯电动汽车实际行驶中的续驶里程就很难评价。因此，行驶工况对纯电动汽车的设计十分重要。本节将对国际上几种常用的行驶工况进行介绍。

3.2.1 汽车行驶工况概述

普通内燃机汽车的动力来源于燃料的化学能，经内燃机转化为机械能，其效率较低并会产生有害的排放物，危害人体健康。20世纪70年代，美国加州率先通过建立排放法规，推进汽车工业开发更高燃料效率和更低排放的发动机。该法规需要一种能够比较不同发动机之间性能差异的测试程序，这种测试程序被称为行驶工况（Driving Cycle，DC，简称工况）。为了在试验台架上再现车辆的实际行驶状况，针对不同的城市以及车辆种类等，开发了各种车辆行驶工况。美国开创并推动了工况的研究和开发，如今，由于评价目标和研究对象的不同，形成了种类繁多、用途各不相同的工况。这些工况满足了从轻型车到重型车、从汽油车到柴油车等各种系列车辆的性能测试。其用途主要包括以下方面：确定污染物排放量和燃油消耗量、对新车型进行验证和校准、评估各种技术和测定交通控制方面的风险等。

行驶工况是汽车实际道路行驶状况的反映。随着工况研究的深入和完善，行驶工况具有典型的道路实际驾驶特征，能够反映车辆真实的运行工况，可用于车辆的研究、认证和检查/维护（Inspection/Maintenance，I/M）。

按照工况调查所包含的内容，行驶工况可分为完全工况和非完全工况。完全工况的调查内容主要包括车速、油耗、加速度、制动力、制动次数、档位、换档次数、进气管真空度和发动机转速等，以及汽车行驶过程的交通状况，如试验路段上的行驶坡度、立交桥的坡度和长度、红绿灯的数量、间隔距离、交通信号灯变换时间、交通流量、主要机动车类型及所占的比例等，还包括当时的风向、风力、气温、气压等气象参数。当行驶工况的用途较少，如只需要进行油耗和排放评估，其调查内容要比完全工况少，通常称为非完全工况。

按照用途不同，行驶工况可分为标准工况和非标准工况。标准工况是由一个国家或地区通过法规形式确立的用于认证和检测等用途的行驶工况。非标准工况则属于一些研究机构和汽车厂商用于特定研究用途的非法规类行驶工况。

按照表现形式不同，行驶工况又分为瞬态（Transient）和模态（Modal）工况。瞬态工况的车速-时间曲线与车辆实际运行过程非常相似，更符合车辆实际行驶特征。模态工况的车速-时间曲线主要由一些折线段组成，分别代表匀速、匀加速和匀减速等运行工况。模态工况的优点是试验操作比较容易，但不太符合车辆的实际行驶特征。

3.2.2 国外汽车行驶工况简介

现今世界上很多国家都以标准、指令和法规等形式提出各种应用条件下不同车型的标准行驶工况、世界范围内车辆排放测试用行驶工况主要分成三类：美国行驶工况（USDC）、欧洲行驶工况（EDC）和日本行驶工况（JDC）。其中又以美国FTP72为代表的瞬态工况和以欧洲NEDC为代表的模态工况为世界各国所采用。

3.2.2.1 美国行驶工况

美国行驶工况标准种类繁多，用途各异，大致包括认证用（FTP系）、研究用（WVU系）和短工况（I/M系）三大体系。还有美联邦的测试程序（FTP75）、洛杉矶（LA92）和负荷模拟工况（IM240）等行驶工况。

1. 适用于乘用车和轻型载货车辆的行驶工况

20世纪60年代由于人们无序地使用汽车，产生了大量的废气及热量（城市的污染源

80%来自汽车的排放物），导致大气被严重污染，致使美国加州洛杉矶地区的空气出现光化学烟雾（在气温达到24~32℃，而湿度又较低的条件下，使其中的烯烃类碳氢化合物和二氧化氮在强烈的太阳紫外线照射下，吸收太阳光的能量，这些物质的分子很不稳定，它们形成了新的物质，即一种剧毒的光化学烟雾）。为了改善这种状况，就需要降低汽车的废气排放量。经过调查和研究，从一条具有代表性的汽车上下班路线上解析出车辆的速度-时间曲线，1972年美国环境保护局（EPA）将它用作认证车辆排放的测试程序（简称FTP72，又称为UDDS）。用这个测试程序来控制车辆的排放标准。FTP72规定冷态状态下从0~505s的过渡工况和稳态状态下从506~1370s的过渡工况构成。1975年又在FTP72规定的基础上增加了600s热浸车（热浸是指零件的温度先快速升高，然后通过自然对流冷却逐渐降低温度）和热状态过渡工况（即重复冷过渡工况），持续时间2475s，构成了包含车辆运行四个阶段的FTP75工况，同时可用于车辆热起动排放的检查标准。美国的FTP75行驶工况如图3-9所示。

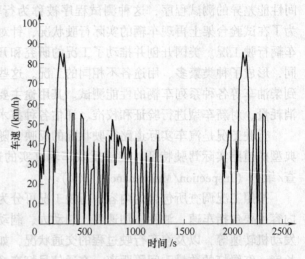

图3-9 美国FTP75行驶工况

由于现代交通网络的发展，实现了许多新干线和高速公路，车辆在高速公路上运行的时间占总出行时间的比例越来越多，这使得发动机的三种主要污染物（一氧化碳CO、碳氢化合物C_xH_y和氮氧化合物NO_x）的排放特征随之也发生了改变，于是美国环境保护局（EPA）也发布了经过修订的"认证车辆排放测试程序（FTP）"版本。在此期间开发了许多更加真实的交通状况的发动机工况，如考虑到车辆在行驶过程中变化的道路情况的US06、车辆在行驶过程中开空调满负荷运行的SC03等作为FTP补充的发动机工况，形成了一个比较完整的FTP发动机工况的法规，并应用于2001年后所生产的车型排放测试。HWFET行驶工况是用于乘用车在高速公路上燃油经济性测试的运行工况，如图3-10所示。另外，考虑到道路的坡度对车辆燃油消耗的影响，还开发了可变坡度的HWFET-MTN工况。

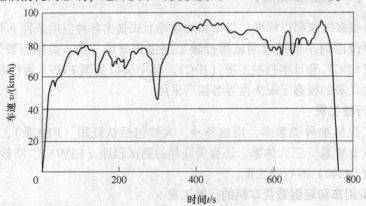

图3-10 美国HWFET行驶工况

除了上述运行工况外，还有以下几种典型的研究型工况。

LA92——具有很高的最高速度和平均速度，有着较少的怠速运行时间和在单位里程中的停车次数以及更高的最大加速度。（这项测试指标就是发动机在一定指标下的最大的负荷运行工况。）

ARB02——加州大气资源委员会（CARB）根据对车辆的长期跟踪所研究开发的发动机运行工况，目的是测试车辆处在 FTP72 边缘之外区域的发动机运行情况，它包括了冷起动和行程结束部分。

HL07——美国环保局协同汽车制造商开发的发动机运行工况，目的是测试车辆在超出一定速度范围情况下的一系列加速度的能力，在这些加速度的情形下车辆必须节气门全开。（它主要测试车辆在各个速度层级中的发动机运行工况，以便开发和修正美国现有的发动机运行工况。）

REP05——针对未被 FTP 工况所覆盖的车辆运行工况范围，如开发了一些驾驶过程中的发动机运行工况（人和人的驾驶方法不同，也会给车辆带来各种运行工况）。

REM01——用于起动状况研究的工况等。它们都以速度和加速度为目标，注重研究更加细致的瞬态变化过程。

2. 重型车辆的行驶工况

近年在研究重型车辆的行驶工况时有侧重于向瞬态工况方向靠拢的趋势。其中 BAC（Business Arterial Commuter）被推荐为测试重型车辆燃油经济性的操作规程（SAE J1376）。CBD14 是商业中心区域的车辆测试运行工况，它也是 BAC 复合测试运行工况的一部分。运用 14 个相同的运行工况模拟公交车停车及运行的驾驶模式。CBD14 近似于 CBDBUS 运行工况，但是时间步长可变（运行时间和道路的长度是可以变化的）。

比较重要的还有市内测功机测试工况（UDDSHDV），它主要模拟重型汽油机在市内区域进行运行工况的操作，运行时间为 1060s，怠速比例为 33%，平均速度为 30.4km/h，并用于燃油蒸发排放测试。纽约城市运行工况（NYCC）则更是代表了市内区域道路的大型车辆的运行工况。它们作为 FTP 标准工况被广泛应用。NYCC 行驶工况如图 3-11 所示。

为了评价公交车的排放效果，美国西弗吉尼亚大学（WVU）对纽约城市曼哈顿地区的公交车进行了调查。通过选取覆盖不同的、公认比较繁忙的公交线路，分析混合动力和常规动力的操作和状态，并

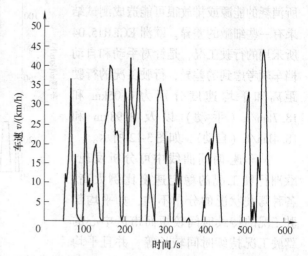

图 3-11 美国 NYCC 行驶工况

开发了一组含有 10 个短行程的运行工况，短行程之间的怠速时段为 19s；为了满足能量的消耗测试指标，将短行程的测试数目增加到 20 个，作为常规在用运输车（货车和城市客车）工况。

除了用于对底盘进行测功（测功机）的工况外，对于重型车辆的发动机在台架上进行

代表性工况测量，以转速和转矩的计算，描述车辆特性。通常测试工况包括一套稳定的按照发动机转速和转矩（欧洲和日本规定）定义的操作事项，或者是同时以瞬时发动机转速和转矩为指标（美国规定）的瞬态工况（对于功率的测试各国之间可以相互使用技术指标，但对排放物各国之间一般是不可以相互使用技术指标的）。

3.2.2.2 欧洲行驶工况

研究人员系统地研究了适合欧洲交通状况的各种不同车辆的行驶特征的行驶工况，并依据道路的拥挤程度或汽车流量的大小，以不同的道路区域加以分类定义，如市区道路、郊区道路和高速道路，以及平均速度、加速度的多种层级的归类，根据每类道路区域的特点，人为地开发和层叠成稳定的速度和加速度的片段。

用于在底盘测功机上认证轻型车排放的 EDC，又称为 MVEG-A，现在发展为新的 EDC（即 NEDC），在该工况中行驶速度是设定为恒定的，是一种稳态工况，包括市内（ECE15）、市郊（EUDC）或市郊低功率的汽车行驶工况（EUDCL）。ECE15 是一类包括 4 种能够代表在市区内驾驶车辆状况的行驶工况（Urban DC），具有低速、低负荷和低排气温度的特征指标。由于车辆在城郊运行量的增加，1992 年开发了代表高速行驶工况的 EUDC 或 EUDC-LOW，在 ECE15 的基础上增加了 1 个 EUDC 或 EUDC-LOW，构成了 ECE+EUDC 工况。在 2000 年之前实际应用时的行驶工况是不计量 0~40s 的运行数据，即欧Ⅱ排放法规。而欧Ⅲ/Ⅳ排放法规由于更加严格控制车辆的排放（发动机的冷起动排放），排放采样是和运行工况同步进行，并称为新的欧洲行驶工况（简称 NEDC），测试时间持续 1180s，平均速度为 32.1km/h，最大加速度为 $1.06m/s^2$。

由于变速策略的不同（变速采用的装置不同），在模态状况下运行工况时所消耗的能源或排放很可能造成测试结果有一些细微的差异。欧洲 ECER15.04 所采用的行驶工况，是针对手动和自动档车辆考虑到的差异，行驶工况的行驶距离和平均速度分别为 4.06km 和 18.7km/h（手动）以及 3.98km 和 18.4km/h（自动），如图 3-12 所示。

从车速-时间曲线中可分析发现，欧洲行驶工况的稳定速度比例太高，各种驾驶状况的分布不均，如平均驾驶工况的持续时间较短而市区中心的驾驶工况持续时间较长等，并且平均

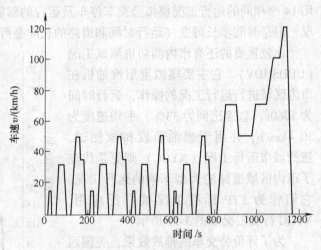

图 3-12 欧洲 NEDC 行驶工况

加速度值也比真实的要低。总之，由于 NEDC 属于模态行驶工况，并不能代表真实的驾驶状况，存在一定的局限性。

出于新型动力车辆的需求，欧洲基于 BRITE-EURAM HYZEM 项目，开发了一组 HYZEM 的瞬间行驶工况。HYZEM 包含了市内道路行驶工况、市郊道路行驶工况和高速行驶工况。该行驶工况是基于贯穿了欧洲城市道路，以 89 部车辆的真实驾驶模式所记录的数据开发的行驶工况，因而它代表了欧洲车辆行驶工况的实际运行标准。相对于模态行驶工况，其稳定

速度部分要少很多，平均速度为 40.4km/h，停车次数为 0.69 次/km，平均加速度为 0.71m/s²，最大加速度为 1.3m/s²。该结果虽未被官方采用，但已被各种研究工作广泛应用。

3.2.2.3 日本行驶工况

日本与欧洲的行驶工况相似，也属于模态行驶工况。在 1976 年之前，日本一直采用本国的 10 行驶工况标准（10mode）来模拟市内道路的行驶工况，要重复 6 次的测试，对后 56 次取样，即所谓热起动。1976 年之后生产的车型，采用 11 行驶工况标准，从冷起动开始，重复 4 次测试，并对全过程取样，行驶距离为 4.08 km，平均速度为 30.6km/h。1991 年 11 月开始采用新版的 10-15 行驶工况，如图 3-13 所示，它由 3 个 10 行驶工况和 1 个 15 行驶工况构成。虽然 10-15 行驶工况并未被国际公认，但行驶工况的研究在日本仍得到持续和深入的开展。

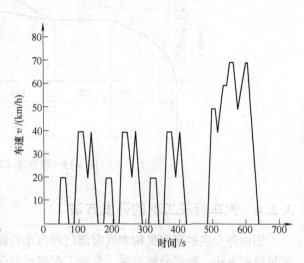

图 3-13 日本 10-15 行驶工况

3.2.3 我国汽车行驶工况的研究现状

我国对于汽车行驶工况的研究起步较晚，在 20 世纪 80 年代由长春汽车研究所（现称一汽技术中心）对我国的北京和天津道路行驶工况进行了调查研究，但是当时使用了以直方图为标准的统计方法，最基本的统计是以车速-加速度（v-a）直方统计，即找出汽车车速和加速度相应于时间、里程及油耗的概率密度和分布的数据特征。目前我国乘用车的燃料消耗和排放测试工况等均采用欧洲 ECE15 行驶工况。六工况测试循环如图 3-14 所示。城市客车四工况循环如图 3-15 所示。

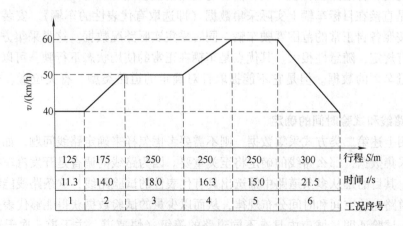

图 3-14 六工况测试循环

速度带分布是: 水坝地块为 40.4km/h，降率比算为 0.05 B/km，升加加速度 C/为
0.7 m/s，减大加速度为 1.3 m/s。该指标均未给出说明，但已能有明的反映了析工况
的加

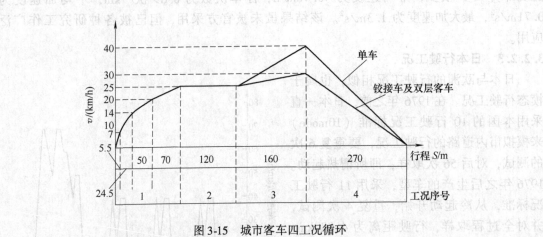

图 3-15　城市客车四工况循环

3.2.4　汽车行驶工况的开发方法

国内外众多的研究机构和政府部门对汽车行驶工况进行了大量的相关研究工作，尽管在采集数据方式、数据分析方法、行驶工况解析与合成手段等方面形式多样，但总体的技术流程大致相似，如图 3-16 所示。

图 3-16　汽车行驶工况开发技术流程

3.2.4.1　开发计划

1. 数据采集方式

数据采集方式可按照数据采集的车辆分为两大类。

第一类是用专门的数据采集试验车采集数据。安装好所需的测试仪器后，在预先确定的时间内、确定的目标道路上行驶车辆，需要有规划的试验路线和时间。

第二类是直接在目标车辆上实际采集数据（即选取有代表性的车辆）。安装好所需的测试仪器后，按照各自正常的范围驾驶车辆，同时采集实际路况数据。这类采集方法在时间上和路线上没有规定，随意性很大。其优点是车辆在正常的使用状态下行驶，可以使用较低的费用获取大量车型的数据。但是它不能提取针对确定的道路类型、有关位置、交通流量等信息。

2. 试验路线和试验时间的确定

如果采用上述第二类方式采集数据，则不需要考虑怎样来确定路线问题。如果采用上述第一类方式采集数据，那么路线的确定将至关重要。因为路线的调查是开发汽车行驶工况最基础的阶段。其目的是从多条道路中筛选出具有代表性的试验路线，这条路线能够集中反映目标车辆在道路上的空间和时间分布规律，从而以少量的试验数据获得能够代表全局性的特征统计结果。试验证明，城市内具有不同道路的等级（快速道、主干道、次干道、支路以及车道数、机非混合等），并对应着不同的交通流量和平均车速；当车辆在不同道路等级上

运行时，行驶工况也有不同的特点。在每一条不同的道路上，不同的交通强度（车流量、周转量或饱和度等）必然会对应着不同的行驶工况。也可以使 10 多辆车同时在某市区内不重复的道路上运行，采集数据，统计出车辆的运动学频率以及各自的份额，但是要实现这一工程需要大量的人力和物力。基于交通流量理论 $v = KQ$（v 代表车速，Q 代表车流量，K 代表车辆间距），通过交通流量的调查获得对应路线的交通流水平和所占的份额。当在忽略时间差异的前提下，可以使用少量的车辆在这些路线上运行调查获取车辆运行时的数据，这种方法既科学合理又易于操作。车辆行驶工况主要受道路等级、交通强度、交叉路口的密度（路段内交叉形式和数量）以及时间四大因素的影响。通过调查、收集城市区域的一个周期内交通流的相关数据，并进行统计分析，根据数据的统计结果，将路线分成不同类别，再按照规定的标准进行样本的概率抽样，最后确定试验路线和试验时间。

3. 试验车辆和驾驶人的确定

试验车辆的确定需要三个方面：车辆的类型、数量和驾驶人。采用第一类数据采集方式，车辆既可由经常关注研究目标（在这方面有经验）的专业驾驶人驾驶，也可由一个普通驾驶人来驾驶。但由于经常受到先入之见的"驾驶指示"影响，实际上不能称为标准的驾驶行为。当车辆在道路上自由行驶时（不刻意超车和慢行），车辆运行主要受到变速策略的影响，无论是何种技术水平的驾驶人，其固有的驾驶行为影响必须被排除。随着自动档车型的增多，应考虑首选该种车辆。采用第二类数据采集方式，可供选择使用的车辆较多，车辆类型的确定可以基于该地区的普及车型（用市场占有率来衡量）。

3.2.4.2 汽车行驶工况数据的获取

1. 数据的设置

在国外许多行驶工况的研究工作在规划采集数据的类别时，为了同时满足多种用途，通常设置大量的采集参数，如车速、发动机转速、发动机油温和冷却液温度、行驶时间、行驶里程、道路坡度、节气门位置、燃油消耗量、环境温度、电气系统的能耗以及制动装置的使用情况等，甚至包括对刮水器、照明灯、后窗加热器、空调和发动机风扇等的使用或操作。但对于开发一个具体的车辆行驶工况而言，以上这些参数并非每个都是必需的，过分地追求细节，在以统计特征为原则的行驶工况开发过程中并无具体意义。但从行驶工况的开发过程和表现结果来看，必须记录车速、发动机转速、燃油消耗量及与燃油消耗量有关的参数（空调、道路坡度）。

2. 脉冲数的选择和采样间隔的设定

通常为了获得更加接近实际的数据，研究者希望尽可能利用车辆自身的传感器，而常用的外部高精度传感器如微波型和光电型等，因受雨、雪天气影响很可能无法正常工作。速度信号（提取 ABS、索引力控制系统（TCS）等）的脉冲数一般是，车轮每转一周脉冲信号数为 6 个、24 个、48 个，甚至更高。如果从行驶工况构成参数比例分布一致性出发，建议尽可能采用多的脉冲信号数（48 个/周以上）来获取实际行驶工况的数据。车载设备数据记录仪的采样频率（一般为 5Hz、2Hz、1Hz）也是很重要的因素。时间间隔越长，数据波动越小；但是使用过大的采样间隔时间将会把较大的加速度值平滑掉，也会低估低速所占有的比例。由于较大的加速度值对车辆的设计和评价有较大的影响，需要避免出现这种误差。根据当前车辆的传感器（速度传感器）配置情况，建议采用 2Hz 的采样频率。

3. 数据量的确定

国内行驶工况调查的相关研究也不少，但结果之间的差异较大，究其原因，一方面是交通流的调查不科学，规划的试验路线不具有代表性；另一方面则是采集的原始数据量有差异。从理论上讲，采集的数据越多，结果越准确。但是当采集的数据量达到一定值 n 后，即使再增加数据量，它的准确性也不会有很大的提高。同时由于客观条件的限制，采集的数据量也是一定的。在条件许可的情况下，应尽量多采集数据，当获得海量的数据时，又需要采用高级的统计方法和手段加以分析和整理。

3.2.4.3 数据的分析与整理

数据的分析与整理主要有两种方法，一种是把整个行驶过程作为连续事实和现象用统计的方法来解析，在构建（计划）行驶工况之前要根据试验区域范围人为地划分行驶工况的等级，并人为地合成（编集）。另外一种则是从道路交通状况入手，通过对构建（计划）整个行驶过程的各个运动学片段的研究和归类，构建行驶工况。当车辆从起步出发到目的地停车，车辆会受到道路交通的各种情况的影响，这期间会经过多次起步、停车操作。将车辆从一个怠速开始到下一个怠速开始的运动定义为运动学片段（以下简称片段），如图3-17所示，整个行程可以视为各种各样的片段组合。其中某些片段反映的交通状况可能是一致的。在不同的时间、地点和道路类型也可能出现相同的片段，有时候繁忙的高速公路上的片段和拥挤的城市道路上的片段相似。将这些片段类型和交通状况联系起来，有针对性地分析符合低速、中速和高速运动形态，并在此基础上构建行驶工况。

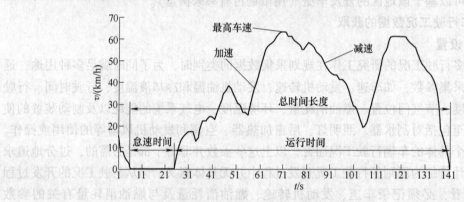

图3-17 运动学片段定义

把车速曲线作为时间的函数来分析，这一曲线的特征参数也可作为交通状况的函数。从原始数据中连续地分割运动学片段，并对这些片段的特征参数如持续时间、片段长度（道路）、速度、加速度等，进行主要成分的分析。在此基础上，采用聚类分析手段再对片段进行分类，获得与交通状况相对应的类别后再作整合。最后利用概率构造出合适的时间长度，以代表适中的行驶工况。对短行程特征的分析主要从以下方面考虑：短行程长度、怠速时间、短行程持续时间、平均速度、运行速度（不包括怠速时间的平均速度）、最大速度以及速度和加速度的标准偏差等。

3.2.4.4 行驶工况的解析与合成

由于采集的数据量庞大，统计分析非常繁杂，如主成分分析和聚类分析方法都涉及多维矩阵的计算，因此数据的分析处理以及行驶工况的构建都需要利用计算机来完成。开发的工具包括：①用于统计、比较运动学特征的工具；②随机再现速度和加速度联合分布、行驶工况的连续性等观测分析工具；③主成分分析工具；④聚类分析工具；⑤概率分布评估工具等。通过工况的剪裁，修正和加权行驶工况数据并能够实现可视化的处理。同时进行车辆行驶工况趋势的评估，可以结合大量的不同时期的数据对车辆行驶工况进行预测。

3.2.4.5 行驶工况的验证

行驶工况验证的主要任务是检验解析出的行驶工况与采集的原始数据的收敛约束程度，以及是否能够以少量的工况段集合代表采集的道路行驶数据特征。验证过程分为三个方面：行驶工况的有效性、识别性和可操作性。这些验证主要基于以下原因：

（1）行驶工况的有效性验证　在确定了行驶工况之后，需要通过重新计算速度、加速度的联合分布变化情况，并需要通过在台架上的试验进行验证。

（2）行驶工况的识别性验证　与行驶工况的目标有关，用于车辆污染排放测试时，需要检验该类行驶工况对主要污染物的识别能力。

（3）行驶工况的可操作性验证　由于在原始数据采样过程中噪声的影响，使速度-时间曲线不够平滑；一些曲线也有可能不易被跟踪发现，必须对原始数据进行光滑平顺处理。这些数据如何处理以及处理结果如何，需要实践验证。经过计算和实践验证之后，需要在行驶工况的两种表现形式之间做出选择——瞬态行驶工况和模态行驶工况。从研究的结果来看，瞬态和模态并没有太大的影响；但从特定功率来看，因为瞬态行驶工况的加速度变化更接近于实际情况，它通常包含了多种力度的驾驶行为。因此，瞬态行驶工况的可靠性更好。尤其是在研究整车控制策略时，瞬态行驶工况更为合适。

3.2.5 汽车行驶工况的特征分析

汽车在道路上的行驶状况可用一些参数，如车速、加/减速度、运行时间等反映汽车运动的特征。通过对这些运动参数和特征的调查及解析，就能开发出能够代表运动特征的行驶工况。无论以模态或瞬态参数表达，行驶工况最终都表达为速度-时间曲线，时间步长通常为1s。

在相同试验控制条件下（如环境温度、风速、滚动阻力系数等），使被测试的车辆在底盘测功机上复现行驶工况（模态测试方法），就可以将车辆的动力性能、经济性能以及车辆的排放性能等多项指标进行测试和对比。由于各种行驶工况具有不同的运动特征，为此将这些运动特征归结为四种检测模式，即急速、匀速、加速、减速。应注意，同一辆车在不同道路上行驶的工况经过测试后的结果是不相同的。

对于行驶工况的统计分析需要引入一组经过测试后统计的特征值。这些特征值主要包括距离（km）、时间（s）、平均车速（km/h）、平均行驶速度（km/h）、最大车速（km/h）、最大加速度（m/s^2）、平均加速度（m/s^2）、最大减速度（m/s^2）、平均减速度（m/s^2）、急速时间比例（%）、匀速时间比例（%）、加速时间比例（%）、减速时间比例（%）和最大特定功率 K_{max}（m^2/s^3）等。其中，特定功率 K（m^2/s^3）的定义为 $2va$（v 代表车速（m/s）；a 代表加速度（m/s^2）），并取最大特定功率 K_{max} 作为特征值。表3-1给出了国内外一些典型行驶工况部分特征值的对比分析，主要包含时间、距离、平均车速、最大加速度和最大特定功率。

表 3-1 世界各种典型行驶工况的部分特征值

国家/地区	工况	时间/s	距离/km	平均车速 v_a/(km/s)	最大加速度 a/(m/s²)	最大特定功率 K_{max}/(m²/s³)
美国	PTP75	2475	17.69	25.8	1.48	40.15
	LA92	1436	15.71	39.62	3.08	57.08
	UDDS	1370	11.99	31.53	1.48	40.15
	SC03	601	5.73	34.56	2.28	47.06
	HWFET	766	16.41	77.66	1.43	31.29
	ARB02	1640	31.78	70.07	3.35	96.06
	US06	601	12.81	77.31	3.75	97.69
	WVUCITY	1408	5.29	13.60	1.14	20.65
	WVUSUB	1665	24.81	25.88	1.30	25.24
	WVUINTER	1665	11.9	54.77	1.42	23.33
	NewYorkBus	600	0.98	5.94	2.77	39.70
	NYCC	599	1.89	11.43	2.68	38.76
	CBDTRUCK	850	3.51	14.88	0.36	4.77
	CBDBUS	575	3.21	20.24	1.03	14.02
	UDDSHDV	1061	8.88	30.34	1.96	45.08
欧洲	NEDC	1180	10.87	32.12	1.06	18.51
	ECE	196	0.98	18.35	1.06	14.65
日本	J10.15	673	4.3	22.71	0.79	8.81
中国	乘用车瞬态[①]	1195	7.68	23.14	2.29	51.74
	乘用车模态[①]	1195	7.68	23.08	1.39	38.58
	公交车瞬态	1304	5.83	16.10	1.25	19.23
	公交车模态	1304	5.84	16.12	0.83	17.46

注：汉字代表中国。
① 城市行驶工况。

通过对表 3-1 的对比分析，可以看到：

1）当 K_{max} 的值较低而平均车速较高时，也就是说是以较低的功率来维持较高的运行速度，这时的车辆是处在一种比较理想的运行状态。一般来说，车辆在如高速或市郊等畅通的道路上的运行状况就是如此，如通勤（COMMUTER）、高速公路（HWFET）和州际高速（WVUINTER）等工况。

2）当 v_a、a 和 K_{max} 的值均较低时，行驶工况是最适度的，如 UDDS、NEDC 等工况。

3）当 a 和 K_{max} 的值均较高时，车辆就需要有较大的功率才能维持在该种行驶工况下运行，相对来说是一个更有力度的行驶工况，如 LA92 和 SC03 等。

4）当平均速度低于 20km/h 时，最能代表市内驾驶、如 NYCC、WVUCITY 等行驶工况。从表中还可以看出，US06 是较高力度的行驶工况，其各项参数几乎都是 FTP 所规定值的 2.5 倍。但从单纯特定功率上来看，美国的行驶工况基本都是瞬态运行工况，包含了加速度和负荷的多种瞬态行驶工况的变化，其特定功率要比欧洲和日本行驶工况（模态）大得多，因此对车辆的动力性能要求比较苛刻。在选择和使用各种行驶工况时，可以通过研究这些特征值来选择适合各种不同需求的行驶工况。

在表 3-1 基本特征参数的基础上，进一步研究各个行驶工况速度区间（10km/h 为间距划分）的概率分布特征，从统计学上分析各种行驶工况之间的差异。一般来说，认证行驶工况速度区间的概率分布范围比较宽；而研究行驶工况则侧重于表现车辆的两个极端的运行状态，即低速区间（中心城区）和高速区间（市郊和高速公路）概率分布权重均较大的运行情况。

3.3 纯电动汽车的性能匹配

行驶工况的统计和分析是现代电动汽车设计中的重要因素。匹配一辆电动汽车的动力系统，首先要确定电动汽车的行驶工况，在行驶工况分析的基础上，提出整车的动力性能指标，然后根据动力性能指标对动力系统进行参数匹配，最后采用计算机仿真技术对系统的参数匹配结果进行验证并提出优化方案。

在进行电动汽车的整车参数匹配时，首先要以运行工况为基础，根据动力性能指标和部件自身的技术发展水平来初步确定电驱动系统的部件性能要求，再根据部件的性能对汽车的动力性能进行校核，从理论上初步评定该方案是否符合设计目标和要求，然后对前面的部件性能进行修正，重复以上的过程，直至达到设计目标。在上述工作的基础上再开展动力源匹配优化设计和仿真，从而完成整车系统参数匹配过程。

参数匹配过程大致可以分为初步设计、性能校核和动力源匹配与优化三个阶段（图 3-18）。初步设计应先确定电动机类型，然后根据电动机的特点确定变速器（或减速器）的传动比范围，进而确定变速器的档位数和传动比，最后得到驱动电动机和变速器（或减速器）的基本参数。

电动汽车性能校核主要是根据动力性能指标要求对初步设计方案进行性能校核，常用的校核项目包括

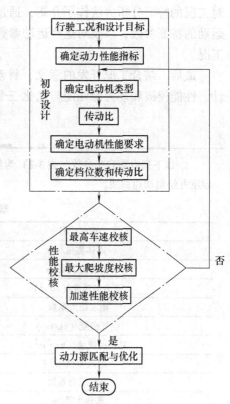

图 3-18 电动汽车参数匹配设计流程

最高车速、最大爬坡度和加速性能等。如果校核不合格，则需要返回初步设计，重新改进电动机和变速器的参数。如果校核合格，则需要根据动力源的动力分配策略进行动力源的参数匹配和优化。在这一阶段，往往需要建立整车和各部件的仿真模型，并应用系统仿真的方法来细致、精确地评估动力系统的参数匹配效果。

3.4 本章小结

本章围绕电动汽车的行驶性能、行驶工况与整车性能分析和匹配进行了相关论述。
电动汽车在行驶过程中，动力电池输出电能给驱动电动机，驱动电动机输出功率，用于

克服电动汽车机械装置的内阻力以及由行驶条件决定的外阻力所消耗的功率。内阻力通常由汽车内机械装置的效率表示。外阻力即电动汽车行驶阻力。通过分析电动汽车行驶时的受力状况，建立行驶方程式，进行电动汽车行驶性能的分析。电动汽车的动力性仍可由最高车速、加速性能和最大爬坡度来描述。而续驶里程是进行电动汽车性能评价的另一要素。环境状况、环境温度、电动汽车总质量、辅助装置的能量消耗、电池的性能等都是电动汽车续驶里程的影响因素。

车辆的行驶工况对纯电动汽车动力系统的性能参数匹配、设计及评价具有重要的意义。本章在充分分析了美国、欧洲、日本和我国对于工况开发的研究成果及进展的同时，总结了常用的工况开发方法，包括开发规划、数据采集、数据分析、工况合成、工况验证等。同时对工况的特征分析方法作了介绍，通过引入一些如车速、加/减速度、运行时间等反映汽车运动的特征参数，以及对这些运动参数和特征的调查和解析，开发能够代表运动特征的行驶工况。

最后，结合工况开发的意义，针对纯电动汽车的动力系统设计问题，总结了由初步设计、性能校核和动力源匹配与优化三个阶段实现电动汽车动力系统匹配的方法。

习　题

1. 以下列电动客车参数（表3-2）为例，利用驱动力与行驶阻力的平衡关系，计算电动车辆的爬坡度并绘制加速曲线。

表 3-2　整车基本参数

项目	规格
车体重量/kg	1.3×10^4
驱动轮半径/m	0.512
重力加速度/(m/s^2)	9.8
滚动阻力系数	0.007
空气密度/(kg/m^3)	1.184
总转动惯量/(kg·m^2)	143.412
迎风面积/m^2	7.83
空气阻力系数	0.75
车轮半径/m	0.512
主减速器传动比	6.2
传动系统效率	0.9
变速器或减速器传动比	1

2. 电动汽车的动力性评价参数有哪些？
3. 如何定义电动汽车的续驶里程？电动汽车的续驶里程影响因素有哪些？
4. 如何定义车辆的行驶工况？
5. 简述汽车行驶工况的开发方法。
6. 画出电动汽车参数匹配的流程图。

第4章

电动汽车驱动电动机及控制系统

4.1 概述

驱动电动机是电动汽车驱动系统的核心部件，其性能的好坏直接影响电动汽车驱动系统的性能。掌握常用的电动汽车驱动电动机的工作原理、基本特点和运行特性等非常重要。

由于电动汽车特殊的工作环境，对电动汽车用驱动电动机的要求主要体现在以下方面：

1）高电压。在允许的范围内，应尽可能采用高电压，可以减小电动机和导线的尺寸，特别是可以降低功率变换器的成本。

2）质量小。电动机应尽量采用铝合金外壳，以降低电动机的质量，还要设法降低电动机控制器的质量和冷却系统的质量。

3）较大的起动转矩和较大的调速范围，可使电动汽车有好的起动性能和加速性能，从而获得起动、加速、行驶、减速、制动等所需的功率与转矩。

4）高效率、低损耗。应在车辆减速时，实现再生制动将制动能量回收。

5）电气系统的安全性和控制系统的安全性都必须符合国家（或国际）有关车辆电气控制的安全性能的标准和规定，装备高压保护设备。

6）高可靠性。耐温和耐潮性能强，运行时噪声低，能够在较恶劣的环境下长期工作，结构简单，适合大批量生产，使用维修方便。

在早期开发的电动汽车上多采用直流电动机，即使到现在，还有一些电动汽车仍使用直流电动机来驱动（说明：电动汽车使用的驱动电动机虽有回收再生制动能量的功能，即发电模式，但下文在介绍具体电动机类型时，仍称为电动机）。它具有两大优点：①良好的起动、制动性能和过载能力；②电枢电压、电枢电流、输出转矩与电动机转速之间几乎是线性关系，能实现高精度控制。但由于存在电刷和机械换向器，不但限制了电动机过载能力与速度的进一步提高，而且要长时间运行，势必要经常维护及更换电刷和换向器。鉴于直流电动机存在以上缺点，在新研制的电动汽车中，直流电动机逐步被交流永磁电动机、交流感应电动机、开关磁阻电动机取代。

交流感应电动机具有结构简单、容易制造、成本低廉、再生制动能量易回收等优点。同时，交流感应电动机具有较好的过载能力，能满足汽车各种工况下的运行需求，在电动汽车的驱动电动机中有一席之地。但交流感应电动机功率因数较低，降低了系统的效率。

交流永磁电动机具有结构简单、体积小、重量轻、损耗小、效率高、功率因数高、起动性能好、机械特性（即电机转速不易受外界条件影响的特性）硬、转速严格与定子磁场（电压）频率同步等优点。此外，交流永磁电动机的同步性能好、高效节能、运行可靠、维护方便、安装性能好、寿命长。它主要用于要求响应快速、调速范围宽、定位准确的高性能伺服传动系统。

开关磁阻电动机将电动机本体与现代电子控制技术融为一体，是一种新型调速电动机，它兼具直流、交流两类调速系统的优点，是继变频调速系统、无刷直流电动机调速系统之后的最新一代调速系统。它的结构简单坚固，调速范围宽，调速性能优异，并且在整个调速范围内都具有较高的效率，系统可靠性高。近年来，开关磁阻电动机在电动汽车上得到了一定的应用。表4-1给出了部分国外大型汽车公司已试产的电动汽车驱动电动机的情况。

表4-1 部分国外大型汽车公司已试产的电动汽车驱动电动机的情况

生产企业	车型	最高时速/(km/h)	电动机形式	功率/kW	最大转矩/(N·m)
沃尔沃	FL6	90	感应电动机	130	—
大众	GolfIV	90	感应电动机	52.5	
日产	Altra EV	120	永磁同步电动机	62	
本田	Insight	130	永磁同步电动机	10	49

表4-2给出了国内汽车公司和研究机构已有样车路试的电动汽车驱动电动机的情况。

表4-2 国内汽车公司和研究机构已有样车路试的电动汽车驱动电动机的情况

生产企业或研究机构	车型	最高时速/(km/h)	电动机形式	功率/kW	最大转矩/(N·m)
东风	EQ7160	110	感应电动机	18	
东风	EQ6110	72	开关磁阻电动机	27	40
一汽红旗	—	110	永磁无刷直流电动机	6.8	—
比亚迪	EV1	120	永磁同步电动机	30	60

4.2 直流电动机驱动系统

4.2.1 直流电动机的结构

直流电动机主要由定子和转子两大部分组成。定子和转子之间的间隙称为气隙。定子是固定不动的，其主要作用是产生磁场和作为电机的机械支撑。它主要包括主磁极、换向极、补偿绕组、磁轭（机座）、端盖、电刷装置等。转子绕定子旋转，它主要由电枢绕组和电枢铁心组成的电枢、换向器、转轴、风扇等构成。直流电动机的结构图如图4-1所示。表4-3给出了直流电动机的主要构成要素及作用。

第4章 电动汽车驱动电动机及控制系统

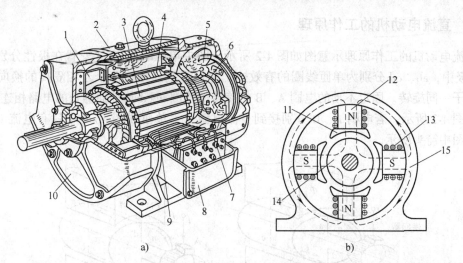

图 4-1 直流电动机的结构

1—风扇 2—机座 3—电枢 4—主磁极 5—刷架 6—换向器 7—接线板 8—出线盒
9—换向极 10—端盖 11—极掌 12—极心 13—励磁绕组 14—转子 15—机座

表 4-3 直流电动机的主要构成要素及作用

部 位	名 称	构成要素	使用材料	主要功能
定子	主磁极	主磁极铁心	1~2mm 厚的钢板冲片叠压而成	产生磁通
		主磁极绕组	漆包线或绝缘扁铜线等	
	换向极	换向极铁心	用整块钢或 1~2mm 厚的钢板冲片叠压而成	改善换向
		换向极绕组	绝缘的扁铜线	
	补偿绕组	—	绝缘的扁铜线	改善负载特性,改善换向
	磁轭(机座)	—	铸钢或钢板	磁路与机械支撑
转子	电枢	电枢铁心	0.35~0.50mm 厚的硅钢片叠压而成	产生转矩
		电枢绕组	漆包线或绝缘扁铜线等	
	换向器	换向片	铜合金	换向
		云母片	云母层压板	
	转轴	—	碳素钢	传递转矩

直流电动机调速性能好,可以在重负载条件下,实现均匀、平滑的无级调速,因此,凡是在重负载下起动或要求均匀调节转速的机械,如大型可逆轧钢机、卷扬机、电力机车、电车等,都用直流电动机拖动。而且直流电动机调速范围较宽,控制比较稳定,起动容易,关停时耗能也小。除此之外,直流电动机还具有响应速度快、起动转矩较大、从零转速至额定转速具备可提供额定转矩的性能。

不过,直流电动机的容量要比交流电动机的容量小得多。另外,直流电动机要产生额定负载下恒定转矩的性能,则电枢磁场与转子磁场必须维持 90°,这就要依靠电刷及换向器实现。但电刷及换向器在电动机转动时会产生火花及碳粉,因此除了会造成组件损坏之外,其使用场合也受到限制。

4.2.2 直流电动机的工作原理

直流电动机的工作原理示意图如图 4-2 所示。图中单匝线圈 abcd 安置在极性分别为 N、S 的主极中，ab、cd 分别为单匝线圈的有效边，它们分别连接到两个互相隔离的换向片上，并与转子一同旋转。固定不动的电刷 A、B 将旋转的线圈 abcd 与外面静止的电路相连接。

如图 4-2 所示，若电刷 A、B 分别接到直流电源上，单匝线圈 abcd 中就有电流 i 流过，方向如图中箭头所示。

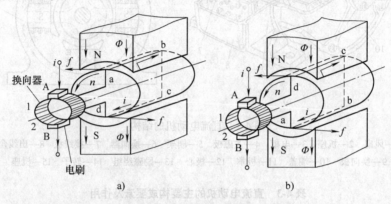

图 4-2 直流电动机的工作原理示意图
a）导体 ab 处于 N 极下　b）导体 ab 处于 S 极下

载流导体在磁场中受到的电磁力 f 为

$$f = Bil \tag{4-1}$$

式中　B——磁感应强度（T）；
　　　l——ab、cd 有效边长度（m）。

当单匝线圈 abcd 转到图 4-2a 所示位置时，导体 ab 处于 N 极下，电磁力方向为从右到左；导体 cd 处于 S 极下，电磁力方向为从左到右。方向为逆时针，拖动电枢转子沿逆时针方向旋转。整个线圈的电磁转矩 T 为

$$T = DBil \tag{4-2}$$

式中　D——电枢直径（m）。

当线圈转过 180°时，导体 cd 处于 N 极下，导体 ab 处于 S 极下。由于直流电源产生的电流方向不变，仍然从电刷 A 流入，经导线 cd、ab 后由电刷 B 流出，这时导体 cd 受到的电磁力方向为从右到左，导线 ab 受到的电磁力方向为从左到右。因此产生电磁力的方向不变，仍为逆时针方向。若改变电源极性，电动机将沿顺时针方向旋转。

由此可见，对直流电动机而言，其电枢线圈里的电流方向是交变的。由于换向器的作用，使得 N 极和 S 极下的导体电流方向不变，因此产生单方向的电磁转矩。

在实际的直流电动机中，电枢由多个线圈构成，而且它们被均匀地分布在电枢表面，按照一定的规律连接起来，各个线圈产生电磁转矩的方向是一致的。电动机的电磁转矩为各线圈产生的电磁转矩之和。

直流电动机可分为永磁直流电动机和电励磁直流电动机两大类。永磁直流电动机的主磁场由永磁体产生。电励磁直流电动机中的主磁场由励磁绕组通入直流电产生，电源的供电方

式称为励磁方式。不同的电励磁方式导致直流电动机的运行性能有很大差异。

按照励磁方式的不同,电励磁直流电动机又可以分为他励式和自励式两大类。对于他励式直流电动机来说,他励绕组由其他电源供电,与电枢绕组之间没有电的联系,如图4-3a所示。而自励式直流电动机的励磁由电动机本身供给,即励磁绕组和电枢绕组均由同一直流电源供电。根据励磁绕组与电枢绕组连接方式的不同,自励式直流电动机又可分为并励式、串励式和复励式三种,如图4-3b~d所示。并励式直流电动机的励磁绕组与转子电枢并联到电源上;串励式直流电动机的励磁绕组与转子电枢串联到同一电源上;复励式直流电动机的励磁绕组与转子电枢的连接有串有并,连接在同一电源上。

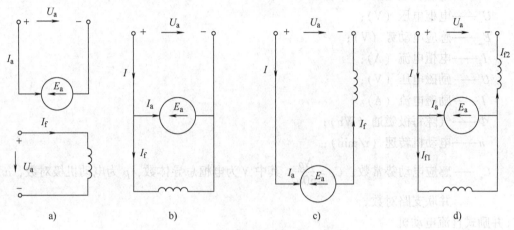

图 4-3 直流电动机的励磁方式
a) 他励式 b) 并励式 c) 串励式 d) 复励式

4.2.3 直流电动机的基本特性

根据电动机的工作原理,假设直流电动机电气接线与机械连接以及各物理量正方向的规定如图4-4所示。由于复励式是并励和串励两种励磁方式的组合,为此本节主要介绍他励式、并励式和串励式三种直流电动机的基本特性。

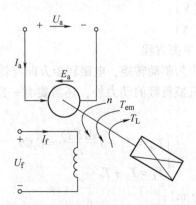

图 4-4 直流电动机电气接线与机械连接以及各物理量正方向
T_L—负载转矩 T_{em}—电动机转矩 n—电动机转速

4.2.3.1 直流电动机的电压方程

他励式、并励式和串励式直流电动机的电压方程分别表示如下：

他励式直流电动机

$$\begin{cases} U_a = E_a + I_a R_a \\ E_a = C_e \Phi n \\ U_f = R_f I_f \end{cases} \tag{4-3}$$

式中 R_a——电枢电阻和电刷接触电阻之和（Ω）；

R_f——励磁绕组电阻（Ω）；

U_a——电枢电压（V）；

E_a——感应电动势（V）；

I_a——电枢电流（A）；

U_f——励磁电压（V）；

I_f——励磁电流（A）。

Φ——气隙每极磁通（Wb）；

n——电动机转速（r/min）；

C_e——感应电动势常数，$C_e = \dfrac{Np}{60a}$，其中 N 为电枢总导体数，p 为电动机极对数，a 为并联支路对数。

并励式直流电动机

$$\begin{cases} U_a = E_a + I_a R_a = U_f \\ E_a = C_e \Phi n \\ I = I_f + I_a \end{cases} \tag{4-4}$$

串励式直流电动机

$$\begin{cases} U = E_a + I_a(R_a + R_f) = U_a + U_f \\ E_a = C_e \Phi n \\ I = I_f = I_a \end{cases} \tag{4-5}$$

式中 U——输入端的电压（V）；

I——输入端的电流（A）。

4.2.3.2 直流电动机的转矩平衡方程

直流电动机的电磁转矩作为驱动转矩，电磁转矩方向与转速方向一致。当电动机转速有变化时，电磁转矩除了提供机械负载的动力外，还需要有一部分与惯性转矩相平衡，此时，转矩平衡方程可表示为

$$\begin{cases} T_{em} = T_L + J\dfrac{d\Omega(t)}{dt} = C_t \Phi I_a \\ T_L = T_2 + T_0 \end{cases} \tag{4-6}$$

式中 T_{em}——电磁转矩（N·m）；

T_2——输出转矩（N·m）；

T_0——空载转矩（由机械摩擦和铁耗所引起）（N·m）；

T_L——负载转矩（N·m）；

J——转动惯量（kg·m²）；

$\Omega(t)$——机械角速度（rad/s）；

C_t——转矩常数，有 $C_t = \dfrac{Np}{2\pi a}$。

当机械角速度为常数时，直流电动机稳态运行的转矩平衡方程式为

$$T_{em} = T_2 + T_0 \tag{4-7}$$

4.2.3.3 直流电动机的功率平衡方程

以他励式直流电动机为例，电动机输入电功率为

$$P_1 = U_a I_a \tag{4-8}$$

将式（4-3）代入式（4-8）得到

$$P_1 = E_a I_a + I_a^2 R_a \tag{4-9}$$

令

$$P_{em} = E_a I_a;\quad P_{Cua} = I_a^2 R_a$$

即

$$P_1 = P_{em} + P_{Cua} \tag{4-10}$$

式中 P_{em}——电磁功率（W）；

P_{Cua}——电枢回路总的铜耗（W）。

令式（4-7）两边同乘以 Ω，得

$$T_{em}\Omega = T_2 \Omega + T_0 \Omega \tag{4-11}$$

令

$$\begin{cases} P_2 = T_2 \Omega \\ P_0 = T_0 \Omega \end{cases}$$

又由于

$$\begin{cases} T_{em}\Omega = C_t \Phi I_a \Omega \\ \quad = \dfrac{Np}{2\pi a}\Phi I_a \dfrac{2\pi n}{60} \\ \quad = \dfrac{Np}{60a}\Phi n I_a \\ \quad = E_a I_a \\ \quad = P_{em} \end{cases} \tag{4-12}$$

故式（4-11）可整理为

$$P_{em} = P_2 + P_0 \tag{4-13}$$

式中 P_2——转轴输出的机械功率（W）；

P_0——空载损耗（W）。

其中空载损耗包括机械摩擦损耗 P_m、铁耗 P_{Fe} 和附加损耗 P_s。

他励式直流电动机稳态运行时的功率流程图如图4-5所示。

图中 P_{Cuf} 为励磁损耗，对于他励式直流电动机，它的 P_{Cuf} 由直流电源供给，所以它的总损耗里不包括这一部分，故有

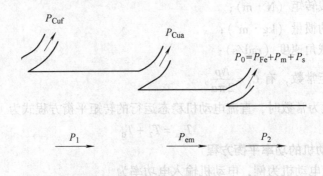

图 4-5　他励式直流电动机稳态运行时的功率流程图

$$\sum P = P_{Cua} + P_0 = P_{Cua} + P_{Fe} + P_m + P_s \qquad (4-14)$$

4.2.3.4　直流电动机的工作特性

直流电动机的工作特性是指在额定电压和额定励磁电流的情况下，电动机转速 n、电磁转矩 T_{em} 及效率 η 与输出功率 P_2 之间的关系。为方便测量，通常输出功率用电枢电流 I_2 表示。表 4-4 给出了他励式与串励式直流电动机的工作特性。并励式直流电动机的工作特性与他励式直流电动机相似，而复励式直流电动机是串励和并励的组合。

表 4-4　他励式与串励式直流电动机的工作特性

特　性	他　励　式	串　励　式
$n = f(I_a)$	$n = \dfrac{U_N}{C_e \Phi_N} - \dfrac{R_a}{C_e \Phi_N} I_a$	$n = \dfrac{U_N}{C_e K_f I_a} - \dfrac{R_a + R_f}{C_e K_f}$
$T_{em} = f(I_a)$	$T_{em} = C_t \Phi_N I_a$	$T_{em} = C_t K_f I_a^2$
$\eta = f(I_a)$	$\eta = \left(1 - \dfrac{I_a^2 R_a + P_0}{U_N I_a}\right) \times 100\%$	$\eta = \left(1 - \dfrac{I_a^2 (R_a + R_f) + P_0}{U_N I_a}\right) \times 100\%$
工作特性曲线		

4.2.3.5　直流电动机的机械特性分析

以他励式直流电动机为例，进行机械特性分析。直流电动机的机械特性是指电动机在电枢电压、励磁电流、电枢回路电阻为恒值的条件下，即电动机处于稳态运行时，电动机的转速与电磁转矩之间的关系。

$$n = f(T_{em})$$

由电动机的电路原理图可得机械特性的表达式为

$$n = \frac{U}{C_e\Phi} - \frac{R}{C_eC_t\Phi^2}T_{em} = n_0 - \beta T_{em} \tag{4-15}$$

式中 n_0——理想空载转速（r/min），$n_0 = \dfrac{U}{C_e\Phi}$；

β——机械特性斜率，$\beta = \dfrac{R}{C_eC_t\Phi^2}$；

R——电枢回路串联的电阻（Ω），$R = R_a + R_s$。

1. 固有机械特性

当 $U = U_N$、$\Phi = \Phi_N$、$R = R_a$ 时的机械特性称为固有机械特性，如图 4-6 所示。

此时

$$n = \frac{U_N}{C_e\Phi_N} - \frac{R_a}{C_eC_t\Phi_N^2}T_{em} \tag{4-16}$$

式中 U_N——额定电枢电压；

Φ_N——额定每极主磁通。

由于电枢电阻很小，特性曲线斜率很小，所以固有机械特性是硬特性。

当 $T = T_N$ 时，$n = n_N$，此点为电动机额定工作点，转速差 $\Delta n = n_0 - n_N$ 为额定转速差。其中，T_N 为额定电磁转矩，n_N 为额定转速。

当 $n = 0$ 时，即电动机起动时，电磁转矩 $T_{em} = T_s$，称为起动转矩。

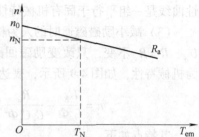

图 4-6 固有机械特性曲线

2. 人为机械特性

当改变 U 或 R_a 或 Φ 时得到的机械特性称为人为机械特性。人为机械特性主要有电枢回路串电阻、降低电枢电压和减小励磁磁通量（弱磁调速）三种。通过改变它们的数值，可实现直流电动机的调速。

（1）电枢回路串电阻时的人为机械特性　当 $U = U_N$、$\Phi = \Phi_N$ 的条件不变，只在电枢回路中串入电阻 R_s 的人为机械特性的表达式为

$$n = \frac{U_N}{C_e\Phi_N} - \frac{R_a + R_s}{C_eC_t\Phi_N^2}T_{em} \tag{4-17}$$

其特点如下：

1) n_0 不变，串入电阻变大，β 变大，机械特性变软，稳定性变差。

2) 只能从额定转速向下调速。

3) 损耗大，不能实现无级调速。

4) 设备简单，投资小。

如图 4-7 所示，电枢回路串电阻时的人为机械特性曲线是通过理想空载点的一簇放射性直线。

（2）降低电枢电压时的人为机械特性　保持 $\Phi = \Phi_N$、$R = R_a$ 不变，只改变电枢电压时的人为机械特性的表达式为

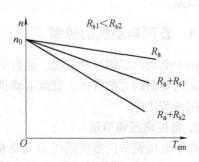

图 4-7 电枢回路串电阻时的人为机械特性

$$n = \frac{U}{C_e \Phi_N} - \frac{R_a}{C_e C_t \Phi_N^2} T_{em} \qquad (4\text{-}18)$$

其特点如下：
1) R_a 不变，故 β 不变，n_0 随 U 变化。
2) 机械特性硬度不变，转速稳定性好。
3) 只能从额定转速向下调速。
4) 铜耗与转速无关，效率高。
5) 在转速范围内实现无级调速。

如图 4-8 所示，降低电枢电压时的人为机械特性曲线是一组平行于固有机械特性的直线。

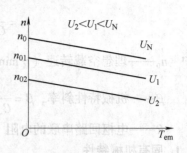

图 4-8 降低电枢电压时的人为机械特性

（3）减小励磁磁通时的人为机械特性 保持 $U = U_N$、$R = R_a$ 不变，只改变励磁回路调节电阻 R_f 的人为机械特性，如图 4-9 所示，表达式如下：

$$n = \frac{U_N}{C_e \Phi} - \frac{R_a}{C_e C_t \Phi^2} T_{em} \qquad (4\text{-}19)$$

其特点如下：
1) 该调速方法属于弱磁调速。
2) 只能在额定转速以上调速。
3) 在电流较小的励磁回路内进行调节，控制方便，功率损耗小。
4) 可以实现较平滑的调速。
5) 由于受电动机换向能力和机械强度的限制，弱磁调速时转速不能升得太高。一般只能升到 $(1.2 \sim 1.5) n_N$，特殊设计的弱磁调速电动机，则可升到 $(3 \sim 4) n_N$。

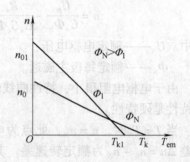

图 4-9 减小励磁磁通时的人为机械特性

必须注意的是，他励式直流电动机在起动和运行过程中，决不允许励磁回路断开。

综上所述，当电动机运行于基速以下时，通常采用机械特性不变的变电枢电压调速方法；而在基速以上，通常采用弱磁方法，以拓宽电动机的调速范围。

以上分析的固有机械特性和人为机械特性，都忽略了电枢反应的影响。实际上电枢反应表现为去磁效应，使机械特性出现上翘现象，会影响系统的稳定性。一般容量较小的直流电动机电枢反应引起的去磁效应不明显，可以忽略影响。对较大容量的直流电动机，可以在主磁极上加补偿绕组，产生的磁通可以补偿电枢反应的去磁部分，使电动机的机械特性不出现上翘现象。

4.2.4 直流电动机的控制

由于电动汽车的行驶工况、运行状态经常变化，电动机的转矩及转速必须经常调节以满足电动汽车驱动力的需要。直流电动机的控制方法有电枢电压调节法、磁场调节法、电枢回路电阻调节法等。

1. 电枢电压调节法

电枢电压调节法是指通过改变电枢电压来控制电动机的转速，适用于电动机额定转速（基速）以下的调速调节。

以减速为例，其基本调节方式如下：降低电枢电压，在电动机转速、阻力矩没有来得及变化时，电枢电流必然下降，电枢产生的电磁转矩必然下降，使得电枢转速下降。随着电枢转速的降低，电枢反电动势减小，电枢电流回升，电枢转矩增大，直到与电动机阻力矩一致时，电动机才会在比调压前低的转速下稳定运转。

斩波器脉宽调制（PWM）属于一种电枢电压调节法，直流电动机通常采用PWM实现调速控制。其调速控制主电路如图4-10所示。

在该电路中，V_1和VD_1构成降压斩波电路，由电源向直流电动机供电，电动机为电动运行，工作于第1象限；V_2和VD_2构成升压斩波电路，把直流电动机的动能转变为电能反馈到电源，使电动机做再生制动运行，工作于第2象限。需要注

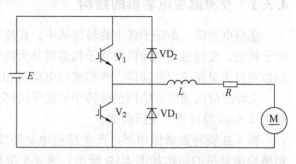

图4-10　PWM调速原理图

意的是，若V_1和V_2同时导通，将导致电源短路，因此必须防止出现这种情况。

2. 磁场调节法

磁场调节法是通过调节磁极绕组励磁电流，改变磁通量Φ来调节电动机的转速。这种方式适用于电动机基速以上的转速控制。

以升速为例，调速过程如下：减小磁通量，在机械惯性力的作用下，电枢转速还没来得及下降，而反电动势随着磁通量的减少而下降，电枢电流随之增大，由于电枢电流增加的影响大于磁通量减小的影响，电动机的电枢电磁转矩T增大。如果这时电动机的阻力T_L未变，则电枢的转速n便会上升。随着电动机转速的上升，电枢反电动势增大，电枢电流随之减小，直到电磁转矩与阻力矩平衡，电动机就在高于减小磁通量前的转速下稳定运转。图4-11所示为从A点到B点的升速调节。

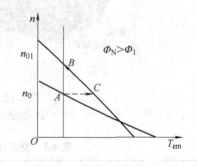

图4-11　改变磁通量调速的升速特性

3. 电枢回路电阻调节法

电枢回路电阻调节法是在磁极绕组励磁电流不变的情况下，改变电枢回路的电阻，使电枢电流变化来实现电动机转速的调节。电枢回路电阻调节法的机械特性差，而且会使电动机运行不稳定，加之电枢回路串入电阻消耗能量，一般很少在电动汽车上采用。

4.2.5　直流电动机驱动系统的特点

直流电动机驱动系统具有易于平滑调速、控制器简单、技术成熟等优点，但由于直流电动机在运行过程中需要电刷和换向器换向，电动机本身的效率低于交流感应电动机，同时，电刷需要定期维护，造成了使用的不便。此外，电动机本身的体积大、质量大，换向器和电刷制约了直流电动机的转速，这些因素都限制了其在电动汽车中的应用。

4.3 交流感应电动机驱动系统

4.3.1 交流感应电动机的结构

感应电动机,即转子置于旋转磁场中,在旋转磁场的作用下,获得一个转动力矩,因而转子转动。交流感应电动机按转子构造可分为绕线型和笼型两种结构;按定子绕组供电电源相数可分为单相感应电动机、两相感应电动机和三相感应电动机。

交流感应电动机的结构包括转子和定子两部分,定子由铁心、绕组和机座组成,铁心一般由 0.5mm 厚硅钢片叠压而成。

转子在旋转磁场作用下,产生感应电动势或电流。转子有笼型和绕线型。一台笼型三相感应电动机的结构如图 4-12 所示。表 4-5 给出了交流感应电动机的主要构成要素及其作用。

图 4-12 笼型三相感应电动机结构图
a) 笼型交流感应电动机 b) 笼型转子铁心

表 4-5 交流感应电动机的主要构成要素及其作用

部 位	主要构成要素	使用材料		主要功能
定子	定子铁心	一般采用 0.5mm 厚的硅钢片		交变磁路的一部分
	定子绕组	高压电动机	绝缘扁导线	产生旋转磁场
		低压电动机	漆包线	
	定子机座	中小容量电动机	铸铁、铝合金或钢板	固定和支撑定子铁心
		大容量电动机	钢板	
转子	转子绕组	笼型中小容量电动机(几百千瓦以下)	铸铝	产生转矩
		笼型大容量电动机	铜或铜合金	
		绕线型	漆包线	
	转子铁心	一般采用 0.5mm 厚的硅钢片		交变磁路的一部分
	轴	碳素钢		传递转矩

普通感应电动机的定子绕组接交流电网,转子绕组不需与其他电源连接。因此,它具

有结构简单，制造、使用和维护方便，运行可靠，质量较小，成本较低等优点。感应电动机有较高的运行效率和较好的工作特性，从空载到满载范围内接近恒速运行，能满足大多数工农业生产机械的传动要求。感应电动机也便于派生成各种防护形式，以适应不同环境条件的需要。感应电动机运行时，必须从电网吸取无功励磁功率，使电网的功率因数变坏。因此，对驱动球磨机、压缩机等大功率、低转速的机械设备，常采用同步电动机。由于感应电动机的转速与其旋转磁场转速有一定的差值关系，故其调速性能较差（交流换向器电动机除外）。对要求较宽广和平滑调速范围的交通运输机械、轧机、大型机床、印染及造纸机械等，采用直流电动机较经济、方便。但随着大功率电子器件及交流调速系统的发展，目前适用于宽调速的感应电动机的调速性能及经济性已可与直流电动机的相媲美。

综上所述，交流感应电动机的优点是结构简单、制造方便、价格便宜、运行方便。缺点是功率因数滞后、轻载功率因数低、调速性能稍差。

4.3.2 交流感应电动机的工作原理

这里以三相交流感应电动机为例介绍其工作原理。交流感应电动机的工作原理可用图4-13所示的简化模型进行说明。

当三相对称定子绕组接三相对称电源时，电动机内产生圆形旋转磁场 F，其同步转速 $n_1 = 60 \times f_1/p$（f_1 为电源频率，p 为电动机的磁极对数），设其方向为逆时针旋转。若转子不转，转子笼导条与旋转磁场有相对运动，在导条中产生感应电动势 e，方向由右手定则确定。因转子导条彼此在端部短路，则感应电动势在闭合回路内产生电流 i。忽略感应电动势与导条电流的相位差，电流方向与感应电动势同方向。这样用左手定则可以确定导条的受力方向，

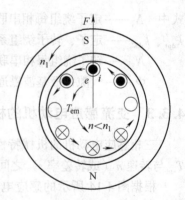

图4-13 交流感应电动机的工作原理

转子受力后产生电磁转矩，与旋转磁场同方向，转子便在该方向上旋转起来。

转子旋转后，转速为 n，只要 $n < n_1$，转子导条与磁场之间就有相对运动，产生与转子不转时相同方向的感应电动势、电流及力，电磁转矩仍为逆时针方向，转子继续旋转，当 $T_{em} = T_L$ 时，系统稳定运行。

由交流感应电动机的工作原理可知，感应电动机正常工作时，转子转速 n 不能等于旋转磁场的同步转速 n_1，其转差转速 $\Delta n = n_1 - n$，转差转速 Δn 与同步转速 n_1 之比称为感应电动机的转差率，用 s 表示，即

$$s = \frac{n_1 - n}{n_1} \times 100\% \tag{4-20}$$

转差率是感应电动机运行中一个重要的基本参数，正常运行时感应电动机转子转速 n 接近于同步转速 n_1，转差率 s 一般为 $0.01 \sim 0.05$。

在各种不同的负载下，若改变感应电动机电源电压的大小、相序及频率，或者改变绕线型感应电动机转子回路的电阻，交流感应电动机可运行在各种不同的状态。表4-6给出了感应电动机在不同运行状态时的主要特征。

表 4-6 感应电动机在不同运行状态时的主要特征

电动机状态	发电机状态	制动状态
$0<n<n_1$，$0<s<1$，$T_{em}>0$，T_{em} 为拖动转矩	$0<n_1<n$，$s<0$，$T_{em}<0$，T_{em} 为制动转矩	$n<0<n_1$，$s>1$，$T_{em}>0$，T_{em} 为制动转矩

感应电动机定子和转子不转时，感应电动势的有效值 E_1 和 E_2 分别可表示为

$$E_1 = 4.44 f_1 N_1 k_{dp1} \Phi_1 \tag{4-21}$$

$$E_2 = 4.44 f_1 N_2 k_{dp2} \Phi_1 \tag{4-22}$$

式中　N_1——定子绕组每相串联匝数；

　　　k_{dp1}、k_{dp2}——定子、转子绕组系数；

　　　N_2——转子绕组每相串联匝数；

　　　Φ_1——气隙每极基波磁通量（Wb）。

4.3.3　交流感应电动机的机械特性

三相感应电动机的机械特性是指在定子电压、频率及绕组参数固定的条件下，磁转矩 T_{em} 与转速 n（或转差率 s）之间的函数关系。机械特性是三相感应电动机最主要的特性。

根据图 4-14 所示的感应电动机的等效电路，忽略 I_0 可得到

$$I'_2 = \frac{U_1}{\sqrt{\left(R_1 + \dfrac{R'_2}{s}\right) + (X_1 + X'_2)^2}} \tag{4-23}$$

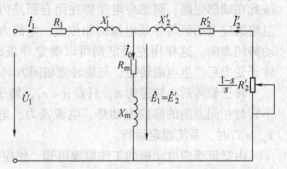

图 4-14　感应电动机的等效电路

式中　I'_2——折算到定子侧的转子不转时的相电流（A）；

　　　U_1——定子相电压（V）；

　　　R_1——定子每相电阻（Ω）；

　　　R'_2——折算到定子侧的转子每相电阻（Ω）；

　　　X_1——定子每相漏电抗（Ω）；

　　　X'_2——折算到定子侧的转子不动时的每相漏电抗（Ω）。

正常运行情况下，转子转速接近同步转速，彼此相对转速很小。另外，转子铁心是用硅钢片叠压而成，可忽略转子铁耗。因此，感应电动机的铁耗主要考虑定子损耗，可表示为

$$p_{Fe} = 3 I_0^2 R_m \tag{4-24}$$

式中　I_0——励磁电流（A）；

　　　R_m——励磁电阻（Ω）。

定子铜耗为

$$p_{Cu1} = 3I_1^2 R_1 \quad (4\text{-}25)$$

式中 I_1——定子相电流（A）。

由图 4-14 可以看出，传递给转子回路的电磁功率等于转子回路全部电阻上的损耗，即

$$\begin{cases} P_{em} = P_1 - p_{Cu1} - p_{Fe} \\ = 3I_2'^2 \left(R_2' + \dfrac{1-s}{s} R_2' \right) \\ = 3I_2'^2 \dfrac{R_2'}{s} \end{cases} \quad (4\text{-}26)$$

式中 P_1——输入功率（W），且 $P_1 = 3U_1 I_1 \cos\varphi_1$，$\varphi_1$ 为定子功率因数角。

电磁功率也可以表示为

$$P_{em} = 3I_2' E_2' \cos\varphi_2 \quad (4\text{-}27)$$

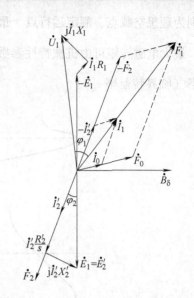

图 4-15 感应电动机的时空向量矢量图

式中 φ_2——转子功率因数角；

E_2'——折算到定子侧的转子不转时的相感应电动势（V）。

电磁转矩可表示为

$$T_{em} = \dfrac{P_m}{\Omega} = \dfrac{P_m}{\dfrac{2\pi n}{60}} = \dfrac{P_m}{(1-s)\dfrac{2\pi n_1}{60}} = \dfrac{P_{em}}{\Omega_1} \quad (4\text{-}28)$$

式中 P_m——总机械功率；

Ω——转子机械角速度（rad/s），且 $\Omega = \dfrac{2\pi n}{60}$；

Ω_1——同步角速度（rad/s），且 $\Omega_1 = \dfrac{2\pi n_1}{60}$。

由式（4-26）、式（4-27）和式（4-28）得到电磁转矩的参数表达式为

$$T_{em} = \dfrac{3I_2'^2 \dfrac{R_2'}{s}}{\dfrac{2\pi n_1}{60}} = \dfrac{3p_n U_1^2 \dfrac{R_2'}{s}}{2\pi f_1 \left[\left(R_1 + \dfrac{R_2'}{s} \right)^2 + (X_1 + X_2')^2 \right]} \quad (4\text{-}29)$$

式中 p_n——电动机极对数。

将电压 U_1、频率 f_1、定子绕组参数 R_1 和 X_1 及转子绕组参数 R_2' 和 X_2' 代入式（4-29），可得到 $T_{em} = f(s)$ 曲线。

1. 固有机械特性

固有机械特性是在额定频率 f_{1N}、定子绕组加额定电压 U_{1N} 并按规定方式连接、定子与转子回路不串入电阻或电抗时电磁转矩 T_{em} 与转速 n（或转差率 s）之间的函数关系。三相感应电动机固有机械特性曲线如图 4-16 所示。

以加正序电源电压为例，分析三相感应电动机机械特性特点。由图 4-16 可知，机械特性经过第一、二、四象限。在第一象限电动运行的特性上，标有 A、B、C、D 四个点，它们

分别为理想空载点、额定运行点、最大转矩点和起动点。

最大电磁转矩可由机械特性参数表达式求出，令 $\dfrac{\mathrm{d}T_{em}}{\mathrm{d}s}=0$，解出最大电磁转矩对应的转差率（临界转差率 s_m）。

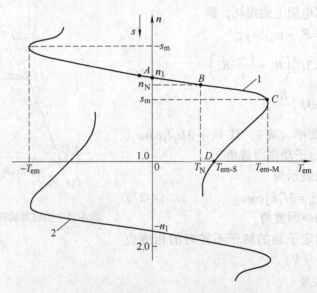

图 4-16　三相感应电动机固有机械特性曲线
1—电源正相序时的曲线　2—电源负相序时的曲线

$$s_m = \frac{R_2'}{\sqrt{R_1^2+(X_1+X_2')^2}} \approx \pm \frac{R_2'}{X_1+X_2'} \tag{4-30}$$

将 s_m 值代入式（4-29）可得最大电磁转矩 T_{em-M} 为

$$T_{em-M} = \pm \frac{1}{2} \frac{3p_n U_1^2}{2\pi f_1[\pm R_1 + \sqrt{R_1^2+(X_1+X_2')^2}]} \approx \pm \frac{1}{2} \frac{3p_n U_1^2}{2\pi f_1 (X_1+X_2')} \tag{4-31}$$

式中，"+"对应于电动机状态；"-"对应于发电机状态。

由式（4-30）和式（4-31）可知：

1）最大电磁转矩 T_{em-M} 与定子电压 U_1 的二次方成正比，反比于漏电抗 (X_1+X_2')。

2）临界转差率 s_m 正比于转子电阻 R_2'，反比于漏电抗 (X_1+X_2')。

当 $n=0$，$s=1$ 时，起动转矩 T_{em-S} 为

$$T_{em-S} = \frac{3p_n U_1^2 R_2'}{2\pi f_1[(R_1+R_2')^2+(X_1+X_2')^2]} \tag{4-32}$$

由式（4-32）可知，起动转矩 T_{em-S} 正比于定子电压 U_1 的二次方和转子电阻 R_2'，反比于漏电抗 (X_1+X_2')。

2. 人为机械特性

在同步转速不变的前提下，可以通过变转差率调速方法来改变感应电动机的人为机械特性。若改变同步转速（$n_1=60f_1/p$），即改变定子供电频率和电动机极对数，也可以改变人为机械特性。表 4-7 给出了几种典型感应电动机人为机械特性的特点。

表 4-7 典型感应电动机人为机械特性的特点

调速方法	特 点	机械特性曲线
降低定子绕组端电压	1. 理想空载点 n_1 不变 2. 临界转差率 s_m 不变，$T_{em} \propto U_1^2$	
转子回路串对称电阻	1. 理想空载点 n_1 不变 2. 最大转矩 T_{em-M} 不变 3. 临界转差率 s_m 增加 当 $s_m = \dfrac{R_2' + r'}{X_1 + X_2'} = 1$ 时，$T_{em-S} = T_{em-M}$，继续增大转子电阻 r_2'，$T_{em-S} < T_{em-M}$	
改变供电频率，从基频向下变频调速	1. 机械特性硬，调速范围宽，稳定性好 2. 连续调节，平滑性好 3. s 较小，效率高 4. 当 $E_1/f_1 =$ 常数（$\Phi_1 =$ 常数）时，最大转矩不变，为恒转矩调速 5. 当 $U_1/f_1 =$ 常数（$\Phi \approx$ 常数）时，最大转矩不等于常数，$f_1 \downarrow \to T_{em} \downarrow$，机械特性不如 $E_1/f_1 =$ 常数的情况，尤其是低频，近似为恒转矩调速	

(续)

调速方法	特点	机械特性曲线
改变供电频率，从基频向上变频调速	1. 机械特性硬，调速范围宽，稳定性好 2. 连续调节，平滑性好 3. s 较小，效率高 4. 最大转矩随频率升高而减小 5. 电压不变，$f_1 \downarrow \to \Phi_1 \downarrow$，即弱磁变频升速，近似为恒功率调速	

4.3.4 交流感应电动机的控制

交流感应电动机的控制大体分为两种：矢量控制（FOC）和直接转矩控制（DTC）。

（1）矢量控制　矢量控制的基本思想是模拟直流电动机，求出交流电动机电磁转矩与之对应的磁场和电枢电流，并分别加以控制。其特点如下：

1）可以从零转速开始进行控制，调速范围很宽。
2）转速控制响应速度快，且调速精度较高。
3）可以对转矩实行较为精确的控制，电动机的加速特性也很好。
4）系统受参数影响的变化很大，且计算复杂，控制相对繁琐。

目前矢量控制理论比较完善，并日趋成熟，可基本满足电动汽车的动力性要求。

（2）直接转矩控制　在定子坐标下，通过检测电动机定子电压和电流计算电动机的磁链和转矩，并根据与给定值比较所得的差值，实现磁链和转矩的直接控制。此方法不受转子参数随转速变化而变化的影响，简化了控制结构，动态响应快，因此受到了广泛的关注。其特点如下：

1）调速精度较高，响应速度快。
2）计算简单，而且控制思想新颖，控制结构简单，控制手段直接。
3）信号处理的物理概念明确，动静态性能均佳。
4）调速范围较窄，低速特性有脉动现象。

在技术实现上，直接转矩控制往往很难体现出优越性，调速范围不及矢量控制宽，其根源主要在于低速时，转矩脉动的存在以及负载能力的下降，这些问题制约了直接转矩控制进入实用化的进程。

4.3.5 交流感应电动机驱动系统的特点

交流感应电动机与直流电动机相比，具有效率高、结构简单、坚实可靠、免维护、体积小、重量轻、易于冷却、寿命长等优点。感应电动机本身比直流电动机成本低，但是其逆变器比直流电动机控制器成本高，随着功率电子技术的不断进步，两者的成本差距越来越接近。从目前来看，感应电动机交流系统总成本要比直流电动机驱动系统高，但由于其重量轻、效率高及能有效地实现再生制动，因而在电动汽车上使用的运营成本要比使用直流电动机驱动系统时低，尤其在大功率电动汽车中有更广泛的应用。

4.4 交流永磁电动机驱动系统

4.4.1 交流永磁电动机的结构

交流永磁电动机的分类方法多种多样，根据永磁体在电动机中的安置位置，交流永磁电动机可分为表面式（Suface-Mounted Permanent Magnet，SPM）和内置式（Interior Permanent Magnet，IPM）两大类。

SPM 和 IPM 转子结构分别如图 4-17、图 4-18 所示

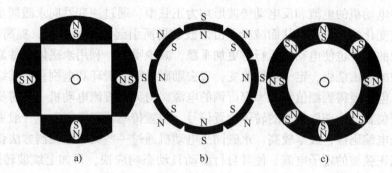

图 4-17 几种典型 SPM 转子的结构

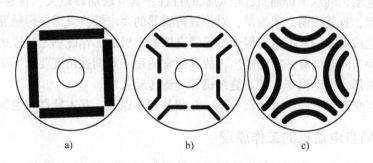

图 4-18 几种典型 IPM 转子的结构

表面式永磁电动机是将永磁体放置于转子表面，制造工艺简单，该转子的直径可设计的很小，故转动惯量小，动态性能好；转子无凸极性，电感小，电流响应速度快，输入的无功功率小，从而提高了系统的功率因数。但转子表面无法安装起动绕组，故无异步起动能力；由于电动机自身的离心力强度不高，电动机不宜在高速下运行，低速运行时，电动机的脉动转矩较大，对于恒功率运行，其区域较小甚至不存在。表面式结构的永磁电动机本质为隐极式同步电动机，其直轴电感 L_d 与交轴电感 L_q 一般相等，该类型的电动机不适合弱磁扩速运行。

内置式永磁电动机也称为混合式永磁磁阻电动机。由于永磁体位于转子内部使得转子具有凸极效应，在永磁转矩的基础上增加了磁阻转矩，从而增大了电动机输出转矩，同时也有

利于提高电动机的过载能力和改善调速性能。与表面式相比,内置式的转子机械强度高,适合高速运行;由于内置式结构的磁路气隙小,动态响应快,较易实现弱磁控制,从而扩大了恒功率运行区域。

内置式永磁电动机结构灵活,通过合理设计磁路结构能获得较高的弱磁性能,再加上控制系统具有高功率密度、高效率、宽调速、良好的转矩平稳性及低振动噪声等优点,在电动汽车驱动方面备受青睐,已经受到日本、美国及国内汽车公司的高度重视。

根据输入电动机接线端的交流电压波形与转子位置信号的不同,交流永磁电动机可分为无刷直流电动机(Brushless DC Motor, BLDCM)和永磁同步电动机(Permanent Magnet Synchronous Motor, PMSM)。三相无刷直流电动机输入的是交流方波,采用每60°跳变的转子位置反馈信号控制换相。而永磁同步电动机输入的是交流正弦波或近似正弦波,采用连续转子位置反馈信号进行控制。

永磁同步电动机的电流和反电动势波形均为正弦型,通过逆变器向永磁同步电动机提供三相近似正弦变化的交流电,从而减少了由谐波磁场所引起的各种损耗,提高电动机效率;气隙谐波分量的减少也使电动机运行时更加平稳,减少噪声;利用永磁体代替原绕线式同步电动机转子中的励磁绕组,定子不做改变,省去励磁线圈、滑环和电刷,使其结构简单,节约无功功率,但需要得到幅值和频率都可调的电源。与无刷直流电动机一样需要位置检测装置以跟踪转子位置,为获取精密的转子位置信号,位置传感器稍微复杂,一般采用旋转变压器或增量式光电编码器,成本较高。永磁同步电动机通过一些灵活的控制方法获得频率和幅值可调的近似正弦波的定子电流,使其自行起动且动态响应快,再加上纹波转矩小等优点,广泛用于数控机床、工业机器人、航空等高精度伺服系统。

无刷直流电动机继承了普通直流电动机的特性,具有起动转矩大、转速-转矩线性变化及效率高等优点,且其控制方式简单,对位置传感器的要求低,只需获得触发时刻那一点的位置信息即可完成换相,成本低。但永磁无刷直流电动机的工作磁场是步进式旋转磁场,容易产生转矩脉动,同时伴有一定的噪声,故其通常适用于对调速精度要求不高且价格敏感的设备,如家用电器、电动汽车、工业缝纫机等交流传动系统。

这里主要以交流永磁同步电动机为例,介绍其工作原理、基本特性和控制方法。

4.4.2 永磁同步电动机的工作原理

永磁同步电动机的工作原理与交流同步电动机相似。将交-直-交或交-交变换器所产生的频率可调的三相交流电,输入永磁电动机三相对称绕组后,产生三相对称电流,在正弦波电流和永磁磁动势的作用下产生电磁转矩,带动转子随着旋转磁场以相同的转速旋转。转速为

$$n = n_1 = \frac{60f_1}{n_p} \tag{4-33}$$

式中 n——转子转速(r/min);

n_1——同步转速(r/min);

f_1——三相正弦波的电压频率(Hz);

n_p——永磁同步电动机的极对数。

永磁同步电动机负载运行时定子绕组电流会产生电枢磁动势,它与永磁磁动势共同作用产生合成气隙磁场,因此存在电枢反应。电枢磁场与永磁磁场以相同的速度旋转,彼此相对

静止。电枢磁场不仅会使永磁磁场波形发生畸变，而且会产生去磁和增磁作用，直接影响永磁同步电动机的运行性能。

4.4.3 永磁同步电动机的基本特性

永磁同步电动机在实际运行过程中的输出特性与控制策略密切相关，采用不同的控制策略，可以使定子电流在整个运行范围内得到最佳控制。

车用永磁同步电动机的转矩-转速输出特性曲线如图 4-19 所示。轨迹 $A_2B_2C_2D_2E_2$ 为电动机的最大功率曲线。轨迹 $A_2B_{1b}E_{1b}$ 是电动机的恒功率曲线，电动机可以在此曲线上实现恒功率运行。轨迹 $A_2B_{1a}C_1$ 为电动机的最大转矩电流比包络线，在此包络线内电动机都可以采用此控制策略。根据电动机不同运行状态可将电动机的运行范围分为三个区间：基速区、弱磁 A 区和弱磁 B 区，如图 4-20 所示。转速低于转折速度 n_a 时电动机运行在基速区；转速在 n_a 和 n_c 之间电动机运行在弱磁 A 区；转速在 n_c 和 n_e 之间电动机运行在弱磁 B 区。电动机在各运行区内的定子电流矢量既不能超出电动机的电压极限椭圆，也不能超过电流极限圆。

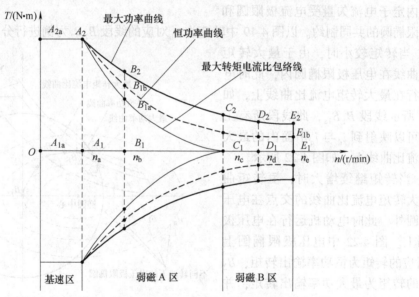

图 4-19 永磁同步电动机转矩-转速输出特性曲线

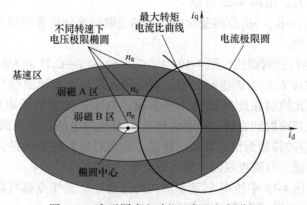

图 4-20 永磁同步电动机运行区间划分图

(1) 基速区运行控制模式 如图4-19所示，$A_{1a}—A_1—A_2—A_{2a}$区域为基速区，i_d与i_q不受电压极限椭圆的限制，在整个区域内都能实现最大转矩电流比控制。因此，图4-19中的$A_{1a}—A_1—A_2—A_{2a}$区域内的所有工作点都可以在i_d与i_q平面最大转矩电流比曲线上找到对应的点，如图4-21所示。A_2、A_{2a}点为最大转矩电流比曲线与电流极限圆的交点，它所对应的转矩为电动机在基速区内的最大转矩。

(2) 弱磁A区运行控制模式 图4-19中$A_1—C_1—C_2—A_2$区域为弱磁A区，在该区域内定子电流矢量受电流极限圆和

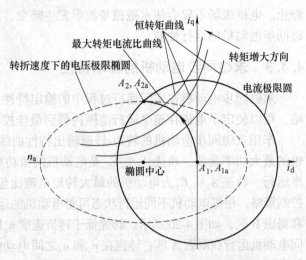

图4-21 基速区定子电流矢量运行控制模式

电压极限椭圆的共同制约。以图4-19中转速为n_b对应的线段B_1B_2为例进行分析。

1) 当转矩较小时，由于最大转矩电流比曲线在电压极限椭圆内，此时电动机运行在最大转矩电流比曲线上，如图4-19所示线段B_1B_{1a}，此线段所有工作点都可以映射到i_d与i_q平面内的最大转矩电流比曲线上，如图4-22所示。

2) 当转矩继续增大时，恒转矩曲线与最大转矩电流比曲线的交点在电压极限椭圆外，此时电动机运行在电压极限椭圆上。图4-22中电压极限椭圆上B_{1b}点对应的转矩为恒功率输出转矩，B_2点对应的转矩为最大功率输出转矩，并且该点为电压极限椭圆、电流极限圆、恒转矩曲线三者的交点。由图4-22可以

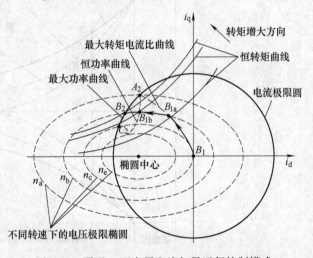

图4-22 弱磁A区定子电流矢量运行控制模式

看出，定子电流从$B_{1a}→B_{1b}→B_2$点的变化中，直轴去磁电流分量逐渐增大，削弱了永磁体磁场，达到了弱磁的目的。

(3) 弱磁B区运行控制模式 图4-19中，$C_1—E_1—E_2—C_2$区域为弱磁B区。以图4-19中转速为n_e对应的线段E_1E_2为例进行分析。整条最大转矩电流比曲线与电压极限椭圆没有交点，最大转矩电流比控制在此区域内无法实现。电流矢量受限于电压极限椭圆，因此，E_1E_2线段上的工作点都映射到i_d与i_q平面内转速n_e对应的电压极限椭圆上。图4-23中电压极限椭圆上E_{1b}点对应的转矩为恒功率输出转矩；E_2点对应的转矩为最大功率输出转矩，并且该点为电压极限椭圆、电流极限圆、恒转矩曲线三者的交点。

由上分析可知，图4-19中转矩-转速平面内的任意一个工作点都可以在i_d-i_q图中找到对应的i_d、i_q电流值，使电动机在该工作点运行于最佳状态。

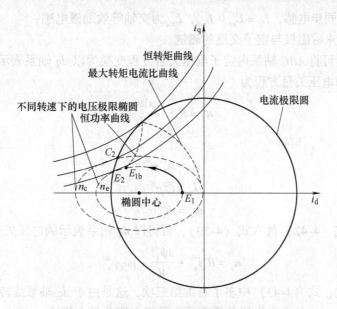

图 4-23 弱磁 B 区定子电流矢量运行控制模式

4.4.4 永磁同步电动机的控制

永磁同步电动机控制技术目前主要有直接转矩控制和矢量控制。矢量控制通过坐标变换实现对交流电动机磁链和转矩的解耦，可以在保持磁场定向的情况下模仿直流电动机的转矩控制，因而使得交流电动机的动态性能够与直流电动机相媲美。这里采用矢量控制来分析永磁同步电动机。

1. 定子磁链和电压方程

如图 4-24 所示，将单轴线圈 s 分解为 dq 轴系上的双轴线圈 d_1 和 q_1，每个轴线圈的有效匝数仍与单轴线圈相同。这相当于将定子电流矢量 i_s 分解为

$$i_s = i_d + ji_q \tag{4-34}$$

根据双反应理论，可分别求得 $i_d(f_d)$ 和 $i_q(f_q)$ 产生的电枢反应磁场，即有

$$\psi_{md} = L_{md} \times i_d \tag{4-35}$$

$$\psi_{mq} = L_{mq} \times i_q \tag{4-36}$$

式中 L_{md}、L_{mq}——直轴、交轴等效励磁电感，且 $L_{md} < L_{mq}$。

于是，定子磁场在 d、q 轴方向上的分量分别为

$$\psi_d = L_d i_d + \psi_f \tag{4-37}$$

$$\psi_q = L_q i_q \tag{4-38}$$

式中 L_d——直轴同步电感，$L_d = L_{s\sigma} + L_{md}$，$L_{s\sigma}$ 为相绕组的漏电感，L_{md} 为直轴等效励磁电感；

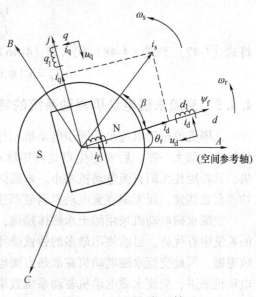

图 4-24 同步旋转 dq 轴系

L_q——交轴同步电感，$L_q = L_{s\sigma} + L_{mq}$，$L_{mq}$ 为交轴等效励磁电感；

ψ_f——转子永磁磁极与定子交链的磁链。

通过矢量变换可将 ABC 轴系内定子电压矢量方程变换为以 dq 轴系表示的矢量方程。ABC 轴系下的电压矢量方程为

$$u_s = R_s i_s + \frac{d\psi_s}{dt} \tag{4-39}$$

利用变换因子 $e^{j\theta_r}$，可得

$$u_s = u_s^{dq} e^{j\theta_r} \tag{4-40}$$

$$i_s = i_s^{dq} e^{j\theta_r} \tag{4-41}$$

$$\psi_s = \psi_s^{dq} e^{j\theta_r} \tag{4-42}$$

将式（4-40）~式（4-42）代入式（4-39），可得以 dq 轴系表示的电压矢量方程为

$$u_s = R_s i_s^{dq} + \frac{d\psi_s^{dq}}{dt} + j\omega_r \psi_s^{dq} \tag{4-43}$$

与式（4-39）相比，式（4-43）中多了右端第三项，这是由于 dq 轴系旋转而产生的。

将式（4-43）中的各式以坐标分量表示，可得电压分量方程为

$$u_d = R_s i_d + L_d \frac{di_d}{dt} - \omega_r L_q i_q \tag{4-44}$$

$$u_q = R_s i_q + L_q \frac{di_q}{dt} + \omega_r (L_d i_d + \psi_f) \tag{4-45}$$

2. 转矩方程

永磁同步电动机的电磁转矩方程为

$$T_e = p_0 \left[\psi_f i_s \sin\beta + \frac{1}{2}(L_d - L_q) i_s^2 \sin 2\beta \right] \tag{4-46}$$

在 dq 轴系中，有

$$i_d = i_s \cos\beta \tag{4-47}$$

$$i_q = i_s \sin\beta \tag{4-48}$$

将式（4-47）和式（4-48）代入式（4-46），可得电磁转矩方程：

$$T_e = p_0 [\psi_f i_q + (L_d - L_q) i_d i_q] \tag{4-49}$$

4.4.5 交流永磁电动机驱动系统的特点

无刷直流电动机与永磁同步电动机相比，前者的优点是控制器简单、输出转矩大；缺点是转矩脉动大一些。后者的优点是转矩脉动较小；但是控制器较复杂，对于同功率的电动机，其转矩比无刷直流电动机略小。永磁同步电动机利用矢量控制算法可以实现宽范围的恒功率弱磁调速，而无刷直流电动机弱磁调速方面还没有成熟的技术。

交流永磁电动机采用稀土永磁体励磁，具有效率高、功率密度大等特点，在中、小功率的系统中有优势。目前使用最多的钕铁硼稀土永磁电动机运行时的温升不能太高，否则会导致退磁，因此交流永磁电动机在散热方面也是一项非常重要的技术。总的来说，相对于励磁电动机来讲，交流永磁电动机驱动系统效率高、体积小、重量轻，在电动汽车中也得到了一定的应用，但该类驱动系统目前还存在成本高的缺点，在可靠性和使用寿命指标上也明显比感

应电动机差。另外,对于功率较大的永磁同步电动机(PMSM)和直流无刷电动机(BLDCM),要做到体积小、重量轻,尚存在一定的技术难度。

4.5 开关磁阻电动机驱动系统

4.5.1 开关磁阻电动机的结构

开关磁阻电动机(Switched Reluctance Motor,SRM)由双凸极的定子和转子组成。开关磁阻电动机结构示意图如图4-25所示。其中定子、转子均由普通硅钢片叠压而成,转子上既没有绕组也没有永磁体,定子各极上绕有集中绕组,直径方向相对应极的两个绕组串联成"一相"绕组。SRM可以设计成单相、两相、三相及多相等多种不同相数,且定子、转子极数有多种不同的搭配。常见的定子、转子极数组合方案见表4-8。

图4-25 开关磁阻电动机结构示意图
1—定子 2—转子 3—轴承 4—机座 5—风扇 6—轴承 7—端盖

表4-8 SRM 的极数组合方案

相 数	1	2	3	4	5	6	7	8	9
定子极数 N_s	2	4	6	8	10	12	14	16	18
转子极数 N_r	2	2	4	6	8	10	12	14	16

SRM结构简单,性能优越,应用可靠性高,覆盖功率范围为10W~5MW的各种高低速驱动调速系统。SRM存在许多潜在的领域,在各种需要调速和高效率的场合均能得到广泛使用(电动车驱动、通用工业、家用电器、纺织机械、电力传动系统等各个领域)。

4.5.2 开关磁阻电动机的工作原理

SRM的运行遵循"磁阻最小原理",即磁通总是沿着磁阻最小的路径闭合。由于转子沿磁阻最小的位置移动,使转子的主轴线与磁场的轴线重合。

利用齿极间的吸引力拉动转子旋转。定子六个齿极上绕有线圈,径向相对的两个线圈连接在一起,组成"一相",该电动机有3相,结合定子与转子的极数就称该电动机为三相6/4结构。

为方便分析磁路,可将相对的相分别标为 A、B、C 相,各相线圈由开关控制电流通断,约定转子起动前的转角为 0°。A 相线圈接通电源产生磁通,磁力线从最近的转子齿极通过转子铁心,磁力线可看成是极有弹力的线,在磁力的牵引下转子开始沿逆时针方向转动;磁力一直牵引转子转到 30° 为止,到了 30° 转子不再转动,此时磁路最短。

为了使转子继续转动,在转子转到 30° 前已切断 A 相电源,在 30° 时接通 B 相电源,磁通从最近的转子齿极通过转子铁心,于是转子继续转动,磁力一直牵引转子转到 60° 为止。在转子转到 60° 前切断 B 相电源,在 60° 时接通 C 相电源,磁通从最近的转子齿极通过转子铁心,转子继续转动,磁力一直牵引转子转到 90° 为止。

当转子转到 90° 前切断 C 相电源,转子在 90° 的状态与前面 0° 开始时一样,重复前面过程,接通 A 相电源,转子继续转动,这样不停地重复下去,转子就会不停地旋转。开关磁阻电动机的工作原理如图 4-26 所示。

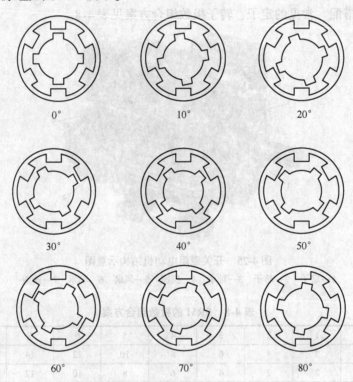

图 4-26 开关磁阻电动机的工作原理

4.5.3 开关磁阻电动机的运行特性

4.5.3.1 开关磁阻电动机的基本方程

(1) 开关磁阻电动机的电压

$$u = Ri + L(\theta)\frac{di}{dt} + i\frac{dL(\theta)}{d\theta}\omega \tag{4-50}$$

式中 u——相电压(V);
R——绕组电阻(Ω);

$L(\theta)$——电感（H）；

θ——转子位置角；

i——相电流（A）；

ω——角速度（rad/s）。

若忽略磁路的非线性，转子齿宽大于定子齿宽，定子绕组电感与转子位置的关系曲线如图4-27所示。图中，θ_1为转子凸极前沿与定子凸极后沿对准处；θ_2为转子凸极前沿与定子凸极前沿对准处；θ_3为转子凸极后沿与定子凸极后沿对准处；θ_4（θ_{-1}）为转子凸极后沿与定子凸极前沿对准处。

1) 在$\theta_{-1} \sim \theta_1$之间，定子凸极与转子槽相对，此时，磁阻最大，相电感保持最小值L_{min}不变。

2) 在$\theta_1 \sim \theta_2$之间，从转子凸极前沿与定子凸极后沿对准开始，随着转子的转动，两者重叠面增加，磁阻逐渐减小，相电感逐渐增加，直到全部重叠，磁阻最小，相电感达到最大值L_{max}。

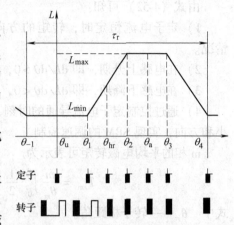

图4-27 定子绕组电感与转子位置的关系

3) 在$\theta_2 \sim \theta_3$之间，定子、转子凸极全部重叠，相应的定子、转子凸极间磁阻恒为最小值，相电感保持最大值L_{max}不变。

4) 在$\theta_3 \sim \theta_4$之间，从转子凸极后沿与定子凸极后沿对准开始，随着转子的转动，两者重叠面减小，磁阻逐渐增大，直到两者无重叠区域，磁阻最大，相电感达到最小值L_{min}。

若考虑磁路饱和的影响，定子绕组电感与转子位置的关系曲线如图4-28所示。电感的最大值随电流的增加而减小。

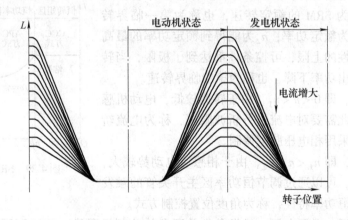

图4-28 定子绕组电感与转子位置的关系曲线（考虑磁路饱和）

(2) 开关磁阻电动机的相电流

$$i = \frac{u}{\omega} f(\theta) \tag{4-51}$$

式中 $f(\theta)$——电动机结构参数、转子位置、触发角和关断角的函数。

（3）开关磁阻电动机的电磁转矩　若不考虑磁路饱和，电感与绕组电流的大小无关，则电磁转矩为

$$T(\theta,i) = \frac{\partial W'(\theta,i)}{\partial \theta}\bigg|_{i_{\text{const}}} = \frac{1}{2}i^2\frac{\mathrm{d}L}{\mathrm{d}\theta} \quad (4\text{-}52)$$

由式（4-52）可知：

1) 定子电流恒定时，转矩的方向与电流的方向无关，仅取决于电感随转角的变化情况。

2) 在电感上升期，即 $\mathrm{d}L/\mathrm{d}\theta > 0$，产生正转矩，处于电动机状态。

3) 在电感下降期，即 $\mathrm{d}L/\mathrm{d}\theta < 0$，产生负转矩，处于发电机状态。

4) 通过控制定子电流导通的时刻、相电流脉冲的幅值和宽度，即可控制 SRM 转矩的大小和方向，实现 SRM 的调速控制。

m 相的平均电磁转矩可表示为

$$T_{\text{em}} = \frac{m}{\theta_{\text{rr}}}\int_0^{\theta_{\text{rr}}} \frac{1}{2}\frac{\partial L}{\partial \theta}\mathrm{d}\theta = \frac{mu^2}{\theta_{\text{rr}}\omega^2}\int_0^{\theta_{\text{rr}}}\frac{1}{2}f^2(\theta)\frac{\partial L}{\partial \theta}\mathrm{d}\theta \quad (4\text{-}53)$$

式中　θ_{rr}——转子极距角。

如果 SRM 的相电压、触发角和关断角给定，则平均电磁转矩可表示为

$$T_{\text{av}} = \frac{C}{\omega^2} \quad (4\text{-}54)$$

由式（4-54）可以看出，SRM 的转矩与转速的二次方成反比，与串励直流电动机的特性相似。

4.5.3.2　开关磁阻电动机的机械特性

SRM 的机械特性可分为三个区域：恒转矩区、恒功率区和自然特性区（串励特性区），如图 4-29 所示。图中 n_1 为 SRM 开始运行于恒功率特性的临界转速，定义为 SRM 的额定转速，也称为第一临界转速，对应功率即为额定功率；n_2 为能得到额定功率的最高转速，恒功率特性的上限，可控条件都达到了极限，当转速再增加时，输出功率下降，也称为第二临界转速。

在恒转矩区，即 $0 < n < n_1$，由于转速较低，电动机感应电动势小，因此需要对电流进行斩波限幅，称为电流斩波控制方式，或采用相电压脉宽调制。

在恒功率区，即 $n_1 < n < n_2$，由于相感应电动势较大，相电流幅值受限，可以通过调节恒功率区主开关管的触发角和关断角得到恒功率特性，称为角度位置控制方式。

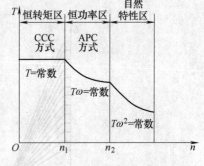

图 4-29　SRM 的机械特性

在自然特性区，电源电压、触发角和关断角均达到极限值，SRM 不再保持恒功率运行特性，转矩和功率快速下降。由于自然特性与串励直流电动机的特性相似，故也称为串励特性区。

4.5.4　开关磁阻电动机控制系统

一种常见的四相开关磁阻电动机驱动系统主电路如图 4-30 所示，图中，A、B、C、D

为电动机相绕组,$S_a \sim S_d$ 为各对应相的主开关器件,$VD_a \sim VD_d$ 为对应的续流二极管。

开关磁阻电动机调速系统主要由开关磁阻电动机、功率变换器、控制器和位置传感器四大部分组成,如图4-31所示。

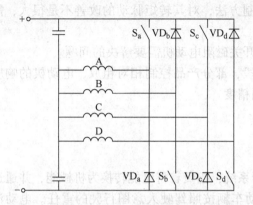 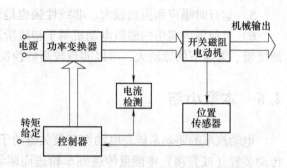

图4-30 四相开关磁阻电动机驱动系统主电路　　图4-31 开关磁阻电动机调速系统基本构成

功率变换器用于向开关磁阻电动机提供运转所需的能量,由蓄电池或交流电经整流后得到的直流电供电,开关磁阻电动机绕组电流是单向的。控制器用于综合处理指令、速度、电流和位置传感器的反馈信号,控制功率器件的工作状态,实现对开关磁阻电动机状态的控制。

4.5.5 开关磁阻电动机驱动系统的特点

低于三相的开关磁阻电动机一般无自起动能力,相数多、步距角小,有利于减小转矩脉动,但结构复杂、主开关器件多、成本增高。目前应用较多的是三相6/4极结构和四相8/6极结构。

开关磁阻电机的主要优点如下:

1) 结构简单,价格便宜,电动机的转子没有绕组和磁铁。

2) 电动机转子无永磁体,允许较高的温升。由于绕组均在定子上,电动机容易冷却,效率高,损耗小。

3) 转矩方向与电流方向无关,只需单方相绕组电流,每相一个功率开关,功率电路简单可靠。

4) 转子上没有电刷,结构坚固,适用于高速驱动。

5) 转子的转动惯量小,有较高的转矩惯量比。

6) 调速范围宽,控制灵活,易于实现各种再生制动能力。

7) 可在频繁起动(1000次/h)、正向反向运转的特殊场合使用。

8) 起动电流小,起动转矩大,低速时更为突出。

9) 电动机的绕组电流方向为单向,电力控制电路简单,具有较高的经济性和可靠性。

10) 可通过机和电的统一协调设计满足各种特殊使用要求。

开关磁阻电动机的缺点如下:

1) 由于工作原理,如果需要开关磁阻电动机运行稳定可靠,则必须使电动机与控制配合得很好。

2）因其要使用位置传感器，增加了结构复杂性，降低了可靠性。

3）对于电动机本身而言，转矩脉动大是其固有的缺点；在电动机工作远离设计点的时候，转矩脉动大会体现得更加明显。

4）如果单纯使用电流斩波或最优导通角控制方法，对其转矩脉动的改善不是很大，需要加入更加复杂的算法。

5）运行时噪声和振动较大、非线性强也是开关磁阻电动机需要解决的问题。

6）目前国内实用的磁阻电动机属于初级阶段，部分产品控制相对粗放，电动机的响应速度慢、低速下的脉动大，难以实现较高的控制精度。

4.6 本章小结

电动汽车的驱动系统是电动汽车最关键的子系统，担负着将电能转换为机械能，并通过传动装置（或直接）将能量传递到车轮进而驱动车辆按照驾驶人意图行驶的重任。电动汽车对驱动系统的要求：高可靠性，高性能，高效率，低成本，调速范围宽。

目前比较常见的电动汽车驱动系统有四种：直流电动机驱动系统、交流感应电动机驱动系统、交流永磁电动机驱动系统和开关磁阻电动机驱动系统。其中，交流感应电动机驱动系统的性能价格比最高，最值得在大功率电动汽车上优先推广应用。直流电动机驱动系统由于成本低、技术成熟，在目前或今后相当一段时期内仍将广泛应用，但随着功率半导体器件性能的不断提高及价格的大幅度降低，在电动汽车上，直流电动机驱动系统的使用范围将逐渐缩小。随着成本的降低和可靠性的进一步提高，永磁同步电动机驱动系统在电动汽车上将得到广泛应用，特别是小功率的永磁同步电动机驱动系统。开关磁阻电动机结构最为简单，适于高速运行，调速控制比较容易，但是电磁噪声和转矩脉动仍然是开关磁阻电动机面临的两大问题。就电动机而言，交流感应电动机和开关磁阻电动机转子结构简单、坚固，可以免维护，允许高速旋转。与同容量直流电动机相比，具有体积小、重量轻、价格便宜的优点，因此电动汽车采用交流驱动是一个发展方向。

习 题

1. 电动汽车对驱动电机的要求主要体现在哪些方面？
2. 总结电动汽车常用的直流电动机、交流感应电动机、交流永磁电动机和开关磁阻电动机各自的优缺点。
3. 列举直流电动机、交流感应电动机、交流永磁电动机和开关磁阻电动机常用的控制方法。

第5章

动力电池

5.1 概述

1859年法国科学家普兰特（Plante）发明的铅酸电池是世界上第一个可充电的电池。1889~1901年瑞典的扬格纳（Jungner）和美国的爱迪生先后研制成功了镍铁电池和镍镉电池。这些电池在实际应用中都经历了数次结构、工艺、材料方面的改进，性能得到大幅度提高，随着20世纪80年代镍氢电池（全称为金属化物镍电池）问世以及20世纪90年代锂离子电池出现，电池的性能和寿命有了长足进步，同时，电池从研制成功到规模化生产的周期也大大缩短。至今，在电动汽车上普遍使用的电池有铅酸电池、镍氢电池和锂离子电池等。

铅酸电池由于安全耐用、价格低廉，在被发明后的近一个世纪里曾是电动车辆动力电源的首选方案。镍铁电池结构坚固，使用寿命长，也曾经成功应用到叉车、送奶车等电动车辆上。但是，由于这两种电池的能量密度和功率密度较低，造成电池组质量和体积过大，在电动汽车中的使用日益减少。镍镉电池的性能显著优于铅酸电池，曾经在电动车辆上较大批量应用，但由于存在重金属镉污染，目前在电动汽车的能源系统中已较少应用。

钠-氯化镍（ZEBRA）电池具有较高的能量密度，从20世纪70年代开始研究ZEBRA电池在电动汽车上的应用，但是ZEBRA电池的最大缺点是工作温度在270℃以上，从而限制了它在电动汽车上的应用。镍氢电池的能量密度和功率密度优于铅酸电池和镍镉电池，在混合动力电动汽车上得到了一定的应用。

锂离子电池出现在20世纪90年代，根据正极材料的不同，分为钴酸锂锂离子电池、锰酸锂锂离子电池、磷酸铁锂锂离子电池和三元材料锂离子电池等。根据所用电解质材料不同，分为液态锂离子电池（Lithium-Ion Battery，LIB）和聚合物锂离子电池（Polymer Lithium-Ion Battery，PLIB）两大类。

所有这些汽车用动力电池虽然在品种、性能和技术上都在不断进步和发展，但仍不能完全满足电动汽车的使用要求，其存在的问题可归纳如下。

（1）能量密度低　电池质量能量密度和体积能量密度都很低，其中铅酸电池质量能量密度为35~40W·h/kg，锂离子电池质量能量密度可达200W·h/kg，而汽油则为10000~12000 W·h/kg，一辆小汽车携带50kg的汽油可以行使600km以上，而同类型的电动汽车携带400kg的铅酸电池一次充电只能行驶100km左右。

由于电池的能量密度低，汽车不得不携带大量的电池。如美国通用汽车公司研制的纯电动轿车EV-1，整车自重为998kg，铅酸电池组重量为395kg，整车自重与电池重量的比例约为5∶2。由于汽车自重过大，一方面使电池所储存电能的一部分消耗在电池自重上，降低了汽车运行效率；同时也降低了汽车的使用性能，如加速能力、最高车速、最大爬坡度、制动性能等。另外，这也给整车设计增加了很大难度。

（2）快速充电接受能力差，充电时间长　从目前电池的充电接受能力以及智能充电设备来看，还很难做到像内燃机汽车加油那样快速地为电动汽车电池组充电。目前锂离子电池为了安全及保障电池使用寿命，推荐使用C/3的电流充电，这里的C是指标准充放电倍率，这样完全放电的电池充满电至少需要3h。按照目前锂离子电池的充电接受能力，一般是需要3~5h，即使采用比较快速的1C恒流充电，也需要1h以上。充电时间长是电动汽车推广的另一个难题。

（3）电池价格昂贵　如果采用相对便宜的铅酸电池，一辆轻型电动客车所需电池组的价格近2万元，但一次充电却只能行驶不到100km。使用锂离子电池的电动汽车，虽然一次充电续驶里程比铅酸电池大大提高，但目前价格比铅酸电池高出几倍甚至十几倍。

（4）汽车电动辅助系统的使用受到限制　因为电动汽车中电池所能携带的电能有限，所以不得不对电能的使用进行考虑。车用电动辅助系统（如电动空调、动力转向、制动系统等）的选用必须充分考虑对电动车电池系统的影响。

随着电池技术的发展，电池性能已经取得长足进步，上述问题对电动汽车发展的制约程度在不断降低。

5.2　动力电池的基本术语

1. 电压

电池两极之间的电位差，称为电池的电压。电池电压的常用名称有开路电压、理论电压、负载电压、标称电压、终止电压及工作电压等。在定义和数值上有较大差异。

（1）开路电压　即电池开路时，正负极之间的电位差。开路电压受电池的荷电状态影响。

（2）理论电压　即电池的电动势，是电池正极理论电动势与负极理论电动势之差。

（3）负载电压　即电池输出电流时两极间的电位差，负载电压也称为放电电压或工作电压。在电池开始放电的初始瞬间达到稳定时刻的负载电压，称为初始电压，有时也称为负载起动电压。

（4）标称电压　有时也称为公称电压，用来鉴别电池类型的适当电压近似值。或者说，在规定条件下电池工作的标准电压。常用铅酸电池的标称电压为2.0V，Ni-MH、Ni-Cd电池的标称电压为1.2V，磷酸铁锂电池的标称电压为3.2V，锰酸锂和钴酸锂电池及三元材料锂离子电池的标称电压为3.6V。

（5）终止电压　通常是指放电终止电压，即认为电池放电终止时的规定电压。放电电流、环境温度等影响放电的终止电压，低于此电压电池就会出现过放电。

2. 放电制度

电池的放电制度是指电池放电时所规定的放电速度、放电温度和终止电压。

（1）放电速度　通常称为放电率，以放电时率和放电倍率表示。是以放电时间的长短或放电电流的大小来表示电池的放电速度，即在规定的时间内或以恒定的电流值放电，使电池放出全部的额定容量。

（2）放电温度　放电时电池所处的环境温度，称为放电温度。在放电或充电开始时，电池的温度称为初始温度。

(3) 终止电压 当达到电池放电截止条件时，终止对电池的放电称为放电截止。放电截止可以有效地保护电池，防止电池出现过放电。过放电导致的严重后果是，它可能引起电池负极碳层结构崩塌，锂离子无法嵌入，从而导致不可恢复的电池性能损失和使用寿命的降低。因此，必须根据电池的特性制定合适的放电截止条件，保证电池在出现一个电极过放电之前就终止放电，从而保护电池。

3. 容量

电池的容量是指充满电的电池在指定的条件下放电到终止电压时输出的电量，单位为 A·h。关于电池的容量，有理论容量、i 小时率放电容量、额定容量、实际容量和剩余容量等概念。

(1) 理论容量 即假定电池中的活性物质全部参加成流反应，根据法拉第定律计算所能给出的电量。理论容量是电池容量的最大极限值。电池实际放出的容量只是理论容量的一部分。

(2) i 小时率放电容量 即在恒流放电的条件下，正好用 i 小时把充满电的电池放电到终止电压时能够放出的电量，通常用 C_i 表示。通常起动电池用 C_{20} 表示，牵引电池用 C_5 表示，电动汽车用电池用 C_3 表示。

(3) 额定容量 即在规定条件下电池应放出的电量。额定容量是制造厂标明的安时容量，作为验收电池质量的重要指标。GB/T 31484—2015 规定，使用 1 小时率放电容量来定义电动道路车辆用动力蓄电池的额定容量。

(4) 实际容量 即充满电的电池在一定条件下所能输出的电量，它等于放电电流和放电时间的乘积。

(5) 剩余容量 即电池经过使用后，在指定的放电率和温度状态下可以从电池中放出的电量。

4. 能量

电池的能量是指在按一定标准所规定的放电制度下，电池所输出的电能，单位为 W·h 或 kW·h。假设电池在放电过程中始终处于平衡状态，其放电电压保持为电动势（E）的数值，活性物质的利用率为 100% 时电池所输出的能量为理论能量 W_0。

$$W_0 = nFE = C_0 E \tag{5-1}$$

式中 C_0——电池的理论容量；

n——电子转移数；

F——法拉第常数。

实际能量是电池放电时实际输出的能量。它在数值上等于电池实际容量与电池平均工作电压（E_p）的乘积，即

$$W = CE_p \tag{5-2}$$

5. 能量密度

电池的能量密度有质量能量密度和体积能量密度之分。质量能量密度是指电池单位质量所能输出的电能，单位为 W·h/kg；体积能量密度是指电池单位体积所能输出的电能，单位为 W·h/L。用 W' 表示能量密度，其计算式为

$$W' = \frac{W}{G} \text{ 或 } W' = \frac{W}{V} \tag{5-3}$$

式中　G——电池质量；
　　　V——电池体积。

6. 功率与功率密度

电池的功率是指在一定的放电制度下，单位时间内电池输出的能量，单位为 W 或 kW。单位质量的电池输出的功率称为质量功率密度，单位为 W/kg。单位体积的电池输出的功率称为体积功率密度，单位为 W/L。比功率的大小表征电池所承受的工作电流的大小，是体现电池性能的一项重要指标。

对于确定的电化学体系而言，电池能够提供的最大输入与输出功率总体上与电池内阻和工作温度密切相关，而电池内阻的大小则与电池所采用的材料和电池结构设计有关，电池正、负极材料的电化学活性、粒度与粒度分布、结构组成与表面形貌、材料导电性、黏合剂及添加剂等电极工艺因素都对电池的内阻起重要影响。同时，电池反应有效电极面积（高功率条件下的电极电流密度大小及其分布）、电极与电池汇流结构方式、单体与电池组系统热管理等电池结构和工艺条件因素，也同样制约和影响电池的高功率特性。

一般的功率和比功率是指电池放电的情况。但对于电动汽车用电源系统来说，还有必要考察电池的充电比功率，尤其是对于混合电动车，需考察其瞬间接受输入功率的能力。

7. 荷电状态

电池的荷电状态（State of Charge，SOC）描述电池剩余容量占额定容量的百分比。工作过程中电池的荷电状态由式（5-4）计算。

$$SOC = SOC_0 + \frac{\int_0^t I_{\text{bat}} \mathrm{d}t}{C} \times 100\% \tag{5-4}$$

式中　SOC_0——电池的初始 SOC；
　　　I_{bat}——t 时刻电池的工作电流，充电时为正，放电时为负（A）；
　　　t——充放电时间（h）；
　　　C——电池的额定容量（A·h）。

8. 放电深度

电池的放电深度（Depth of Discharge，DOD）是电池已经放出的电量与电池额定容量的比值，其数学表达式为

$$DOD = 100\% - SOC = 100\% - \left(SOC_0 + \frac{\int_0^t I_{\text{bat}} \mathrm{d}t}{C} \times 100\%\right) \tag{5-5}$$

式中的 t 和 C 与式（5-4）的相同。

9. 充电效率

在规定条件下，蓄电池放电期间给出的容量与恢复到放电前的状态所需充电的电量之比，称为充电效率。

蓄电池在实际工作中，无论是充电过程还是放电过程，都不可避免地有一部分容量损失。充电效率可以定量地衡量蓄电池充电时的容量损失程度。这里的充电效率是指容量效率，或者库仑效率，而不是能量效率。通常 Ni-MH 电池的充电效率可以达到 90% 以上，锂离子电池的接近 100%，而能量效率相对要低得多。两种效率之间主要是有充放电电压的差别。

$$库仑效率 = \frac{放电容量}{充电容量} \times 100\% \tag{5-6}$$

$$能量效率 = \frac{放电能量}{充电能量} \times 100\% = \frac{放电容量 \times 放电平均电压}{充电容量 \times 充电平均电压} \times 100\% \tag{5-7}$$

10. 电池失效与记忆效应

在规定条件下，当电池达不到预定特性水平工作时，称为电池失效。电池失效可分为可逆失效（暂时失效）和不可逆失效（永久失效）。电池失效后可用一般的恢复性措施重新恢复其性能的，称为可逆失效。若不能恢复，称为不可逆失效。

电池长时间经受特定的工作循环后，自动保持这一特定的电性能倾向，称为记忆效应。此时电池出现明显的容量损失、放电电压下降。通常是由长时间的浅充浅放循环引起的，经过数次恢复性的全充全放循环后，电池性能得到恢复，记忆效应可以消除。

一般镍镉电池存在比较严重的记忆效应。镍氢电池有记忆效应，但表现得不明显，可以忽略。锂离子电池、铅酸电池不存在记忆效应。

例如，镍镉电池以40%的放电深度反复使用后，进行全放电时不能放出所有的电量，并且放电电压平台会有下降，只有经过多次全充放后，电池的容量才能全部恢复。

11. 内阻

内阻是指电流通过电池时所受到的阻力，它包括欧姆内阻和电极在电化学反应时所表现的极化电阻两部分。欧姆内阻主要由电极材料、电解液、隔膜的电阻及各部分零件的接触电阻组成。极化电阻是指化学电源的正负极在进行电化学反应时所引起的内阻，包括由于电化学极化和浓差极化所引起的电阻，与活性物质的本性、电极结构、电池制作工艺有关。

每个电池都有内阻。不同类型的电池内阻不同。相同类型的电池，由于内部化学特性的不一致，内阻也不一样。电池的内阻很小，一般用 $\mu\Omega$ 或者 $m\Omega$ 单位来定义。内阻是衡量电池性能的一个重要技术指标。正常情况下，相同类型的电池，内阻小的大电流放电能力强，内阻大的大电流放电能力弱。

电池寿命初期的内阻是比较小的，但经过长期使用后，由于电池内部电解液的枯竭以及电池内部化学物质活性的降低，内阻会逐渐增加，直到内阻大到电池内部的电量无法正常释放出来，此时电池寿命也就终止了。

内阻不是一个固定的数值。电池处于不同的电量状态时，它的内阻值不一样；电池处于不同的使用寿命状态下，它的内阻值也不同。从技术的角度出发，一般把电池的内阻分为两种状态考虑：充电态内阻和放电态内阻。充电态内阻是指电池完全充满电时所测量到的电池内阻；放电态内阻是指电池充分放电后（放电到标准的截止电压时）所测量的电池内阻。一般情况下放电态内阻是不稳定的，测量的结果也比正常值高出许多，而充电态内阻相对比较稳定。

内阻无法用常规的方法进行精确测量。在一般的测量场合，要求电池的内阻测量精度误差必须控制在±5%以内。如此小的阻值和如此精确的要求必须用专用仪器来进行测量。行业应用中，电池内阻的精确测量是通过专用设备进行的。目前电池内阻测量方法主要有以下两种。

1）直流放电内阻测量法。根据物理公式 $R = U/I$，测试设备让电池在短时间内（一般为 $2\sim 3s$）强制通过一个很大的恒定直流电流，测量此时电池两端的电压，并按公式计算出当前的电池内阻。这种测量方法的精确度较高，控制得当的话，测量精度误差可以控制在0.1%以内。但此法有明显的不足之处：只能测量大容量电池或者蓄电池，小容量电池无法在2~3s内承担负荷为40~80A的大电流；当电池通过大电流时，电池内部的电极会发生极化现象，产生极化内阻，故测量时间必须很短，否则测出的内阻值误差很大；大电流通过电池对电池内部的电极有一定损伤。

2）交流压降内阻测量法。电池实际上等效于一个直流电压源与一个电阻串联连接，因此给电池施加一个固定频率和固定电流（目前一般使用1kHz频率，50mA小电流），然后对其电压进行采样，经过整流、滤波等一系列处理后通过运放电路计算出该电池的内阻值。交流压降内阻测量法的测量时间极短，一般在100ms左右，测量精度误差一般为1%~2%。此法的优点在于，可以测量几乎所有的电池，包括小容量电池。缺点是交流压降内阻测量法的测量精度很可能会受到纹波电流的影响，同时还有谐波电流干扰的可能。这对测量仪器的抗干扰能力是一个考验。用此法测量，对电池本身不会有太大的损害。交流压降内阻测量法的测量精度不如直流放电内阻测量法。

无论是上述哪一种方法，都存在一些很容易被忽视的问题，那就是测试仪器本身的元件误差和用于连接电池的测试线缆问题。因为要测量的电池的内阻很小，线路的电阻就要考虑进去。一条短短的从仪器到电池的连接线本身也存在电阻（大约是微欧级），还有电池与连接线的接触面也存在接触电阻，这些因素必须都在仪器的内部事先做好误差调节。因此，正规的电池内阻测试仪一般都配有专用的连接线和电池固定架。

12. 低温放电能力

动力电池在高温情况下的放电容量与常温放电容量接近甚至略高。但在低温条件下，粒子迁移速率变慢，其放电能力受到限制。低温放电能力一般为电池在常温条件下充满电后，在规定的温度（-20℃或-30℃）下搁置一段时间，按照规定的电流放电至终止电压所能放出的电量占常温容量的百分比。

13. 循环使用寿命（Cycle Life）

电池的循环使用寿命是以电池充电和放电一次为一个循环，按一定测试标准，在电池容量降到某一规定值（GB/T 31484—2015规定为额定值的80%）以前，电池经历的充放电循环总次数。不同的应用要求，考核寿命的方法也不同。电动汽车用动力电池一般在80% DOD、常温条件下进行循环。电池的寿命直接影响电动汽车的使用成本。应当注意的是，单体电池的寿命并不能代表电源系统的寿命，电池成组后，由于温度、一致性、使用环境等原因，其使用寿命比单体电池的循环寿命要低得多，正常情况下电池组的寿命仅为单体电池寿命50%~80%。

14. 贮存

电池的贮存条件直接影响电池的使用寿命。电池贮存会使其性能发生衰减，电池的贮存条件包括电池的荷电量、贮存温度等，这都会影响电池贮存后的性能。一般在较低温度下贮存可以延长电池的贮存寿命。

15. 抗滥用能力（Abuse Tolerance）

抗滥用能力是指电池对短路、过充、过放、机械振动、撞击、挤压以及遭受高温和着火等非正常使用情况的容忍程度。

5.3 电动车辆对电池性能的要求

5.3.1 纯电动汽车对电池的要求

对于功率需求,电源系统在较低的 SOC 情况下(如 20%),应能满足电动机的驱动功率和所有传动装置中的功率损耗以及电子仪器设备功率损耗的总和。在较高的 SOC 下(如 80%),电源系统需要具有较高的回收制动功率的能力。电源系统的能量应能满足车辆行驶里程的要求。其总体要求如下:

1)电池组要有足够高的能量。一般电源系统连续放电电流不会超过 $1C$,正常为 $0.5C$。典型的峰值电流也不会超过 $3C$。
2)系统具有较高的输出功率。但对于电池来说,其相对输出功率能力并不高,如使用 $400A \cdot h$ 的电池组,要求最大的输出电流为 $600A$,也仅为 $1.5C$ 的放电倍率。
3)需要能承受较大的回馈制动电流。
4)在深度放电情况下循环寿命长,必要时能实现满负荷功率和全放电。
5)电池组体积和质量大,电池箱的设计、空间布置和安装需认真研究。
6)能够实现快速充电或快速更换。

5.3.2 混合动力电动汽车(HEV)对电池的要求

为了确保电动车合理的行驶性能,对其能源系统应具有以下要求:高能量比,以确保电动车达到合理的行驶里程;高功率比,确保加速和爬坡性;寿命长,免维护,成本低;自放电小;充电快,效率高,以提高车辆的使用效率和接受制动回收功率的能力;尺寸小;安全性好;可回收;更换简便。

从 HEV 的使用特点可以看出,电池是一个功率辅助系统,大部分放电是以大电流进行的,所以设计时应着重注意功率性能。HEV 循环几乎不要求电池完全充电或完全放电,所以多个电池一起应用通常存在的问题(充电电压升高而导致泄气、电池之间的不平衡、过放电等)较少。主要问题是电池的失效、整体的可靠性及电流分布,以及大电流长时间循环下的温度控制。最可能的失效是随着循环进行电池充放电功率性能的降低。因为许多电池串联一起使用,所以对电池的一致性要求很高。丰田公司的普锐斯电动车需要 240 个电池串联,以前若一个电池出现故障,需要替换全部 240 个电池,后来进行了改进,设计了 6 单体电池组件,可以简单地更换失效电池,并且由于缩短了电流路径,比功率较采用圆柱电池提高了 67%。为了提高能量利用效率,充电能量转换效率要高。另一个很重要的问题是电池管理系统方面的问题,包括 SOH、SOC 水平的判断,其精确的判断不仅决定了 HEV 电池系统可使用的时间,也决定其工作状态的好坏。其他如安全性能、热特性等也是很有必要的。

各种 HEV 对电源系统的总体要求如下:

1)串联式 HEV 完全由电动机驱动,内燃机-发动机总成与电池组一起提供电动机需要的电能,电池 SOC 处于较高水平,对电池系统功率的要求与纯电动汽车相似,但容量要更低。
2)并联式 HEV 的内燃机和电动机都可以直接对车轮提供驱动力,整车的驾驶要求可以由不同的动力组合结构来满足。电池的容量可以更小,但是电池组瞬时提供的功率要满足汽车加速或爬坡要求,电池的最大放电电流有时可能达到20C以上。

3)电池的峰值功率要求大,能短时大功率放电。
4)较高的瞬间回馈功率。
5)循环寿命要长。
6)较高的能量效率。
7)需配备电池管理系统和热管理系统。
8)电池的SOC应保持在30%~80%。

具体的应用指标应根据车辆的设计要求来确定。

5.3.3 插电式混合动力电动汽车(PHEV)对电池的要求

PHEV与HEV最大的两个差异:①PHEV的电池容量较大,可以靠电力行驶较远的距离,燃油使用量与温室气体排放量都较低;②PHEV除了以发动机进行充电外,也可以用家用外接电源充电。PHEV与纯电动汽车的最大差异:具有混合电动模式,使用的电池容量比纯电动车的低,但功率要求高,在较低SOC时需要能承受较大电流的充电或放电。因此,对于PHEV所用的电池主要应当具有以下特点:

1. 性能

首先要保证PHEV有必要的动力性能指标和纯电动行驶里程,但又不增加太多的车辆重量,因此PHEV用动力电池必须具有足够高的能量密度和功率密度。电源系统具有的容量根据两种工作模式下的需求总容量决定,即满足纯电动行驶里程所需求的容量以及在电量保持模式行驶时所需求的最低SOC。对于功率性能,电源系统应在较低的SOC下能满足车辆的最大功率性能。由于PHEV所需电池容量大,对电池的比功率特性要求是,处于纯电动汽车要求的高能量和HEV要求的高功率之间,因为电池容量相对较大,电源的充放电倍率相对较低。若纯电动汽车要求高能量(低倍率)电池,HEV要求高功率(高倍率)电池,则PHEV要求的就是中倍率电池。

2. 寿命

PHEV用电池在低SOC时要有大功率输出(大电流放电)能力,为了回收制动能量,需要有较高的输入功率能力。这种工作状态对电池寿命会有比较大的影响。因此电池要能在SOC从100%到20%深放电工作时,仍能保证有很长的循环寿命。

3. 可靠的管理系统

要求有纯电动汽车和HEV应用的管理系统。实用的电池管理功能主要包括:数据采集、电池状态估计、热管理、安全管理和通信功能,其他扩展功能包括充电管理、数据显示和故障诊断等。

4. 成本

使用容量较大的电池,成本相应增加,因而对于整车的设计、电池的选择等更为重要,电池成本必须低到使用时的花费能够弥补购置时的费用。目前在PHEV上的应用主要为Ni-MH电池与锂离子电池。Freedom CAR针对PHEV应用的电源系统的性能目标见表5-1。

表 5-1 PHEV 用电源系统性能目标（2007 年）

项 目	单 位	最低 PHEV 电源	最大 PHEV 电源
纯电动里程	km	10	40
脉冲放电功率（2s/10s）	kW	50/45	46/38
峰值反馈脉冲功率（10s）	kW	30	25
最大电流（10s 脉冲）	A	300	300
总有效能量（CD 模式，10kW 倍率）	kW·h	3.4	11.6
总有效能量（CS 模式，10kW 倍率）	kW·h	0.5	0.3
最低能量效率	%	90	90
冷起动功率（-30℃）	kW	7	7
CD 循环寿命（完全放电）	次/MW·h	5000/17	5000/58
CS 循环寿命（50W·h 工况）	次	300 000	30 000
日历寿命	年	15	15
最大质量	kg	60	120
最大体积	L	40	80
工作电压范围	V	Max400 Min≥0.55V_{max}	Max400 Min≥0.55V_{max}
允许的最大自放电	W·h/天	50	50
30℃系统充电最大速率	kW	1.4（120V/15A）	1.4（120V/15A）
温度范围与功率能力 52℃，>100%有效功率 0℃，>50%有效功率 -10℃，>30%有效功率 -30℃，>10%有效功率	℃	-30~52	-30~52
贮存温度范围	℃	-46~66	-46~66
价格	美元	1700	3400

注：1. 价格栏中的数据为年产量达到 100000 辆时的价格。

2. CD（Charge Depleting）是电量消耗，CS（Charge Sustaining）是电量维持。

对于 PHEV 来说，电池的 P/E（功率/能量比）设计比较重要，直接影响整个电源系统的成本、效率等。根据车辆具体的性能目标要求，设计出能满足要求的最合适的产品。HEV 需要 P/E 较大的电源系统，电池的单位成本最高；纯电动汽车要求 P/E 较低的电源系统，电池单位成本相对最低；PHEV 对电池 P/E 的要求处于纯电动汽车和 HEV 之间。

5.4 锂离子动力电池

锂离子电池出现在 20 世纪 90 年代，在短短的十几年内锂离子电池技术飞速发展。许多国家和厂商对锂离子电池在电动车、航天和储能方面都表现出浓厚的兴趣和关注。

锂离子电池的优点主要体现在以下几方面：

1）电压高。锂离子电池的单体电压为 3.2 或 3.6V，而 Ni-MH 电池为 1.2V，因而具有更高的质量比能量。锂离子电池的实际质量比能量已经达到 140W·h/kg，体积比能量约为 300W·h/L，而常用的 Ni-Cd 电池的质量比能量和体积比能量分别是 40W·h/kg 和 125W·h/L。

2）储存和循环寿命长。在优良的环境下，可以储存 5 年以上。此外，锂离子动力电池负极采用最多的是石墨，在充放电过程中，Li$^+$ 不断地在正、负极材料中脱嵌，避免了 Li 负极内部产生枝晶而引起的损坏。循环使用寿命可以达到 1000~2000 次。

3) 荷电保持能力强。当温度为 (20±5)℃ 时,在开路状态下储存 30 天后,电池常温放电容量为额定容量的 85%。

4) 环境污染小。锂离子电池中不含镉、铅、汞等有害物质,对环境污染低。

5) 无记忆效应,可反复充放电使用。对纯电动汽车和 HEV 动力源的工作状态,这一点是至关重要的。

6) 工作温度范围广。锂离子电池通常在 -20~60℃ 的范围内正常工作,但温度变化对其放电容量影响很大。

锂离子电池的缺点体现在以下几方面:

1) 锂离子电池的内阻较大。由于锂离子电池的电解液为有机溶剂,其电导率远低于 Ni-MH 和 Ni-Cd 电池的水性电解液。

2) 充放电电压范围宽,必须设计特殊的保护电路来防止过充电和过放电。

3) 与普通电池相容性差。主要是由于电压相差较大的缘故。

4) 管理系统复杂。必须管理到每一节电池,否则一旦有一节电池过充就会造成整组电池失效或安全性问题。

5) 过充能力差。当充电电压高过一定值时,电解质会发生分解,产生大量热使电池失效。

5.4.1 锂离子电池的结构及工作原理

锂离子电池中的钴酸锂电池、锰酸锂电池、磷酸铁锂电池等都是 Li^+ 在正负极之间反复进行脱出和嵌入的一种高能二次电池。通常由下述元件组成:负极,在放电时发生氧化反应,应用较多的是碳材料;正极,放电时发生还原反应,采用较多的是过渡金属氧化物,如 $LiCoO_2$;电解液,为离子运动提供运输介质;隔膜,为正、负极提供电子隔离,通常用铝箔作为正极集流体。锂离子电池的工作原理如图 5-1 所示。

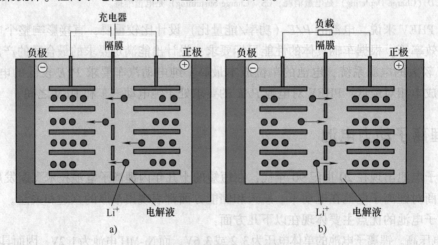

图 5-1 锂离子电池的工作原理
a) 充电 b) 放电

无论哪种锂离子电池,其基本工作原理是一样的,实际上是一种浓差电池。充电过程中,Li^+ 从正极脱嵌经过电解质嵌入负极,负极处于富锂态,正极处于贫锂态,同时电子的补偿电荷经外电路供给到碳负极，保持负极的电平衡。放电时则相反，Li^+从负极脱嵌，经过电解质嵌入正极，正极处于富锂态。在正常充放电情况下，锂离子在层状结构的碳材料和层状结构氧化物的层间嵌入和脱出，一般只引起层间距变化，在循环过程中正极材料是提供锂离子的源泉。

正极反应：

$$Li_{1-x}M_yX_z \underset{\text{放电}}{\overset{\text{充电}}{\rightleftharpoons}} Li_{1-x-\delta}M_yX_z + \delta Li^+ + \delta e^- \tag{5-8}$$

负极反应：

$$Li_x + C_n + \delta Li^+ + \delta e^- \underset{\text{放电}}{\overset{\text{充电}}{\rightleftharpoons}} Li_{x+\delta} + \delta C_n \tag{5-9}$$

电池总反应：

$$Li_{1-x}M_yX_z + Li_xC_n \underset{\text{放电}}{\overset{\text{充电}}{\rightleftharpoons}} Li_{1-x-\delta}M_yX_z + Li_{x+\delta}C_n \tag{5-10}$$

其中，M 表示金属离子，X 表示阴离子基团。

电池反应过程中无电解液消耗，也无气体产生，仅为 Li^+ 在正负极之间的移动，所以电池可以做成完全密封电池。另外，在正常条件下，电池充放电过程无副反应发生，所以锂离子电池的充电效率可以达到很高，甚至100%。

锂离子电池的内部基本结构（以 $LiFePO_4$ 为例）和外形如图5-2所示。

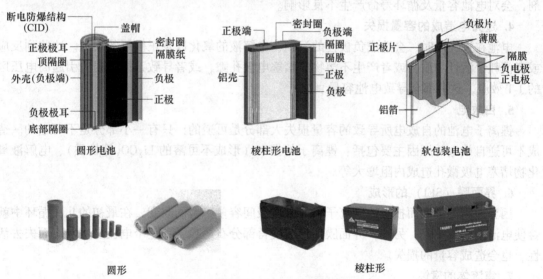

图5-2 锂离子电池的内部结构和外形

5.4.2 锂离子电池的失效机理

理想的锂离子电池，除了锂离子在正、负极之间嵌入和脱出外，还应不发生其他副反应，不出现锂离子的不可逆消耗。实际上，锂离子电池每时每刻都有副反应存在，也有活性物质不可逆的消耗，如电解液分解、活性物质溶解、金属锂沉积等，只不过程度不同而已。实际电池系统的每次循环中，任何能够产生或消耗锂离子或电子的副反应都可能导致电池容量平衡的改变。一旦电池的容量平衡发生改变，这种改变就是不可逆的，并且可以通过多次循环进行累积，对电池性能产生严重的影响。造成锂离子电池容量衰退的原因主要如下：

1. 正极材料的溶解

以尖晶石 $LiMn_2O_4$ 为例，Mn 的溶解是引起 $LiMn_2O_4$ 可逆容量衰减的主要原因。Mn 的溶解沉积造成正极活性物质减少；溶解的 Mn 游离到负极时会造成负极 SEI（Solid Electrolyte Interface）膜的不稳定，被破坏的 SEI 膜再形成时会消耗锂离子，造成锂离子的减少。Mn 的溶解是尖晶石锂离子电池容量衰减的重要原因，在这一点学术界已经基本达成共识，但是对于 Mn 的溶解机理却存在多种不同的解释。

2. 正极材料的相变化

一般认为，锂离子的正常脱嵌反应总是伴随着宿主结构摩尔体积的变化，引起结构的膨胀和收缩，导致氧八面体偏离球对称性并成为变形的八面体构型。这种现象称为 Jahn-Teller 效应（或 J-T 扭曲）。在 $LiMn_2O_4$ 电池中，J-T 效应所导致的尖晶石结构不可逆转变，也是容量衰减的主要原因之一。J-T 效应多发生在过放电阶段。在起始材料中加入过量的锂、掺杂 Ni/Co/Al 等阳离子或者 S 等阴离子可以有效地抑制 J-T 效应。

3. 电解液的分解

锂离子电池中常用的电解液主要包括由各种有机碳酸酯（如 PC、DMC、DEC 等）的混合物组成的溶剂以及由锂盐（如 $LiPF_6$、$LiClO_4$、$LiAsF_6$ 等）组成的电解质。在充电的条件下，电解液对含碳电极具有不稳定性，故会发生还原反应。电解液还原消耗了电解质及其溶剂，会对电池容量及循环寿命产生不良影响。

4. 过充电造成的容量损失

电池在过充电时，会造成负极锂的沉积、电解液的氧化以及正极氧的损失。这些副反应或者消耗了活性物质，或者产生不溶物质堵塞电极孔隙，或者导致正极氧损失引起高电压区的 J-T 效应，这些都会导致电池容量衰减。

5. 自放电

锂离子电池的自放电所导致的容量损失大部分是可逆的，只有一小部分是不可逆的。造成不可逆自放电的原因主要包括：锂离子的损失（形成不可溶的 Li_2CO_3 等物质）、电解液氧化物堵塞电极微孔造成内阻增大等。

6. 界面膜（SEI）的形成

因界面膜的形成而损失的锂离子将导致两极间容量平衡的改变，在最初的几次循环中就会使电池的容量下降。另外，界面膜的形成使得部分石墨粒子和整个电极发生隔离而失去活性，也会造成容量的损失。

7. 集流体的腐蚀

锂离子电池中的集流体材料常用铜和铝，两者都容易发生腐蚀，集流体的腐蚀会导致内阻增加，从而造成容量损失。

5.4.3 锂离子电池的电特性

1. 充放电特性

锂离子电池充电从安全、可靠及兼顾充电效率等方面考虑，通常采用两段式充电方法。第 1 阶段为恒流限压，第 2 阶段为恒压限流。锂离子电池充电的最高限压值根据正极材料不同而有一点的差别。锂离子电池基本充放电电压曲线如图 5-3 所示。图中曲线采用的充放电电流均为 0.3C。对于不同的锂离子电池，区别主要有两点：第 1 阶段恒流值，根据电池正极材料和制造工艺不同，最佳值存在一定的差别，一般采用的电流范围为 0.2～0.3C；不同锂离子电池在恒流时间上存在很大的差别，恒流可充入容量占总体容量的比例也存在很大的差别。从电动汽车实际应用的角度看，恒流时间越长，充电时间越短，更有利于应用。

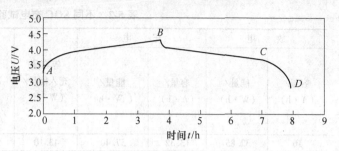

图 5-3 锂离子电池基本充放电电压曲线

锂离子电池放电在中前期电压稳定，下降缓慢，但在放电后期电压下降迅速，如图 5-3 中的 CD 段所示。在此阶段必须进行有效的控制，防止电池过放电，避免对电池造成不可逆性损害。

(1) 充电电流对充电特性的影响 以额定容量为 100A·h 的某锂离子电池为例，在 SOC=40%、恒温 20℃ 的情况下，采用不同充电率充电，得到充电曲线如图 5-4 所示。

如图 5-4 所示，随着充电电流的增加，恒流时间逐步减少，恒流可充入的容量和能量也逐步减少。在实际电池组应用中，可以锂离子电池允许的最大充电电流充电，达到限压后，再进行恒压充电，这样在减少充电时间的基础上，也保证了充电

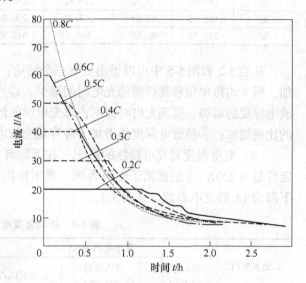

图 5-4 锂离子电池充电曲线

的安全性；另外，应综合考虑充电时间和效率，选择适中的充电电流以减少内阻能耗。

(2) 放电深度对充电特性的影响 在恒温环境（20℃）下，对额定容量为 100A·h 的锂离子电池在不同 SOC，以 0.3C 恒流限压进行充电。试验参数见表 5-2，充电曲线如图 5-5 所示。在图 5-5 中，曲线从左到右放电容量依次增加。

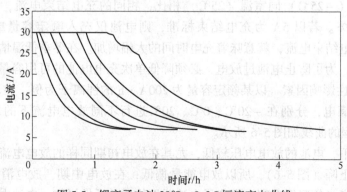

图 5-5 锂离子电池 20℃、0.3C 恒流充电曲线

表 5-2 不同 SOC 充电试验参数

放电 容量/(A·h)	放电 能量/(W·h)	充电 容量/(A·h)	充电 能量/(W·h)	等容量充入能量/(W·h)	充电时间/min	恒流时间/min	恒流充电容量/(A·h)	单位容量平均充电时间/min	等容量充放电效率(%)
10	32.85	13.32	57.40	43.10	58	3	1.5	5.80	76.2
20	65.12	22.78	98.32	86.32	119	6	3.0	5.95	75.4
30	95.86	30.91	133.10	129.20	151	12	6.0	5.03	74.2
40	122.03	40.12	169.60	164.98	171	18	9.0	4.28	74.0
50	159.07	50.32	220.52	214.47	218	34	17.0	4.36	74.2
60	188.33	60.08	263.39	260.99	252	45	22.5	4.20	72.2
80	249.76	80.35	344.4	342.90	318	72	35.76	3.98	72.8

从表 5-2 和图 5-5 中可以得出以下三个结论：①随放电深度的增加，充电所需的时间增加，但平均每单位容量所需的充电时间减少，即充电时间的增加同放电深度不成正比；②随放电深度的增加，恒流充电时间所占总充电时间的比例增加，恒流充电容量占所需充入容量的比例增加；③随放电深度的增加，等容量充放电效率有所降低，但降低幅度不大。

（3）充电温度对充电特性的影响　在不同环境温度下对锂离子电池进行充电，以某额定容量为 200A·h 的锂离子电池为例，采用恒流限压方式，记录充电截止条件是充电电流下限为 1A 的充电参数，见表 5-3。

表 5-3 不同温度电池充电参数

环境温度/℃	充电电流为 5A			充电电流为 1A		
	充入容量/(A·h)	充入能量/(W·h)	充电时间/h	充入容量/(A·h)	充入能量/(W·h)	充电时间/h
-25	118.09	516.81	9.0	147.08	640.79	21.0
-5	127.29	566.63	7.1	160.75	717.27	19.0
10	164.59	707.65	6.4	203.12	867.32	15.2
25	168.94	726.91	5.5	205.98	878.71	12.3

从表 5-3 中可以看出，随着环境温度的降低，电池的可充入容量明显降低，而充电时间明显增加。低温（-25℃）同室温（25℃）相比，相同的充电结束电流，可充入容量和能量降低 25%~30%。若以 5A 为充电结束标准，则电池仅充入额定容量或能量的 75%~85%。但降低充电结束电流，就意味着充电时间的大幅增加。在冬季低温情况下，电池可充入容量低，因此，为了防止电池过放电，必须降低单次充电电池的可用容量。

（4）放电特性影响因素　以某额定容量为 200A·h 的锂离子为例，在环境温度 20℃ 情况下，将电池充满电，分别在 -20℃、0℃、20℃ 进行不同放电电流下的放电试验。100A（$0.5C$）放电过程的曲线如图 5-6 所示。

在低温情况下，电池的放电电压较低，尤其在放电初期同样的放电电流下，电池电压将出现一个急剧的下降（图 5-6），所以放电能量偏低；在放电中期，放电消耗在电池内阻上的能量使得电池自身的温度升高，锂离子电池活性物质的活性增加，电池电压有所升高，因

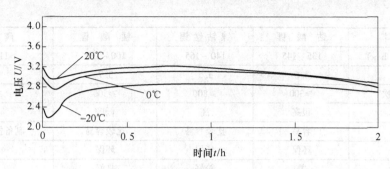

图 5-6 锂离子电池 100A（0.5C）放电过程的曲线

此可放出的能量增加；在放电后期，电池电压降低，单位时间放出的能量随之降低。

在同一温度、同样的放电终止电压下，不同的放电结束电流，可放出的容量和能量有一定的差别。电流越小，可放出的容量和能量越多。

2. 安全性

锂离子电池在热冲击、过充电、过放电和短路等滥用情况下，其内部的活性物质及电解液等组分间将发生化学、电化学反应，产生大量的热量与气体，使得电池内部压力升高，积累到一定程度可能导致电池着火，甚至爆炸。其主要原因如下：

（1）材料稳定性 锂离子电池在一些滥用情况下，如高温、过充、针刺穿透以及挤压等，会导致电极和有机电解液之间的强烈作用，如有机电解液的剧烈氧化、还原或正极分解产生的氧气进一步与有机电解液反应等。这些反应产生的大量热量若不能及时散到周围环境中，必将导致电池内热失控的产生，最终导致电池的燃烧、爆炸。因此，正负电极、有机电解液相互作用的热稳定性是制约锂离子电池安全性的首要因素。

（2）制造工艺 锂离子电池按制造工艺分为液态和聚合物锂离子电池。无论是什么结构的锂离子电池，电极制造、电池装配等制造过程都会对电池的安全性产生影响。如正极和负极混料、涂布、辊压、裁片或冲切、组装、加注电解液、封口、化成等诸道工序的质量控制，无一不影响电池的性能和安全性。浆料的均匀度决定了活性物质在电极上分布的均匀性，从而影响电池的安全性。浆料细度太大，电流充放电时会出现负极材料膨胀与收缩比较大的变化，可能出现金属锂的析出；浆料细度太小，会导致电池内阻过大。涂布加热温度过低或烘干时间不足，会使溶剂残留，黏结剂部分溶解，造成部分活性物质容易剥离；温度过高可能造成黏结剂炭化，活性物质脱落导致电池内短路。

5.4.4 不同类型锂离子电池的性能比较

按照电池采用的正极材料不同，目前应用于电动汽车的锂离子电池主要分为四种，即钴酸锂、镍钴锰锂（三元材料）电池、锰酸锂电池和磷酸铁锂电池。对于不同材料锂离子电池的性能比较见表 5-4。

表 5-4 不同材料锂离子电池的性能比较

正极材料	钴酸锂	镍钴锰锂	锰酸锂	磷酸铁锂
振实密度/(g/cm³)	2.8~3.0	2.0~2.3	2.2~2.4	1.0~1.4
比表面积/(m²/g)	0.4~0.6	0.2~0.4	0.4~0.8	12~20

(续)

正极材料	钴酸锂	镍钴锰锂	锰酸锂	磷酸铁锂
克容量/(mA·h/g)	135~145	140~165	100~120	110~140
电压/V	3.6	3.5	3.7	3.2
循环性能/次	≥300	≥800	≥500	≥2000
原料成本	很高	高	低廉	低廉
制备工艺	容易	比较容易	比较容易	制备技术不成熟
环保性	环保	环保	环保	环保
安全性能	差	较好	良好	优秀
高温性能	差	较好	差	很好
低温性能	好	较好	较好	差
倍率性能	好	好	较差	较差

从安全性能看，磷酸铁锂电池最好，并且将来的成本空间下降也比较大，但目前的产品材料生产稳定性能还不太好，影响电池批量的一致性，其低温性能也比较差。锰酸锂电池高温性能比较差，而电动车应用高温是普遍存在的一个问题。钴酸锂电池主要是安全性问题，不适合应用于电动车辆。

5.5 其他电动汽车用动力电池

除了锂离子电池外，目前可以作为车载动力电池的电池类型很多，主要有阀控式密封铅酸蓄电池（VRLAB）、Ni-Cd电池、Ni-MH电池、Zn-Ni电池、锌空气电池、超级电容器、质子交换膜燃料电池（PEMFC）等，这些电池均有车载试验，其中有的已经商业化应用，有的离商业化应用还有比较长的距离。QC/T 743—2006《电动汽车用锂离子蓄电池》将车载动力电池按照其应用分为两种不同的类型：能量型蓄电池和功率型蓄电池。能量型蓄电池以高能量密度为特点，主要用于高能量输出。功率型蓄电池以高功率密度为特点，主要用于瞬间高功率输出、输入。本节主要针对几种比较常见的车载动力电池进行详细介绍。

5.5.1 铅酸电池

铅酸电池俗称电瓶，其基本单元称为一个单体（Cell）。铅酸电池单体结构如图5-7所示。

如图5-7所示，铅酸电池单体主要由正、负极板、隔板、电解液、安全阀、接线端子、电池外壳等组成。其中，正极板为氧化铅，负极板为海绵状铅。稀硫酸作为电解液，使电子在正、负极板之间转移。采用超细玻璃纤维棉作为隔板，电解液吸附在隔板中，电池内部无流动电解液。同时，隔板的多孔结构使电解液从正、负极板之间来回流动，极板上的活性物质可与电解液充分反应。安全阀采用具有优质耐酸和抗老化性能的合成橡胶材质，当电池内部气压升高时，安全

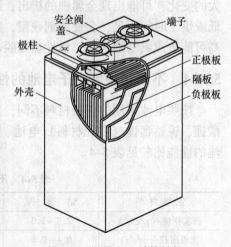

图5-7 铅酸电池单体结构

阀自动打开，排出气体，使电池内部气压维持在一定范围内。外壳采用树脂纤维材质，通过外壳将电池保护起来，并提供正负极板放置空间。电池端子用于连接电池与外部电路。根据电池类型不同，端子可为连接片、连接棒或引出线。

铅酸电池由于其成本低、适应性宽、可逆性好、大电流放电性能良好、可制成密封免维护结构等优点，被广泛地应用于车辆起动、邮电、电力、铁路、矿山、采掘、计算机 UPS 等方面。但是，以往的铅酸电池均为开口式或防酸隔爆式，充放电时析出的酸雾污染及腐蚀严重，又需经常维护，即补加酸和水。1882 年 J. H. Gladstone 和 A. Tribe 提出了解释电池成流反应的"双极硫酸盐化理论"，至今仍广为应用。

按照这一理论，铅酸电池的电极反应和电池反应的工作原理如下：

负极反应

$$Pb + HSO_4^- \underset{放电}{\overset{充电}{\rightleftharpoons}} PbSO_4 + H^+ + 2e^- \tag{5-11}$$

正极反应

$$PbO_2 + 3H^+ + HSO_4^- + 2e^- \underset{放电}{\overset{充电}{\rightleftharpoons}} PbSO_4 + 2H_2O \tag{5-12}$$

电池反应

$$Pb + PbO_2 + 2H^+ + 2HSO_4^- \underset{放电}{\overset{充电}{\rightleftharpoons}} 2PbSO_4 + 2H_2O \tag{5-13}$$

因为放电时，在正负极上都生成了硫酸盐，所以称为"双硫酸盐化理论"。分析反应过程可知，随着放电的进行，硫酸不断减少，与此同时，电池中又有水生成，这样就使电池中电解液的浓度不断降低；在充电时，硫酸不断生成，电解液浓度不断增加。这就是可以用密度计测量硫酸浓度，从而估计铅酸电池荷电状态的原因。充电末期，$PbSO_4$ 已基本还原为 PbO_2 和 Pb，这时部分充电电流将电解水，使正极冒出氧气，负极冒出氢气。

铅酸电池可分为两大类：注水式铅酸电池（Flooded Lead-Acid Battery，FLAB）和阀控式铅酸电池（Valve Regulated Lead-Acid Battery，VRLAB）。后者通过安全控制阀自动调节密封电池内部充电和工作异常产生的多余气体，免维护，更符合电动汽车的要求。

作为电动汽车动力电池，铅酸电池必须解决三大问题：①提高比能量和比功率；②延长循环使用寿命；③能够实现快速充电。目前电动汽车使用的铅酸电池循环使用寿命为 400 次左右，比能量为 35W·h/kg 左右。

铅酸电池内的阳极（PbO_2）及阴极（Pb）浸在电解液（稀硫酸）中，两极间会产生 2V 的电力，这是根据铅酸电池的原理，即经过充放电，阴阳极及电解液会发生以下变化：

$$Pb + PbO_2 + 2H_2SO_4 \longrightarrow 2PbSO_4 + 2H_2O（放电反应） \tag{5-14}$$

PbO_2 中 Pb 的化合价降低，被还原，负电荷流动；海绵状铅中 Pb 的化合价升高，正电荷流动。

$$2PbSO_4 + 2H_2O \longrightarrow Pb + PbO_2 + 2H_2SO_4（充电反应,必须在通电条件下） \tag{5-15}$$

第一个 $PbSO_4$ 中 Pb 的化合价升高，被氧化，正电荷流入正极；第二个 $PbSO_4$ 中 Pb 的化合价降低，被还原，负电荷流入负极。

1）放电中的化学变化：蓄电池连接外部电路放电时，稀硫酸即与阴、阳极板上的活性物质产生反应，生成新化合物——$PbSO_4$。经由放电硫酸成分从电解液中释出，放电越久，硫酸浓度越低。所消耗的成分与放电量成比例，只要测得电解液中的硫酸浓度，亦即测其比重，就可得知放电量或残余电量。

2) 充电中的化学变化：由于放电时在阳极板、阴极板上所产生的 $PbSO_4$，会在充电时被分解还原成硫酸、Pb 及 PbO_2，因此电池内电解液的浓度逐渐增加，亦即电解液的比重上升，并逐渐回复到放电前的浓度，这种变化显示出蓄电池中的活性物质已转换到可以再度供电的状态，当两极的 $PbSO_4$ 被转变成原来的活性物质时，即等于充电结束，而阴极板就产生氢，阳极板则产生氧，充电到最后阶段时，电流几乎都用在水的电解，因而电解液会减少，此时应以纯水补充。铅酸电池的充放电曲线如图 5-8 所示。

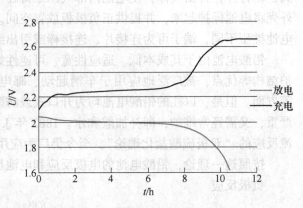

图 5-8　铅酸电池的充放电曲线

铅酸电池的特性主要是铅酸电池的内阻和电动势以及开路电压与荷电状态之间的关系。铅酸电池在充放电过程中，随着 PbO_2 和 Pb 的消耗，H_2SO_4 也消耗，即随着放电，H_2SO_4 减少，水增加，酸的浓度降低。因此，铅酸电池从完全充电状态到完全放电状态，其酸浓度逐渐变化，开路电压也逐渐变化，由铅酸电池的开路电压即可估计电池的荷电状态。铅酸电池荷电状态与 H_2SO_4 浓度、开路电压的关系见表 5-5。

表 5-5　铅酸电池荷电状态与 H_2SO_4 浓度、开路电压的关系

荷电状态（%）	H_2SO_4 浓度/(g/cm^3)	开路电压/V
100	1.260	2.11
87	1.240	2.09
75	1.220	2.07
62	1.200	2.05
50	1.180	2.03
37	1.160	2.01
25	1.140	1.99
12	1.120	1.97
0	1.100	1.95

(1) 铅酸电池的内阻　内阻为电流流经电池时所受到的阻力。由于内阻的存在，电池工作时端电压大于或小于开路电压。电池的内阻不是固定不变的，一般受温度、电解液浓度等因素的影响。铅酸电池内阻可分为三部分：欧姆极化内阻、电化学极化内阻和浓差极化内阻。欧姆极化内阻简称欧姆内阻，是指离子漂移过程中受到的阻力。为了克服阻力，外界必须施加电压，推动离子漂移。欧姆内阻主要由电解液电阻组成，遵循欧姆定律，受温度影响较小且存在于整个反应过程中。电化学极化内阻和浓差极化内阻是由电池的极化作用产生的。由于电化学反应造成电池内局部离子的增多或减少，而远处的离子来不及补充，从而产生电势差。这部分电势差可用电化学极化内阻上的电压降表示。浓差极化内阻是由于离子浓度分布不均造成的。在化学反应过程中离子浓度不断变化，因此浓差极化内阻总是变化的。

(2) 铅酸电池的容量　铅酸电池的容量分为额定容量和实际容量，单位用 A·h 表示。电动汽车中铅酸电池的额定容量是指在环境温度为 25℃ 时，以 30h 放电率到截止电压计算

得到的电量。铅酸电池额定容量不受温度、充放电电流等因素影响,为恒定值。铅酸电池实际容量是指在一定放电条件下放电到截止电压时所输出的实际电量,影响电池实际容量的因素包括设计参数、制造工艺、环境温度和充放电电流等。在环境温度一定时,实际容量随放电电流的增大而降低。这是由于放电倍率越高,放电电流密度越大,电荷在极板上分布越不均匀,电荷优先分布在极板最外层表面上,从而在电极最外表面生成 $PbSO_4$,由于 $PbSO_4$ 体积较大,堵塞在多孔电极孔口上,电解液不能进入极板微孔内与活性物质发生反应,极板内的活性物质不能充分利用导致容量降低。在谈到容量时必须指明放电电流大小。表 5-6 给出了 GFM1000 铅酸电池在环境温度为 25℃时,不同放电率下的实际容量。

表 5-6 GFM1000 铅酸电池不同放电率对应的实际容量

放电率/h	1	2	3	4	5	8	10	12	24
容量/A·h	550	656	750	788	850	952	1000	1044	1128

铅酸电池的最佳工作温度范围为 20~30℃,在此温度范围内,电池保持最佳工作状态。在允许温度范围内,电池实际容量随温度升高而增大,随温度降低而减小。在工作温度较低时,电解液中离子的移动速度降低,化学反应减慢,难以达到额定容量。工作温度较高时,离子移动速度加快,化学反应加剧,一部分电能转化为热能使电解液温度进一步升高,容易损坏电池。因此,温度对电池的影响是不可忽略的。

5.5.2 镍氢电池

1969 年 Zijlstra 等人发现具有应用前景的贮氢合金 $LaNi_5$,1974 年,美国发表了 TiFe 合金贮氢的报告,从此贮氢合金的研究和利用得到了较大的发展。20 世纪 70 年代初,Justi 和 Ewe 首次发现贮氢材料能够用电化学方法可逆地吸放氢,随后开始了镍氢电池的研究。

镍氢电池的正极材料为氢氧化镍($Ni(OH)_2$),负极为储氢合金,碱性电解液多为氢氧化钾(KOH)溶液,电池正负极之间有隔膜,共同组成镍氢单体电池。镍氢电池在金属铂的催化作用下,完成充放电可逆反应,其工作原理图如图 5-9 所示。

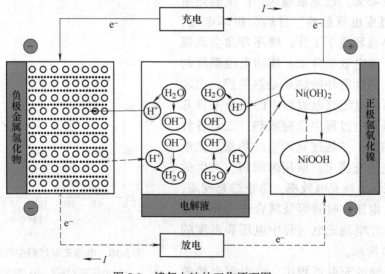

图 5-9 镍氢电池的工作原理图

正极充放电反应

$$Ni(OH)_2 + OH^- \underset{放电}{\overset{充电}{\rightleftharpoons}} NiOOH + H_2O + e^- \tag{5-16}$$

负极充放电反应

$$M + H_2O + e^- \underset{放电}{\overset{充电}{\rightleftharpoons}} MH + OH^- \tag{5-17}$$

总的电池反应

$$M + Ni(OH)_2 \underset{放电}{\overset{充电}{\rightleftharpoons}} MH + NiOOH \tag{5-18}$$

在正常工作状态下，镍氢电池正极发生的化学反应与镍镉电池正极所发生的化学反应相同；负极所发生的化学反应与燃料电池负极所发生的反应相同，放电过程中氢气被氧化生成水，充电时水被电解生成氢气。电池总反应过程中，没有水量的变化，也没有氢氧化钾的量的变化，因此可以近似地认为氢氧化钾溶液的浓度没有改变。

镍氢电池的电特性主要体现在以下方面：

(1) 电池的电动势　在正常工作状态下，电池正极电极电位约为0.39V，负极电极电位约为-0.928V。电池理论电压为正极电位与负极电位之差，所以镍氢电池在正常工作状态下的电压约为1.2V左右，其标称电压一般按1.2V来计算。但由于电池内阻及极化电阻的存在，电池在充电过程中电池电压高于理论电压，放电过程中电池电压低于理论电压。

(2) 电池充电特性　在镍氢电池充电过程中，会遇到高温充电效率问题。在常温状态下充电，高温状态下放电，对电池的容量和性能基本无影响。随着温度的升高，Ni-MH电池的充电接受能力逐渐下降，在室温下充放电容量可达100%，而45℃下充放电容量仅为常温的70%，60℃为45%。过充量越大，产生的热量越多，电池温度也就越高。过热会损坏电池，电池长期在高温环境下工作，循环寿命会迅速降低；高温下充电效率降低，推动电池温度的进一步升高，恶性循环的结果是热失控，出现安全问题。镍氢电池充电过程中的热量来自几个方面：一是充电过程中反应放热；二是各种电阻产生的热量；三是过充产生的热量。充电的目标是使电池充满电，所用时间短，产生的热量少。为保证电池充电效率，防止过充现象，通常将温度、电压、时间等及联合作为充电终止判断条件。在电池充电过程中电压和温度的变化如图5-10所示。

在镍氢电池的充电过程中，会引起电池的

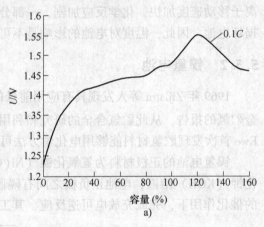

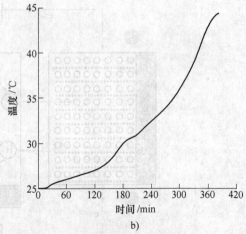

图5-10　电池充电过程中物理量的变化

a) 电压变化情况　b) 温度变化情况

内压变化，另外环境的温度以及电池自身产热的问题，导致温度对电池的充电造成一定的影响。在恒流的充电条件下，电压随着温度的变化而变化，温度越低充电电压越高。电池在 0~30℃ 的区间内具有最好的充电性能和最高的充电效率。如果充电环境温度很高（如超过 40℃），电池必须进行强制冷却，否则不能进行正常有效的充电，严重时会造成热失控；如果温度非常低（如 -20℃），电压会非常高，充电效率也会降低。在高温情况下进行充电，随着温度升高，电化学反应极化阻抗降低，抵消了由于电池荷电量上升引起电池电压上升的效果，使电池在充电后期电压无明显上升。

在镍氢电池充电的末期会产生副反应，有氧气产生。理论上氧气会被贮氢电极复合，但由于复合速度有限，电池内压会迅速上升。通常镍氢电池在充电量达到 80% 以后开始产生气体，越到后期充电效率越低，产气量越大。因此镍氢电池的快速充电也只是在 80% SOC 之前进行，在后期不适合大电流充电。因此，在混合动力电动汽车中一般 SOC 的控制上限不超过 80%，对于纯电动汽车一般采用大电流转小电流阶梯式充电，并采用多种方式避免过充问题。充电期间副反应是导致电动汽车在应用中能量效率低下的重要原因，并且由于镍氢电池封装严密，内压不易测量，所以很少用内压作为充电的限制条件。

（3）电池内阻 Ni-MH 电池的内阻相对是比较低的，具体的内阻根据制作工艺及电池的荷电状态决定。由于使用领域不同，能量型电池的内阻一般要高于功率型电池的电阻。功率型 QNFG40 电池的内阻在 0.8mΩ 左右，容量型 QNFG40 电池的内阻在 1.5mΩ 左右。对于同类型的电池来说，电池容量越大，由于电极比表面积加大，电池内阻下降。Ni-MH 电池的内阻一般是指在荷电量为空态时的内阻，电池荷电状态在 60% 左右时电池内阻最小，在 20%~80% 区间阻值不会有太大的变化，可以近似看作一个常数。在电动车应用中，一般采用直流内阻。电池的直流内阻与 SOC 以及电池测量内阻前是充电检测还是放电检测有较大关系。在 20%~80% SOC，电池的直流内阻变化不大，超出此范围，电池的直流内阻升高，引起电池的充放电效率下降，这也是在混合电动汽车应用中 SOC 控制在 20%~80% 的原因之一。

镍氢电池的缺点主要体现在以下方面：

1）电池的热效应严重，充电量超过 80% 以后副反应严重，电池升温较高，使得充电效率降低较快。

2）电池比能较低，一般在 50~70W·h/kg，虽然是铅酸电池的 2~3 倍，但与锂离子电池相比，差距较大。

3）标称电压为 1.2V，如果组合成数百或数千伏的车用动力系统，需要大量的电池串联，所以对电池的一致性、可靠性要求更高。

4）高温充电性能差，需要人工降温，并且容易出现热失控，造成事故。

5）材料成本高，镍氢电池中使用大量的贵重金属如镍、钴等，使得应用成本升高。

镍氢电池的优点主要体现在以下方面：

1）电池功率性能好，由于其内部使用了大量金属，导电性能良好，可以适应大功率放电，目前比功率达到 1500W/kg 以上。

2）低温性能好，采用无机电解液体系，低温性能相对比锂电池要好。

3）循环寿命高。

4）无污染。

5）管理系统相对简单，电池耐过充和过放电能力比较强，没必要检测每一节电池的电压。

6）具有较高的回收价值。

5.5.3 金属空气电池

当前全球的能源供给日趋匮乏，人们正在探索新的能源。燃料电池作为高效、洁净、利用能源的新技术，已成为当今世界能源领域的开发热点。金属空气电池则发挥了燃料电池的优点，以空气中的氧作为正极活性物质，金属锌（或铝、锂等）作为负极活性物质，空气中的氧气可源源不断地通过气体扩散电极到达电化学反应界面与金属锌（或铝、锂等）反应而放出电能。由于金属空气电池的原材料丰富、性能价格比高且完全无污染，因此，被称为是面向21世纪的绿色能源。

金属空气电池主要由正极、负极、电解液三大部分组成。金属空气电池的构成如图5-11所示。

一个空气电极一般由三层组成：催化层，防水透气层以及用来增加电极机械强度的金属集流导电网。空气中的氧在电极参加反应时，首先通过扩散溶入溶液，然后在液相中扩散，在电极表面进行化学吸附，最后在催化层进行电化学还原。因此催化层的性能和催化剂的选择直接关系到空气电极的性能的好坏。而空气电极反应是在气、液、固三相界面上进行的，电极内部能否形成尽可能多的有效三相界面将影响催化剂的利用率和电极的传质过程。在放电过程中，氧气在三相界面上被电化学催化还原为OH^-，发生以下反应：

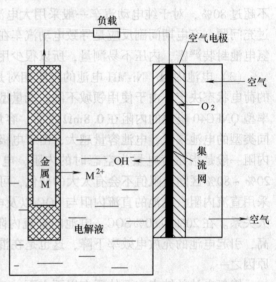

图5-11 金属空气电池的结构

$$O_2 + 2H_2O + 4e^- \longrightarrow 4OH^- \tag{5-19}$$

金属空气电池的理论能量密度只取决于负极，即燃料电极，这是电池中传递的唯一活性物质。金属阳极通常都要根据具体的金属性质进行金属成分或形态的加工处理，以满足电池要求。目前负极主要研究的有铝或锌等金属合金。以锌为例，放电时，锌在碱性溶液中发生以下反应：

$$2Zn + 4OH^- \longrightarrow 2Zn(OH)_2 + 4e^- \tag{5-20}$$

空气电极在反应过程中产生OH^-，它的电势一般由溶液中的OH^-的浓度决定。若OH^-局部地增加，则由于电势变化过速引起严重的极化。缓冲溶液能降低pH变化，亦即降低OH^-浓度的变化，这样可减小极化而提供更大的电流。酸和碱都是比较好的缓冲溶液，因此最令人满意的空气电极均采用高浓度的碱性或酸性电解液。碱性和酸性电解液均有缺点，碱性电解液会被空气中的二氧化碳污染，酸性电解液会与低廉的催化剂作用使之腐蚀，同时也腐蚀用于空气电极的集流体。实用上一般还能容许碱性电解液的缺点。有些金属空气体系采用近乎中性的含水电解液，如氯化钠或碳酸钾，但它们只限于低电流密度使用。

金属空气电池分为三种主要类型：

1）一次电池。凡电池经一次放电使用后就失掉使用价值而废弃的称为一次电池。大多数早先的锌空气电池都属于一次电池，在用于低电流方面比较经久耐用。一个成功的一次电池应具有价格低廉而又有较长的贮存寿命。它应该是一种重量轻或体积小或二者兼备的便于携带的能源。

2）二次电池。凡电池经一次放电使用后，可由相反方向通电流使其功能恢复的称为二次电池。与常规的二次铅酸电池不同，二次金属空气电池具有一个无限容量的空气电极，它既不会完全放完电，也不会过充电。充电时，空气电极放出氧进入大气。

3）机械再充电电池。第三类的金属空气电池是众所周知的"机械再充电电池"（或称"可更换电极电池"）。当电池放电完毕，使用过的金属电极（已氧化）遗弃不用，换上一个新的金属电极。同时也可以补充新鲜电解液，但是主要部件空气电极不会用尽，仍可长久使用。使用过的阳极按理可以送至中央加工站使它经化学或电化学还原，变为原始状态。虽然这在实践上比较困难，但可反复使用多次。

金属空气电池作为一种高性能的新兴绿色能源，有着优良的性能价格比，是替代传统电池的理想更新换代产品。但目前大多数的金属空气电池都存在电极的腐蚀及自放电现象，直接影响电极的电势。降低金属空气电池成本，完善电池构造技术，开发实用型金属空气电池，解决金属空气电池在推广应用上存在的实际问题，进一步扩展其应用领域，是今后研究工作的重点和方向。一旦金属空气电池真正实用化，其市场前景将非常广阔。

5.6 本章小结

QC/T 743—2006《电动汽车用锂离子蓄电池》将动力电池按照其应用分为两种不同的类型：能量型蓄电池和功率型蓄电池。能量型蓄电池以高能量密度为特点，主要用于高能量输出。功率型蓄电池以高功率密度为特点，主要用于瞬间高功率输出、输入。这两种蓄电池分别适于纯电动车应用和混合动力电动汽车应用，但没从严格意义上分开。例如，对于同样的 100A·h 电池，用于混合动力电动汽车上，既可以高能量输入为特点，同时也具有高功率输入、输出的特性，因而不能将其严格归为能量型或功率型。所以，2010 年"十二五"国家"863"计划重大项目课题申请指南中，又提出了"能量功率兼顾型"电池。

无论何种类型的蓄电池，表征其性能的参数是相同的，大都根据其主要特性参数的特点来进行划分，如按照电池的功率/能量（P/E）进行划分。以前的蓄电池标准中，按照电池的放电倍率（用 C 表示）进行划分，将电池分为低倍率（3C 以下）、中倍率（3~7C）、高倍率（7C 以上）以及超高倍率几种。

目前可以作为车载动力的电池类型很多，主要有阀控式密封铅酸蓄电池（VRLAB）、Ni-Cd 电池、Ni-MH 电池、锂离子电池、聚合物锂离子电池、Zn-Ni 电池、锌空气电池、超级电容器、质子交换膜燃料电池（PEMFC）、直接甲醇燃料电池（DMFC）等，这些电池均有车载试验，其中有的已经商业化应用，但有的离商业化应用还有较长的距离。

各类动力电池的性能比较见表 5-7。

表 5-7 各类动力电池的性能比较

电池类别	电压/V	质量比能量/(W·h/kg)	体积比能量/(W·h/L)	记忆效应	循环寿命[①]/次
VRLA	2.0	35	80	无	500
Ni-Cd	1.2	45	160	有	500~1000
Ni-MH	1.2	70	240	有	500~800
锂离子	3.6	125	300	无	600~1000
聚合物锂离子	3.6	200	300	无	600~1000
Zn-Ni	1.65	75	180	无	300~500
锌空气	—	135	1000	无	可再生

① 80% DOD 下的循环寿命。

各类动力电池的体积比能量和质量比能量比较示意图如图 5-12 所示。

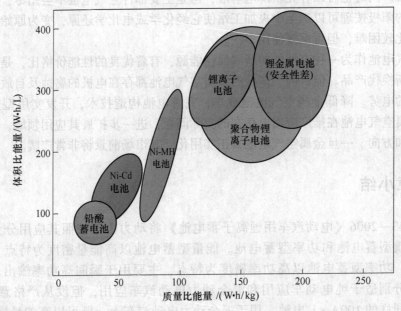

图 5-12 各类动力电池的体积比能量和质量比能量比较示意图

习 题

1. 电动汽车常用的动力电池种类有哪些？
2. 电动汽车用动力电池主要存在哪些问题？
3. 解释下列名词：开路电压、SOC、DOD、循环使用寿命。
4. 从电池应用的角度如何考虑电池的内阻？
5. 列举纯电动汽车、混合动力电动汽车和插电式混合动力电动汽车用动力电池的特点。
6. 列举锂离子动力电池的优缺点。
7. 比较不同类型锂离子电池的性能。

第6章 动力电池管理系统

6.1 电池管理系统的功能及基本结构

电池管理系统（Battery Management System，BMS）是用来对动力电池组进行安全监控及有效管理，提高动力电池使用效率的装置。对于电动车辆而言，通过该系统对电池组充放电的有效控制，可以达到增加续驶里程、延长使用寿命、降低运行成本的目的，并保证动力电池组应用的安全性和可靠性。动力电池管理系统已经成为电动汽车不可缺少的核心部件之一。

6.1.1 电池管理系统的功能

实用的电池管理系统功能主要包括：数据采集、电池状态估计、能量管理、热管理、安全管理和通信功能，扩展功能包括充电管理、数据显示和故障诊断等。电池管理系统功能框图如图6-1所示，其中能量管理功能包含均衡功能。

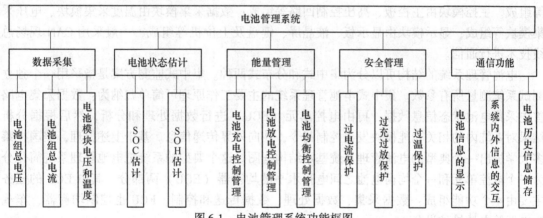

图6-1 电池管理系统功能框图

（1）数据采集　电池管理系统的所有算法、电动汽车的能量管理策略、驾驶人意图等都以采集的数据作为输入，采样速率、精度等是影响电池管理系统性能的重要参数。电池管理系统采集电池包内安装的传感器所检测到的信号，经过管理控制算法，对电池进行管理。

（2）电池状态估计　包括SOC和SOH等的估计。SOC用来提示电池组的剩余电量，是计算和估计电池剩余续驶里程的基础。SOH用来提示电池的技术状态、预计可用的循环寿命等电池健康状态参数。

（3）能量管理　在能量管理中，将电流、电压、温度、SOC、SOH等参数作为输入，控制充电过程，限制输入、输出功率与能量，控制监管放电过程，并对电池组进行均衡控制。

（4）安全管理　安全管理的功能主要是通过对电池的电压、电流、温度等进行监测，判断各项参数是否超过安全限制,防止电池在工作过程中发生过充、过放及热失控等安全问题。一旦电池出现安全问题,可迅速报警提示驾驶人,并切断电源以保护系统。

(5) 热管理 对于大功率放电和高温条件下使用过的电池组,电池的热管理尤为重要。热管理的功能是使单体电池间的温度均衡,并且处于合理的工作温度,在温度较高时进行冷却,温度较低时进行加热。

(6) 通信功能 通过电池管理系统实现电池参数和信息与车载设备或非车载设备的通信,为充放电控制、整车控制提供数据,是电池管理系统的重要功能之一。根据应用需求,数据交换可以采用不同的接口,如模拟信号、PWM 信号、CAN 总线或 I^2C 串行接口。但一般与整车控制器、充电机之间的接口采用 CAN 总线结构。

(7) 均衡功能 电池箱内由于电池自身特性非一致性造成电池组内单体电量之间的差异从而引起电池组整体性能的变化。当电池组电量出现不均衡影响电池组动力性能和容量特性时,均衡模块启动,进行电池组均衡,避免由于个别单体不均衡造成的电池组整体性能下降。

(8) 故障诊断功能 在车辆实际运行中,根据采集到的电池外特性信息,实时估计电池状态,判断电池当前工作状态,诊断电池可能出现的故障,如连接片松动、运行过温、通信故障等,为车辆维护与维修提供参考依据。

6.1.2 电池管理系统的结构

电池管理系统主要由主控模块(MCU)、数据采集模块(BMU)、均衡模块、显示模块、控制模块(继电器、熔断装置)以及检测模块(漏电检测、电流传感器、温度传感器等)等组成。主控模块由主控板、高压控制回路等组成;数据采集模块由温度采集模块、电压采集模块等组成;显示模块由显示板、液晶屏、键盘及上位机等组成,一般采用 CAN 现场总线技术进行通信。

电池管理系统的结构可以分为集中式和分布式两种。集中式监测方案是指采用一个独立测试系统测量所有参数。集中式电池管理系统的主要工作原理可简单归纳为:数据采集电路首先采集电池状态信息数据,再由电控单元(ECU)进行数据处理和分析,然后根据分析结果对系统内的相关功能模块发出控制指令,并向外界传递信息。基于上述原理,美国托莱多大学提出一个典型的电池管理系统基本结构框图。这个典型的系统把电池管理系统简化分为一个电控单元和一个均衡电池之间电荷水平的均衡器(EQU)两部分。其中 ECU 的任务主要由 4 个功能组成:数据采集、数据处理、数据传送和控制。ECU 也控制均衡器、车载充电器等电池维护设备。

另一种常用的电池管理系统的典型结构为分布式电池管理系统。分布式 BMS 结构框图如图 6-2 所示。分布式 BMS 由一个 BMS 主控制单元和多个分布式电池状态采集单元组成。分布式 BMS 多是基于 CAN 总线测量方案,电池状态的监测在电池处实现,各个监测模块与电池管理系统的 BMS 主控制单元通过通信总线连接。各种电池状态信息

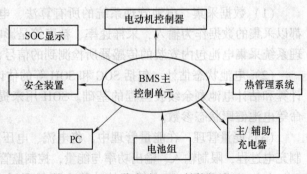

图 6-2 分布式 BMS 结构框图

由 BMS 主控制单元处理，进行电池 SOC、SOH 估计并做出相应控制。在汽车狭小的空间内，该种方案的优点尤为明显。另外，分布式测量还具有数据同步采样、寿命长、安全性高、电磁兼容性好等优点。同时，基于 CAN 总线的测试系统，结构清晰，维护方便。如果需要增加新的测量模块，只需在原有系统的基础上，在总线上挂接新的测量模块，便于系统的扩展和缩减。

6.2 动力电池测试

在已经选定了动力电池的类型和型号以后，需要针对电池管理的对象进行测试。其目的侧重于了解电池的特点，便于电池管理系统软硬件开发工作的进行。

6.2.1 常用动力电池测试项目

1. 实际容量测试

该测试指的是电池实际能放出电荷的多少。电池生产厂家在产品出厂时提供了电池的额定容量，这一容量是根据有关标准以特定的放电倍率在特定的温度条件下测得的。在进行电池管理系统开发之前，应当选取电池样品，测量其在不同温度及不同放电倍率下的实际容量，从而使 BMS 中的 SOC 估算算法能在不同工况、不同环境温度下适用。不仅如此，这一特性测试，对于电池的均衡管理、电池的充放电能量控制等其他方面，都有非常重要的意义。

2. 充放电效率测试

该测试指的是从能量的角度，测量一个动力电池所能有效放出的能量与充入能量的比例。同样地，在不同温度、不同放电倍率的前提下，这一指标有所区别，应该分别进行测试。此项测试，对于 SOC 评估及充放电能量控制都有重要意义。

3. 放电倍率特性测试

该测试指的是测试一个动力电池在正常工作中，所能放出的最大电流的特性。所能放出的最大电流与工作环境温度及电池的剩余容量相关。一般来说，环境温度越高，电池内物质的活性越大，最大放电电流就越大；同样，若电池的剩余电荷越多，所能放出的最大电流也越大。这一特性测试，对于电池的安全保护功能及充放电能量控制具有重要的意义。

4. 电动势曲线及等效内阻测试

对于一个动力电池而言，电动势与内阻是影响其外特性表现的重要因素，这些因素与电池剩余容量及工作环境温度相关。在实际工作过程中，这两个项目的测试可以同时进行。在进行电池剩余容量评估的过程中，常常需要利用电池的开路电压或电动势来对电池的剩余容量进行估算，因此，获得电池电动势与剩余容量之间的函数关系即（SOC-EMF）曲线对于动力电池的剩余容量估算非常重要。

6.2.2 特性测试的标准化

国内外都有专门为动力电池制定的测试标准，这些标准大体上可以分为两类。一类是针对电池制造商，用来检验其所生产的电池是否合格，是否可以进入市场；另一类是针对电动汽车制造商，用来帮助电动汽车制造商检验其选择的动力电池是否能满足其制造的电动汽车的性能要求。这两类测试标准虽然目的不同，但测试项目并非完全不同，相反，两者的测试项目有很大的交集。但由于测试目的的不同，对于相同的测试项目，会有不同的测试方法，对测试结果的评价指标也会大有不同。例如，两类测试都会涉及电池容量和循环寿命，面向电池制造商的测试标准更注重检验特定温度、恒定放电倍率下，容量和循环寿命能否达到其标称值，而针对电动汽车制造商的测试标准则偏重于在各种极限温度下测试电池经受实际行驶工况的性能。

本节列举四个与电动汽车动力电池相关的测试标准，其中第一个可以归类为针对电池制造商的测试标准，后三个可以归类为针对电动汽车制造商的测试标准。

1. 中国汽车行业标准 QC/T 743—2006《电动汽车用锂离子蓄电池》

该行业标准于 2006 年 3 月由国家发展和改革委员会发布，2006 年 8 月正式实施，适用于电动汽车的、标称电压为 3.6V 的单体锂离子蓄电池及由此类电池组成的 "$n \times 3.6V$" 的蓄电池模块。

该标准分别描述了如何对单体电池和多个电池构成的电池模块进行测试。测试项目涵盖了电池的外观、极性、尺寸质量、放电容量、荷电保持能力与容量恢复能力、循环寿命和安全性能的测试。该测试标准对蓄电池模块还特意设置了能反映电池模块是否匹配电动汽车性能的简单模拟工况测试和耐振测试。QC/T 743—2006 标准中，明确给出了各测试项目的具体步骤，并制定了电池及电池模块在各测试项目中所应达到的指标。

2. SAE J 1798《电动汽车电池模块性能级别推荐规程》

SAE（Society of Automotive Engineers，美国汽车工程师学会）成立于 1905 年，是国际上最大的汽车工程学术组织。SAE 所制定的标准具有权威性，广泛为汽车行业及其他行业所采用，并有相当部分被用作美国国家标准。

SAE J 1798 给出了一系列电池性能指标的测试试验，包括静态容量测试、荷电保持能量测试、充电接受能力测试、峰值功率能力测试和动态容量测试。该标准还规定了测试模块的选取、测试条件、测试温度、传感器位置、采样频率、测量精度等细节问题，是非常严谨的测试标准。

3. IEC 的 61982-3《标准道路电动汽车用二次电池第三部分：性能和使用寿命测试》

IEC 是国际电工委员会（International Electrotechnical Commission）的缩写，该委员会成立于 1906 年，是世界上成立最早的国际性电工标准化机构，负责有关电气工程和电子工程领域的国际标准化工作。

IEC 61982-3 标准的测试对象为城市用小型低速电动汽车上的电能储存系统，该标准不适用于特殊用途车辆，如公共交通工具、垃圾收集车辆、摩托车和大型商业用车的电能储存系统测试。

该标准是根据测试对象车辆所要求的性能来制定验证性测试，主要包括三个基础性试验：容量测试、功率性能测试和使用寿命测试。另外，还有一些可选的测试项目，如最大功率测试、电池电阻测试、充电测试、工作电压范围测试等。该测试标准，可以帮助电动汽车生产商判断所测电池能否满足待开发电动汽车的性能需求，并为电动汽车生产商在多个品牌的动力电池之间进行比较筛选提供依据。

4. PNGV 电车测试手册

该测试标准是美国 Idaho 国家工程与环境实验室 INEEL（Idaho National Engineering and Environmental Laboratory）为美国新一代汽车合作计划（Partnership for a New Generation of Vehicles，PNGV）制定的电池测试标准。

PNGV 计划针对功率辅助型和双模混合动力电动汽车分别制定了能量储存系统性能目标。

该标准所设计的电池测试，旨在验证待测电池是否能够满足 PNGN 计划制定的汽车性能目标。

该标准定义了静态容量测试、混合脉冲功率特性测试、可用能量测试、自放电测试等项目。与其他测试标准不同的是，该标准除了定义上述测试项目的测试方法外，还详尽地给出了测试应该记录的数据及应该得到的结果，并对结果做了一些分析。

不难看出，虽然目前国内外有很多电池测试方面的标准，但它们不是针对电池制造商就是针对电动汽车生产商，几乎还没有专门针对电池管理系统开发人员而设计的电池测试标准。正因如此，当电池管理系统开发人员需要一些电池的工作特性测试，如电池的平衡电势测试、电压回弹特性测试、电动势滞回特性测试等时，就应该在参考现成测试标准的基础上，设计实用的测试方法。

一般地，电池管理系统所需的电池特性测试可以按照以下三点思路进行。

1）根据电池管理系统开发的实际进行测试。

相对于铅酸电池、镍氢电池等类别的动力电池，磷酸铁锂动力电池产品的历史相对较短，从这几年见刊的论文及研究报告来看，其特性还未完全被人们了解。此外，磷酸铁锂动力电池的产品性能还不稳定，不同厂家之间产品特性有所区别，产品存在一定的非一致性。这些都要求在研发电池管理系统的过程中，需要对作为被管理对象的动力电池进行各种特性测试。

2）尽可能参照已有标准。

由于电池特性测试的部分项目与电池行业、汽车行业已有的测试项目重合，对于这些项目，尽可能采用已有的测试标准，避免重复开发。

3）尽快制定特性测试的统一标准。

尽管动力电池的特性测试是针对电池管理系统开发而言的，但是，尽快制定统一的测试标准有着较为重要的意义。

首先，电动汽车及其零部件开发单位内部需要统一标准。在动力电池选型、电池管理系统开发等环节，需要对不同厂家、不同批次的电池样本进行评测，制定统一的测试标准，既可以节约测试成本，又可以使测试的结果具有可比性。

其次，不同的研发单位之间若采用统一的测试标准，将有利于电池管理系统这一新兴汽车零部件的产业化发展。

再次，统一的测试标准有利于测试设备的生产和制造。当前，国内就汽车用动力电池的测试设备功能差异较大，质量也较为参差不齐，许多设备都是从传统的非车用电池的测试中延伸过来的，并不能完全满足车用动力电池特性测试的需求。

6.3　电池管理的关键技术

6.3.1　动力电池的建模

电池模型描述电池工作的外特性，即描述电池的影响因素与其工作特性之间的数学关系，需考虑的因素包括电压、电流、功率、SOC、温度、内阻、内压、循环工作次数和自放电。电池模型是电动汽车系统仿真必不可少的环节，也是电动汽车系统建模的难点之一。

电池模型可划分为电化学模型、热模型、耦合模型和等效电路模型 4 种类型。前三种模型是建立在电池的电化学机理研究上，考虑因素过多，相对复杂，因此一般不用于电动汽车动力电池的在线管理。与之对应的电池等效电路模型，仅仅通过某种关系描述电池工作时的外特性，简单易用、结构多样，普遍适用于电动汽车动力电池。

对电池模型研究的意义可归纳为五个方面：①从电化学角度研究电池在各种状态下的内部反应过程；②有助于改进电池的设计、节约时间和成本；③电池模型是电动汽车仿真研究中必不可少的环节；④一些电池模型可以用来估计电池的 SOC；⑤电池模型有助于改进电池管理系统的设计。

电池等效电路模型在电动汽车研究领域应用广泛。电池模型研究对于电动汽车的价值主要体现在车辆仿真、SOC 估计和电池管理系统三个方面。重点分析电动汽车用电池性能模型，主要是从电池在电动汽车上使用和管理的角度分析问题，而不是从电池设计与生产的角度分析问题。

6.3.1.1 动力电池的电化学模型

电化学模型基于电化学理论并采用数学方法描述电池内部的反应过程，主要描述电池的电压特性、电池电极、隔膜的电流分布、超电势变化等。

1. Shepherd 模型

$$E_t = E_o - R_\Omega I - K_i[1/(1-f)] \tag{6-1}$$

式中 E_t——电池端电压；

E_o——电池完全充满时的开路电压；

R_Ω——欧姆电阻；

K_i——极化内阻；

I——瞬间电流；

f——由安时积分法算的电池净放电量。

2. Un-newehr 模型

在 Shepherd 模型基础上，Un–newehr 和 Nasar 将 Shepherd 模型简化为式（6-2）、式（6-3）和式（6-4）。

$$E_t = E_o - R_\Omega I - K_i f \tag{6-2}$$
$$E_{oc} = E_o - K_i f \tag{6-3}$$
$$R = R_o - K_R f \tag{6-4}$$

式中 E_{oc}——开路电压；

R_o——充满状态的电池的全内阻；

K_R——试验常数；

R——电池的等价内阻。

3. Nerst 模型

基于 Shepherd 模型和 Un-newehr 模型，又发展了 Nerst 模型和扩展的 Nerst 模型，分别见式（6-5）和式（6-6）。

$$E_t = E_o - R_\Omega I + K_i \ln f \tag{6-5}$$
$$E_t = E_o - R_\Omega I + K_i \ln f + K_j \ln(1-f) \tag{6-6}$$

4. 简化的电化学模型

由于从电化学机理角度建立电池的模型非常复杂，并难于应用到电动汽车中，因此研究人员使用简化的电化学模型对电池的外特性进行描述。综合 Shepherd 模型、Un-newehr 模型和 Nerst 模型的特点，对三种模型进行组合，得到组合模型，见式（6-7）。该模型中，U_L 是电池负载电压，I_L 是电流，R 是电池内阻，K_0、K_1、K_2、K_3 和 K_4 为模型系数。

$$U_L = K_0 - RI_L - K_1/SOC - K_2/SOC + K_3 \ln SOC + K_4 \ln(1-SOC) \tag{6-7}$$

6.3.1.2 动力电池的等效电路模型

1. Rint 模型

图 6-3 所示的 Rint 模型也称内阻模型，该模型是由美国爱达荷国家实验室提出的。在该模型中，U_{oc} 为理想电压源，它用来表示电池的开路电压；R 为电池的等效内阻；U_L 为电池的端电压。其中，电池内阻 R、开路电压 U_{oc} 为电池 SOC 和温度的函数。Rint 模型是最简单的电池等效电路模型，由于其没有考虑电池电解时电极之间化学成分扩散的影响，因此该模型不适用于电动车和混合动力车。

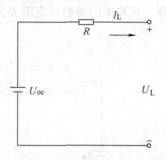

图 6-3 Rint 模型电路结构

2. Thevenin 模型

Rint 模型虽然考虑了电池的内阻，但是过于笼统，因为电池的内阻包括欧姆内阻和极化内阻等，并且各个内阻的产生过程，以及与 SOC、电路和温度的关系也是不尽相同的，因此需要将不同的内阻分开考虑。

图 6-4 所示的 Thevenin 模型考虑了 Rint 模型中没有考虑的极化内阻的因素。在该模型中 U_{oc} 为理想电压源，它用来表示电池的开路电压；R_o 为电池的欧姆内阻；R_p 为电池的极化内阻，与电容 C_p 并联构成阻容回路，用于模拟电池极化过程的产生和消除。

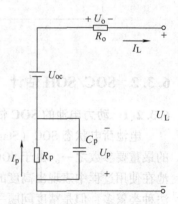

图 6-4 Thevenin 模型电路结构

3. PNGV 模型

图 6-5 所示的 PNGV 模型是在 2001 年《PNGV 电池测试手册》中提出的等效电路模型，也延用为 2003 年《FreedomCAR 电池测试手册》中的标准电池性能模型。在该模型中，U_{oc} 为理想电压源，它用来表示电池的开路电压；R_o 为电池的欧姆内阻；R_p 为电池的极化内阻；C_p 为极化电容；I_p 为极化电阻上的电流；电容 C_b 用于描述负载电流的时间累积所产生的开路电压变化。

PNGV 模型和 Thevenin 模型在电路结构上仅相差电容 C_b，其实 PNGV 模型中电池的开路电压是由 U_{oc} 和电容 C_b 上的电压两部分组成的，由于电容 C_b 上的电压和电池的充放电状态及充放电时间有关，因此 PNGV 模型中开路电压与 SOC 的关系并不是一条曲线，它们的关系与电池的充放电状态有关。

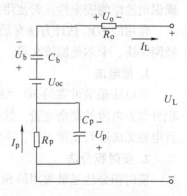

图 6-5 PNGV 模型电路结构

4. 改进二阶 RC 模型

图 6-6 所示为改进二阶 RC 模型，该模型将电池模型分为充放电两种状态来建立。在该模型中 E_p 为电池的电动势；$R_{\Omega,dis}$ 为电池的放电欧姆内阻，$R_{\Omega,ch}$ 为电池的充电欧姆内阻；$R_{d,dis}$、$C_{d,dis}$ 分别为电池的放电极化内阻和放电极化电容；$R_{d,ch}$、$C_{d,ch}$ 分别为电池的充电极化

内阻和充电极化电容；$R_{k,dis}$、$C_{k,dis}$ 分别为电池的放电扩散内阻和放电扩散电容；$R_{k,ch}$、$C_{k,ch}$ 分别为电池的充电扩散内阻和充电扩散电容；R_g 为自放电电阻。

该模型在 Thevenin 模型的基础上增加了扩散阻容环节，还增加了自放电电阻，因此该模型在仿真应用中很准确，但是该模型的缺点是由于模型中参数过多给实际应用带来很大麻烦，模型中的参数确定需要大量的试验数据。

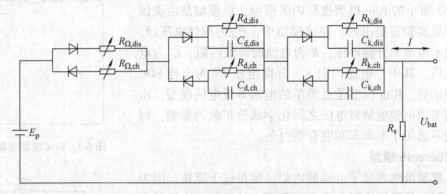

图 6-6　改进二阶 RC 模型

6.3.2　SOC/SOH 估计

6.3.2.1　动力电池的 SOC 估计

电池荷电状态 SOC（Stage of Charge）用于描述电池剩余电量的值，是电池使用过程中的最重要参数之一。由于 SOC 受充放电倍率、温度、自放电、老化等因素的影响，使得电池在使用过程中表现出高度的非线性，这为准确估计 SOC 带来很大的难度。SOC 估计的方法种类繁多，但是精度问题一直没有得到彻底的解决。电池组由于存在不均匀性，所以成组电池的 SOC 定义仍然是一个问题。实际使用过程中常将电池组等效为一个电池单体，为了确保电池组的安全性，常使用放电能力最差的电池单体 SOC 来定义电池组的 SOC。

常用的 SOC 估计方法有放电法、安时积分法、开路电压法、负载电压法、内阻法、神经网络法、卡尔曼滤波法等。

1. 放电法

放电法是最可靠的 SOC 估计方法，采用恒流放电至放电截止电压，放电电流与时间的积分即为电池的剩余电量。放电法适用于所有的电池。但是由于放电法需要大量的时间，并且电池无法进行正常工作，不适合行驶中的电动汽车。

2. 安时积分法

安时积分法是最常用的 SOC 估计方法。如果充放电起始状态为 SOC_0，则当前 SOC 可由式（6-8）计算。

$$SOC = SOC_0 - \frac{1}{C_N}\int_0^t \eta I d\tau \tag{6-8}$$

式中　C_N——额定容量；
　　　I——电池电流；
　　　η——充放电效率。

安时积分法中的主要问题是电池初始 SOC 值难以确定，电流测量误差会产生累计误差。安时积分法是一种可以应用于所有电动汽车电池的方法，如果解决好上述主要问题，安时积分法是一种简单、可靠的 SOC 估计方法。

3. 开路电压法

电池的开路电压在数值上接近电池电动势。铅酸电池电动势是电解液浓度的函数，电解液浓度随电池放电成比例降低，所以用开路电压可以比较准确地估计 SOC。镍氢电池和锂离子电池的开路电压与 SOC 关系的线性度不如铅酸电池，但其对应关系也可以估计 SOC，尤其在充电初期和末期效果较好。

开路电压法的显著缺点是需要长时间静置电池以达到电压稳定，电池状态从工作恢复到稳定需要几个小时，这就给测量造成了困难，静置时间如何确定也是一个问题，所以该方法单独使用只适用于电动汽车驻车状态。由于开路电压法在充电末期 SOC 估计较好，常与安时积分法结合使用。

4. 负载电压法

电池放电开始瞬间，电池的电压迅速从开路电压状态进入负载电压状态，在电池负载电流保持不变时，负载电压随 SOC 变化的规律与开路电压随 SOC 变化规律相似。在电池放电时，根据放电电压和电流查表可以得到 SOC 估计值。

负载电压法的优点是能实时估计电池组的 SOC，在恒流放电时具有较好的效果。实际应用中，剧烈波动的电池电压给负载电压法应用带来困难。负载电压法很少应用到实车上，但常用来作为电池充放电截止的判据。

5. 内阻法

电池内阻有交流阻抗和直流阻抗之分。交流阻抗和直流阻抗都与 SOC 密切相关。电池交流阻抗为电池电压与电流之间的传递函数，是一个复数变量，表示电池对交流电的反抗能力，要用交流阻抗仪来测量。电池交流阻抗受温度影响大，且对于是在电池处于静止后的开路状态还是在充放电过程中进行交流阻抗测量存在争议，所以很少用于实车上。

直流内阻表示电池对直流电的反抗能力，等于在很短的时间段内电池电压变化量与电流变化量的比值。实际测量中将电池从开路状态开始恒流充电或放电，相同时间里负载电压和开路电压的差值除以电流值就是直流内阻。试验表明：铅酸电池在放电后期，直流内阻明显增大，可以用来估计电池 SOC；镍氢电池和锂离子电池直流内阻变化规律与铅酸电池不同，应用较少。

直流内阻的大小受计算时间段的影响。如果时间段短于 10ms，则只有欧姆内阻能够检测到；如果时间较长，则内阻将变得复杂。准确测量电池单体内阻比较困难，这是直流内阻法的缺陷，内阻法适用于放电后期电池 SOC 的估计，可与安时积分法组合使用。

6. 神经网络法

电池是高度非线性的系统，对其充放电过程很难建立准确的数学模型。神经网络具有非线性的基本特性，具有并行结构和学习能力，对于外部激励能给出相应的输出，故能够模拟电池动态特性以估计 SOC。

估计电池 SOC 常采用三层典型神经网络。输入、输出层神经元个数由实际需要确定，一般为线性函数。中间层神经元个数取决于问题的复杂程度及分析程度。估计电池 SOC 常用的输入变量有电池的电压、电流、温度、内阻、累积放出电量、环境温度等。神经网络输入变量的选择是否合适，变量数量是否恰当，直接影响模型的准确性和计算量。神经网络法适用于各种电池，缺点是需要大量的参考数据进行训练，估计误差受训练数据和训练方法的影响很大。

7. 卡尔曼滤波法

卡尔曼滤波理论的核心思想是对动力系统的状态做出最小方差意义上的最优估计。应用于电池 SOC 估计，电池被看作动力系统，SOC 是系统的一个内部状态。电池模型的一般数学形式为

状态方程

$$x_{k+1} = A_k x_k + B_k u_k + w_k = f(x_k, u_k) + w_k \quad (6-9)$$

观测方程

$$y_k = C_k x_k + v_k = g(x_k, u_k) + v_k \quad (6-10)$$

系统的输入向量 u_k 中通常包含电池电流、电池温度、电池剩余电量和内阻等变量，系统的输出 y_k 通常为电池的工作电压，电池 SOC 包含在系统的状态量 x_k 中。$f(x_k, u_k)$ 和 $g(x_k, u_k)$ 都是由电池模型确定的非线性方程，在计算过程中要进行线性化。估计 SOC 算法的核心是一套包括 SOC 估计值和反映估计误差的协方差矩阵的递归方程。协方差矩阵用来给出估计误差范围。式 (6-11) 在电池模型状态方程中将 SOC 描述为内部状态的依据。

$$SOC_{k+1} = SOC_k - \frac{\eta(i_k) i_k \Delta t}{C} \quad (6-11)$$

卡尔曼滤波法估计电池 SOC 适用于各种电池，与其他方法相比，尤其适于电流波动比较剧烈的混合动力电动汽车的电池 SOC 估计，它不仅给出了 SOC 的估计值，还给出了 SOC 的估计误差，缺点是对电池模型准确性和计算能力要求高。

6.3.2.2 动力电池的 SOH 估计

SOH（State of Health）表面指电池的健康状况，包括容量、功率、内阻等性能，更多情况下是对电池组寿命的预测。通常认为是指测量的容量与额定容量之比。测量的容量是在标准放电条件下全充满电池的放电容量，是电池寿命情况的一种反映，在纯电动汽车中可以此来进行表述，因为纯电动汽车应用基本上是全充全放状态，每次可以进行相互比较。而在混合电动汽车中，使用的只是中间部分的荷电状态，电池容量应用过程中是无法进行检测的。如果考虑电源系统的输入、输出功率能力的变化，也是不能正常检测的，功率能力特点可以通过系统的直流内阻来反映，因此，在混合电动汽车的应用中更多以电池内阻来反映电源系统的 SOH。

随着电池寿命的进行，发生变化的参数主要有电池的容量、电池的功率能力、电池的内阻等。对于寿命的预测主要通过这三个参数分别或联合来进行。但这三个参数与寿命不是直接的线性关系，还受多种因素影响，如电流、温度、储存时间、DOD 等。在实际应用中，还必须考虑这些参数是否容易得到、如何计算等。通过可得到的参数，建立电源系统的寿命预测模型。

建立电池的寿命预测模型，前提是基于以下假设：

1) 系统的故障与寿命必须完全区分开，假设电池按正常衰减机理退化。
2) 系统内的电池均是一致的，包括环境、应用条件、衰减程度等。

下面介绍两种电池的寿命预测模型，即多参数模型和电阻折算法预测模型。

1. 多参数模型

在电池应用过程中，容易检测到的参数是有限的，主要有电压、电流、温度、时间等。对于部分电池也有可能检测到电池的内压（通过电池壳体的变化或直接内置传感器）以及

电池的应用历史状况。根据检测到的参数通过计算可以间接得到的参数主要有电池的直流内阻、充放电累计能量等。

因此在电动车应用过程中，主要应通过对上述参数的检测或计算来预计电池的寿命。这就需要了解这些参数在寿命循环过程中的变化。

根据上面的分析，循环寿命应符合下述函数形式：

$$n = f(T, I, S) \tag{6-12}$$

式中　n——电池组循环次数；
　　　T——温度参数；
　　　I——电流；
　　　S——电池荷电状态（SOC）。

这三个影响因素之间是相互影响的。例如，温度升高，电池可以承受的大电流放电能力就会相应提高，因此在与温度较低时比较，同样电流下其影响就会降低。同样，温度升高，电池适应的工作 SOC 范围也会发生改变，因此其间的相互作用是不容忽略的。电池的加速寿命试验也是建立在这三个参数的变化影响之上的。但同时，在实际应用中，有些影响因素是不会发生变化的，如车辆控制的 SOC 应用范围，在正常的温度范围内，是不会发生较大调整的，除非由于温度变化引起一些控制因素（如电压等）达到了极限值。

2. 电阻折算法预测模型

电阻折算法预测模型是较早采用的模型，首先要知道电阻值与衰减后容量的关系曲线，需要对电池进行测试。通过检测电压、电流、温度等参数，根据合适的电池模型间接算得电阻值，然后根据关系曲线计算求得 SOC。采用循环次数折算法设计一个工况时，需将实际电池的运行状况等效成设定的循环工况次数，或采用合适的控制策略等效成循环次数。例如单次放电荷电状态的变化超过 10%，则认为循环次数加 1，然后根据曲线查表求得衰减后的容量，从而求得电池的 SOH。

系统差分方程：

$$U_k = aU_{k-1} - R_0 I_k + [a(R_0 + R_p) - R_p]I_{k-1} \tag{6-13}$$

式中　U_k——k 时刻电池的输出电压；
　　　U_{k-1}——$(k-1)$ 时刻电池的输出电压；
　　　I_k——k 时刻电池的加载电流；
　　　I_{k-1}——$(k-1)$ 时刻电池的加载电流；
　　　R_0——电池欧姆内阻；
　　　R_p——电池极化内阻。

待辨识的参数为 a、R_0、R_p、C_p，C_p 的值在获得 a 和 R_p 之后可由 $a = e^{-TR_p C_p}$ 推出（T 为采样步长，C_p 为极化电容）。

在模型结构确定以后，可以根据试验方法所获得的数据对系统模型中的参数进行辨识。在参数辨识领域，常采用最小二乘法。

6.3.3　动力电池组的均衡

车用动力电源系统是由多个单体电池串联组成，以满足所需电压和功率要求。在实际使用中，由于单体电池之间的差异，电池组放出的电量只能由最弱的电池决定。在串联电池组中，虽然通过单体电池的电流相同，但是由于电池电量不均衡，电池的放电深度也会不同，初始电量高的总会欠充欠放，而初始电量低的总会过充过放，这就造成初始电量高的衰减缓慢、寿命长，初始电量低的衰减加快、寿命缩短，两者之间的差异会越来越大，最终初始电量低的电池失效导致电池组的提前失效。如果电池组寿命低于单体平均寿命的一半，可以推断是由于使用技术不当造成的，首要原因即过充和过放导致单体电池提前失效。

通常把因单体电池的性能差异而导致的电池组性能降低的现象称为电池匹配失衡。大多数情况下，引起匹配失衡的原因是电池的制作工艺和检测手段的不完善，而不是电池本身的化学属性变化。即使在生产出电池后进行分类再进行组合，也会出现电池匹配失衡的现象。例如各单体的自放电量不同导致电池组在搁置过程中的容量失衡、单体之间电阻不同导致个别单体在电池组充电过程中过充等。

要实现单体电池的均衡控制，均衡器是电池管理系统的核心部件，离开均衡器管理系统即使得到了电池组测量数据，也无所作为，也就无所谓管理。目前国内外对车用动力电源系统的均衡，尤其是锂离子电池的均衡，进行了详细的研究，并有多种产品出现。基本原理均是根据单体电池的电压进行调控。均衡保护的基本原理就是调节使用过程中某些电压异常的电池的通过电流，调节其输出和输入，逐渐使这些电池电压回复到与其他电池一致，如图 6-7 所示。

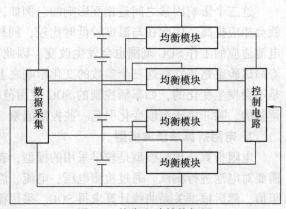

图 6-7　均衡电路结构框图

均衡的意义就是利用电子技术，使锂离子电池单体电压偏差保持在预期的范围内，从而保证每个单体电池在正常使用时不发生损坏。若不进行均衡控制，随着充放电循环的增加，各单体电池电压逐渐分化，使用寿命将大大缩减。

均衡的基本目的是"削峰填谷"。即在充电、放电或搁置过程中，通过外加电路对电池充放电电流的调节，使应用过程中电池的电压达到较好的一致性，提高车辆的续驶里程和电池组的使用寿命。

为了平衡电池组中单体电池的容量和能量差异，提高电池组的能量利用率，在电池组的充放电过程中需要使用均衡电路。根据均衡过程中电路对能量的消耗情况，均衡电路可以分为能量耗散型和能量非耗散型两大类。能量耗散型是将多余的能量全部以热量的方式消耗，非耗散型是将多余的能量转移或者转换到其他电池中。

能量耗散型是通过单体电池的并联电阻进行充电分流从而实现均衡，如图 6-8 所示。这种电路结构简单，均衡过程一

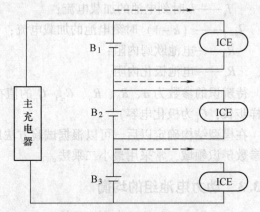

图 6-8　电阻分流式均衡原理图
（ICE 为单体电池均衡器，图中虚线箭头代表电流方向）

般在充电过程中完成，对容量低的单体电池不能补充电量，存在能量浪费和增加热管理系统负荷的问题。能量耗散型一般有两类：一是恒定分流电阻均衡充电电路，每个单体电池上始终并联一个分流电阻。该类电路的特点是可靠性高，分流电阻值大，通过固定分流来减小由于自放电导致的单体电池差异。其缺点在于无论电池充电还是放电，分流电阻始终消耗功率，能量损失大，一般在能够及时补充能量的场合适用。二是开关控制分流电阻均衡充电电路，分流电阻通过开关控制，在充电过程中，当单体电池电压达到截止电压时，均衡装置能阻止其过充并将多余的能量转化成热能。这种均衡电路工作在充电期间，特点是可以对充电时单体电池电压偏高者进行分流。其缺点是由于均衡时间的限制，导致分流时产生的大量热量需要及时通过热管理系统耗散，尤其在容量比较大的电池组中更加明显。例如，10A·h 的电池组，100mV 的电压差异，最大可达 500mA·h 以上的容量差异，如果以 2h 的均衡时间，则分流电流为 250mA，分流电阻值约为 14Ω，则产生的热量约为 2W·h。

非能量耗散型电路的耗能相对于能量耗散型电路小很多，但电路结构相对复杂，可分为能量转换式均衡和能量转移式均衡两种方式。

（1）能量转换式均衡　能量转换式均衡是通过开关信号，将电池组整体能量对单体电池进行能量补充，或者将单体电池能量向整体电池组进行能量转换。其中单体能量向整体能量转换，一般都是在电池组充电过程中进行，电路如图 6-9 所示。该电路是通过检测各个单体电池的电压值，当单体电池电压达到定值时，均衡模块开始工作。把单体电池中的充电电流进行分流从而降低充电电压，分出的电流经模块转换把能量反馈回充电总线，达到均衡的目的。还有的能量转换式均衡可以通过续流电感，完成单体到电池组的能量转换。

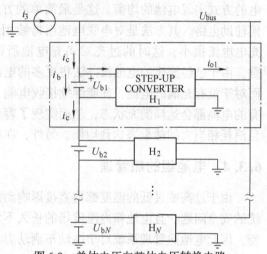

图 6-9　单体电压向整体电压转换电路

电池组整体能量向单体转换，电路如图 6-10 所示。这种方式也称为补充式均衡，即在充电过程中首先通过主充电模块对电池组进行充电，电压检测电路对每个单体电池进行监控。当任一单体电池的电压过高，主充电电路就会关闭，然后补充式均衡充电模块开始对电池组充电。通过优化设计，均衡模块中充电电压经过独立的 DC/DC 变换器和一个同轴线圈变压器，给每个单体电池增加相同的二次绕组。这样，单体电压高的电池从辅助充电电路上得到的能量少，而单体电压低的电池从辅助充电电路上得到的能量多，从而达到均衡的目的。此方式的问题在于二次绕组的一致性难以控制，即使二次绕组匝数完全相同，考虑到变压器漏感以及二次绕组之间的互感，单体电池也不一定获得相同的充电电压。同时，同轴线圈也存在一定的能量耗散，并且这种方式的均衡只有充电均衡，对于放电状态的不均衡无法起作用。

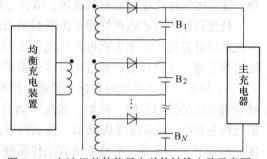

图 6-10　电池组整体能量向单体转换电路示意图

(2) 能量转移式均衡　能量转移式均衡是利用电感或电容等储能元件,把电池组中容量高的单体电池的能量,通过储能元件转移到容量比较低的电池上,如图 6-11 所示。该电路是通过切换电容开关传递相邻电池间的能量,将电荷从电压高的电池传送到电压低的电池,从而达到均衡的目的。另外,也可以通过电感储能的方式,对相邻电池间进行双向传递,此电路的能量损耗很小,但是均衡过程中必须有多次传输,均衡时间长,不适于多串的电池组。改进的电容开关均衡方式,可通过选择最高电压单体与最低电压单体电池间进行能量转移,从而使均衡速度增快。能量转移式均衡中能量的判断以及开关电路的实现较困难。

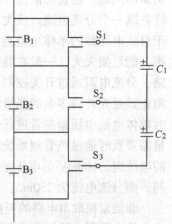

图 6-11　电容开关均衡示意图

除上述均衡方法外,在充电应用过程中,还可采用涓流充电的方式实现电池的均衡。这是最简单的方法,不需要外加任何辅助电路。其方法是对串联电池组持续用小电流充电。由于充电电流很小,这时的过充对满充电池所带来的影响并不严重。由于已经充满的电池没办法将更多的电能转换成化学能,多余的能量将会转化成热量。而对于没有充满的电池,却能继续接收电能,直至到达满充点。这样,经过较长的周期,所有的电池都会达到满充状态,从而实现了容量均衡。但这种方法需要很长的均衡充电时间,且消耗相当大的能量来达到均衡。另外,在放电均衡管理上,这种方法不能起任何作用。

6.3.4　电池组的热管理

由于过高或过低的温度都将直接影响动力电池的使用寿命和性能,并有可能导致电池系统的安全问题,且电池箱内温度场的长久不均匀分布将造成各电池模块、单体间性能的不均衡,因此电池热管理系统对于电动车辆动力电池系统而言是必需的。可靠、高效的热管理系统对于电动车辆的可靠安全应用意义重大。电池组热管理系统有以下 5 项主要功能:①电池温度的准确测量和监控;②电池组温度过高时的有效散热和通风;③低温条件下的快速加热;④有害气体产生时的有效通风;⑤保证电池组温度场的均匀分布。

性能良好的电池组热管理系统需要采用系统化的设计方法。目前已经有许多关于热管理系统的设计方法。美国国家可再生能源实验室(NREL)的 Ahmad A. Pesaran 等人介绍的电池组热管理系统设计的一般过程具体而系统,最具有代表性,其设计过程包括 7 个步骤:

1) 确定热管理系统的目标和要求。根据电池的温度特性和适宜工作的温度范围,确定热管理系统的控制目标。例如,锂离子动力电池适宜的工作温度为 10~40℃,可工作的低温极限是 0℃,高温极限是 45℃。那么热管理系统的设计应在满足该电池工作的极限工作温度的前提下,尽量满足电池的适宜工作温度要求。

2) 测量或估计模块生热及热容量。通过电池的充放电试验以及根据电池的比热容进行电池散热量或加热量的仿真计算,确定散热或加热功率。

3) 热管理系统首轮评估,包括选定传热介质,设计散热结构等相关的工作。一般情况下,电池散热通过风冷或液冷。风冷系统结构相对简单,但效率低;液冷系统结构复杂但效率高。加热方式也有循环热风加热、液流加热、热辐射加热等不同形式。

4) 预测模块和电池组的热行为。根据电池组的应用工况,对于应用过程中的散热量和需要的加热量进行预测和评估。

5) 初步设计热管理系统。根据确定的热介质和热行为评估结果进行热管理系统原理设计和工程设计。

6) 设计热管理系统并进行试验。试制等比例或缩小比例电池系统和电池热管理系统，在试验台架模拟实际工况进行热管理系统工作效果检验。

7) 热管理系统的优化。根据试验结果对热管理系统进行完善和优化。

热管理系统设计过程中的关键技术包括以下4点。

1. 电池热场计算及温度预测

电池不是热的良导体，仅掌握电池表面温度分布不能充分说明电池内部的热状态，通过数学模型计算电池内部的温度场，预测电池的热行为，对于设计电池组热管理系统是不可或缺的环节。中国台湾新竹"清华大学"的 Mao-Sung Wu 等用两维模型研究了氢镍电池的散热能力。美国加州大学的 Yufei Chen 等在计算锂聚合物电池内部温度场时使用了三维模型，该模型已经在大量的电池热管理系统中进行应用。其模型如下：

$$\rho C \frac{\partial T}{\partial t} = k_x \frac{\partial^2 T}{\partial x^2} + k_y \frac{\partial^2 T}{\partial y^2} + k_z \frac{\partial^2 T}{\partial z^2} + q \tag{6-14}$$

式中　T——温度；

　　　ρ——平均密度；

　　　C——电池比热容；

k_x、k_y、k_z——电池在 x、y、z 方向上的热导率；

　　　q——单位体积生热速率。

2. 传热介质的选择

传热介质的选择对热管理系统的性能有很大影响，传热介质要在设计热管理系统前确定。按照传热介质分类，热管理系统可分为空气冷却、液体冷却及相变材料冷却三种方式。

1) 空气冷却是最简单的方式，只需让空气流过电池表面。空气冷却方式的主要优点包括：①结构简单，质量相对较小；②没有发生漏液的可能；③有害气体产生时能有效通风；④成本较低。其缺点在于空气与电池壁面之间换热系数低，冷却、加热速度慢。

2) 液体冷却分为直接接触和非直接接触两种方式。矿物油可作为直接接触传热介质，水或防冻液可作为典型的非直接接触传热介质。液体冷却必须通过水套等换热设施才能对电池进行冷却，这在一定程度上降低了换热效率。电池壁面和流体介质之间的换热率与流体流动的形态、流速、流体密度和流体热传导率等因素相关。液冷方式的主要优点包括：与电池壁面之间换热系数高，冷却、加热速度快，体积较小。其主要缺点是存在漏液的可能，质量相对较大，维修和保养复杂，需要水套、换热器等部件，结构相对复杂。

3) 相变材料是指随温度变化而改变形态并能提供潜热的物质。相变材料由固态变为液态或由液态变成固态的过程称为相变过程。相变材料具有在一定温度范围内改变其物理状态的能力，既能实现动力设备在比较恶劣的热环境下电池有效地降温，又能满足各电池单体间温度分布的均衡，从而达到动力设备的最佳运行条件，延长电池寿命的同时提高动力设备的动力性能。电池热管理系统所采用的相变材料应具有较大的相变潜热，以及理想的相变温度，经济安全，循环利用率高。

在应用中，空气冷却和液体冷却应用较多，日本丰田汽车公司的混合动力电动汽车 Prius 和本田汽车公司的 Insight 都采用了空冷的方式。通用的增程式电动汽车 Volt 采用了液冷方式，单体电池的最大温差不超过 3℃。中国国内研制的电动汽车多采用空冷方式。相变材料的应用尚处于试验阶段。

3. 热管理系统散热结构的设计

电池箱内不同电池模块之间的温度差异，会加剧电池内阻和容量的不一致性，如果长时间积累，会造成部分电池过充电或者过放电，进而影响电池的寿命与性能，并造成安全隐患。电池箱内电池模块的温度差异与电池组布置有很大关系，一般情况下，中间位置的电池容易积累热量，边缘的电池散热条件要好些。因此，在进行电池组结构布置和散热设计时，应尽量保证电池组散热的均匀性。以空冷散热为例，一般有串行和并行两种通风方式来保证电池组散热的均匀性。在风道设计方面，需遵循流体力学和空气动力学的基本原理。

4. 风机与测温点的选择

在设计电池热管理系统时，需要选择的风机种类与功率、温度传感器的数量及测温点的位置恰到好处。

以空冷散热方式为例，设计散热系统时，在保证一定散热效果的情况下，应尽量减小流动阻力，降低风机噪声和功率消耗，提高整个系统的效率。可以用试验、理论计算和流体力学（CFD）的方法通过估计压降、流量来估计风机的功率消耗。当流动阻力小时，可以考虑选用轴向流动风扇；当流动阻力大时，离心式风扇比较适合。当然也要考虑到风机占用空间的大小和成本的高低。寻找最优的风机控制策略也是热管理系统的功能之一。

电池箱内电池组的温度分布一般是不均匀的，因此需要知道不同条件下电池组热场分布以确定危险的温度点。测温传感器数量越多，测温就越全面，但会增加系统成本和复杂性。根据不同的实际工程背景，理论上利用有限元分析、试验中利用红外热成像或者实时的多点温度监控的方法可以分析和测量电池组、电池模块和电池单体的热场分布，决定测温点的个数，找到不同区域合适的测温点。一般的设计应保证温度传感器不被冷却风吹到，以提高温度测量的准确性和稳定性。在设计电池时，要考虑到预留测温传感器空间，如可以在适当位置设计合适的孔穴。日本丰田汽车公司混合动力电动汽车 Prius 的电池组有 228 个电池单体，温度的监测由 5 个温度传感器完成。

6.4 动力电池的梯次利用与回收

动力电池的性能随使用次数的增加而衰减，当动力电池的性能下降到原性能的 80% 时，将不能达到电动汽车的使用标准。因此，当动力电池不宜在现有车辆上继续使用时，可对其进行梯次利用；充分发挥动力电池的利用价值后还可对其回收利用，提取电池中的贵金属、稀土元素等稀缺资源，提高资源利用率，减少污染。

6.4.1 动力电池的梯次利用

动力电池的梯次利用是指当动力电池不能满足现有电动车辆的功率和能量需求时，将其转移应用到对动力电池能量密度、功率密度要求较低的其他领域，达到充分发挥其剩余价值的目的。

国内外对动力电池梯次利用的研究尚处于前瞻性阶段。日产汽车和住友集团合资成立了 4R Energy 公司，从事电动汽车废弃电池的再利用，在日本和美国销售或租赁的日产 Leaf 汽车的二手电池用于住宅和商用的储能设备。夏普公司也在开发智能功率调节器，以使车载动力电池可以用于家庭电源管理。此外，美国 EnerDel 公司和日本伊藤忠商事株式会社也有合作，在部分新建公寓中推广二次利用的动力电池。美国杜克能源和日本伊藤忠商事株式会社也在合作进行二手电池再利用的研究，对容量不足 80% 的电动汽车旧电池进行再利用测试，收集这些锂电池在二次利用（辅助家庭供电、储蓄可再生电源并为电动车提供快速充电）中的使用寿命数据。美国通用公司与瑞典 ABB 集团联合开展了车载锂电池（针对 2010 年底量产的插电式混合动力车 Volt）再利用的调查与研究，包括智能电网方面，如用来存储光伏电池系统和风力发电系统等所产生的电力。除了相关企业之外，一些研究机构也开始了对动力电池二次利用的研究。从 2011 年开始，通用汽车与 ABB 开始合作试验如何利用雪佛兰 Volt 的电池组采集电能、回馈电网并最终实现家用和商用供电。2012 年 11 月通用汽车公司与 ABB 在美国旧金山共同展示了一项未来电池再利用的全新尝试：将五组使用过的雪佛兰 Volt 蓄电池重新整合入一个模块化装置，可以支持 3~5 个美国普通家庭 2h 的电力供应。2015 年，博世、宝马和瓦腾福公司就动力电池再利用展开合作项目，该项目利用宝马 ActiveE 和 i3 纯电动汽车退役的电池建造 2MW/2MW·h 的大型光伏电站储能系统。

《"十三五"国家战略性新兴产业发展规划》指出，要推进动力电池梯次利用，建立上下游企业联动的动力电池回收利用体系。

1. 梯次利用过程

针对退换的动力电池前期的梯次利用问题，设计了高速电动汽车、城市特殊用途车辆、低速微型电动车、电站 UPS 储能二级需求方向。通过试验摸索，对寿命到期的动力电池进行全部评估以获得有梯次利用价值的电芯；然后建立梯次利用电芯数据库，并分别从容量和功率角度对所述有梯次利用价值的动力电池进行筛选，重新分组匹配，最后对梯次筛选后的动力电池分级使用。具体步骤如下：

1) 外观筛选。剔除变形、漏液电池。
2) 基本性能筛选。剔除电压明显高于或低于正常阈值的电池，剔除内阻异常偏大的电池。
3) 建立数据库。对剩余电池进行电性能测试，按某种编码方式建立数据库，并抽检安全测试。
4) 按需配组。对性能良好的电芯按照电压、容量、内阻等参数，组成符合要求的电池模组。
5) 成组装配。多模组连接成新电池包，检测是否符合使用要求。
6) 初期跟进验证。初期连续使用测试跟进。
7) 拆解回收。不能成组的电池进行材料再生和回收。

例如：在城乡接合部应用的低速电动车、旅游观光车，现阶段应用的能量源以铅酸电池为主，若将容量衰退到原有容量 50% 左右的锂离子电池应用于此，其能量密度仍大于铅酸电池，且可获得比原有铅酸电池更好的性能。

针对退换下来的动力电池前期的梯次利用问题，可设计如表 6-1 所示的高速电动汽车、城市特殊用途车、低速微型电动车以及电站 UPS 储能二级需求方向。

表 6-1 动力电池利用梯次划分

梯次 项目	1	2	3	4
电池容量/(A·h)	80~100	60~80	40~60	<40
使用车型	大型公交车、高速电动汽车	城市特殊用途车辆、市政用车等	低速电动微型车、旅游观光车	电站 UPS 储能

在实际应用中，以奥运纯电动公交客车退役电池为对象，假设退役电池容量为其额定容量的80%，二次利用的成品率为90%，电力电子设备的充放电效率均为90%，电池使用时的放电深度为60%，则当新电池价格为3.0元/(W·h)时，通过梯次利用的方式，可使新电池价格降低约15%。

2. 梯次利用技术问题

动力电池的梯次利用过程一般可以分为三个阶段。第一阶段包括回收电池的性能评估以及二次利用领域的调研。电池的性能评估要全面，包括电性能和安全性测试等信息，也要有针对性，包括针对二次利用领域的使用环境和电池要求的特定性能分析。二次利用领域的调研要有详细的电池使用状态、环境和要求，与现有电池产品（铅酸电池等）的性价对比，预期的市场规模等信息，另外要初步确定动力电池的梯次利用策略，如在某个特定的二次利用领域，电池的再利用需要考虑各种因素对电池寿命和经济收益的影响。其中，在用于电动汽车的一次利用阶段需要考虑在何种电池状态或者何时从电动汽车上取下电池最佳，在电池的重新整修阶段需要考虑电池如何收集、分类、筛选、整修以及配组等；在二次利用时需要考虑如何管配附件、电池配组的使用以及如何维修处理等，在电池的回收和再利用中还需要考虑电池的所有权问题。

动力电池梯次利用的第二阶段包括电池在二次利用领域的产品设计、性能评估以及市场开发和推广等。产品设计要考虑二次利用电池的物理和化学性能，电池本身的成本估算以及重新处理加工成本的控制，针对二次利用锂电池价格较低的特点，体现再利用电池产品与现有电池相比的优势，在满足性能要求的基础上充分发挥电池的价值。对回收电池的重组产品在二次利用领域中的性能评估，参照该领域现有电池的使用条件和运行环境等参数，进行性能研究、寿命分析、安全性测试等，这包括在实验室中精确地控制运行条件下的电池性能测试，以及实际工况测试评估等。这个阶段的测试分析要可靠和全面，其中二次利用电池的一致性和安全性需要特别注意，在产品设计和性能评估中要重点考虑。在动力电池的二次利用中，市场开发和推广也是非常重要的，现阶段锂电池的应用领域也处在不断开发和推广中，因此对于回收锂电池的二次利用，除了现有电池应用市场之外，可能更需要开发和拓展一些新的市场领域，以相对较低的价格弥补锂电池成本昂贵的缺点，不断推动锂电池行业的发展。

梯次利用的第三阶段，在前两个阶段对动力锂电池二次利用的评估调研、产品开发推广的基础上，逐步形成锂电池回收和梯次利用的标准流程和方法体系。电动汽车的市场推广已经起步，建立动力电池回收和处理的标准体系已成为一个迫切需要解决的问题。动力电池梯次利用的方法体系包括回收电池的分选和配组体系的建立、电池回收处理标准流程的形成等。此外，对动力电池梯次利用的研究也会促进动力电池的生产和设计的完善发展。电池梯次利用研究涉及为方便二次利用而对电动汽车电池的设计和生产标准的改进，以及对锂电池的其他应用领域的调整改进等。对动力电池梯次利用的研究和开发，将在一定程度上反馈到电动汽车和电池模组的设计中，并可能提供一套完整的方法体系或者标准来实现其他类型锂电池的梯次利用。

现今对于电动汽车用锂电池梯次利用的研究，都还处于第一阶段的初始阶段，其中还有很多技术问题需要解决，如回收的电动汽车用锂电池的分档和筛选问题。与新电池不同，回收动力电池的一致性较差，电芯的性能参数差异较大，如何确定简单、合适、可靠并具备一定普适性的分选条件是电池二次利用首先面临的问题之一，而电池的分选需要建立在对回收动力电池性能全面了解的基础上。另外一个技术问题则是如何对回收电芯进行整修，如何重新配组。除了电性能与新电池有差异外，回收的动力电池的物理外观也有可能不同，如电芯胀气。这些电芯如何整修，如何设计配组成包技术，如何控制电池整修重配，如何确定简单普适的技术以方便大规模利用回收电池，也是非常关键的问题。此外，回收电池二次利用重新配组后，电池组的容量衰减、一致性和安全性能，动力电池二次利用市场的开发，竞争力、性价比和收益分析等方面的问题也是需要考虑的。虽然之前已有少量文献报道，但针对动力电池的梯次利用，仍需开展大量的研究工作。

6.4.2 动力电池的回收

在电池梯级利用的最后阶段，所有的电池都要进入到报废阶段，进行材料回收才能避免资源浪费和环境污染。国内外关于失效动力锂离子电池的研究报道和大规模应用并不多。日本东芝公司将电池以放电方式击碎，对有用金属进行干性分选，再根据化学性质的差异，用 $H_2SO_4 + H_2O_2$ 对其处理，除去铜、铝等杂质，电分解后得到氢氧化钴，最终钴和锂的回收率为 70%~80%。美国 Toxco 公司开发的锂电池回收处理技术是在液氮环境下低温冷冻电池，从而使其材料的化学性质变得不活泼，然后拆开电池，分离其中的材料。

对于动力锂电池的回收提取工艺，国内多数厂家不具备回收技术与能力，一般将废电池或废料统一出售，目前大部分研究者的工作还是处于试验性质，例如根据黏结剂 PDVF 的性质，选择使用极性较小且较廉价的丙酮溶解 PDVF，分离正极和集流体铝片，并且试验使用的丙酮以及铝片均可回收再利用，是一种经济环保的绿色技术。采用真空热解的方法预处理废旧锂离子电池的正极材料，有机黏结剂基本除去，正极活性物质大部分从铝箔上脱落分离，铝箔保持完好，直接以其金属态回收，避免了预处理过程对环境的危害。关于电极材料中有用金属的提取方法国内的研究有很多，如高温熔炼成合金、酸浸、碱浸、生物浸出、溶剂萃取、电解等多种方法提取有价金属。

目前，以锂离子电池为主的有价金属回收技术的研究有很多，从提取工艺上看大体可分为 3 大类：干法回收技术、湿法回收技术、生物回收技术。

电池不同部位可回收元素见表 6-2。

表 6-2　电池不同部位可回收元素

电池部位	主要成分	可回收元素
正极材料	镍钴锰三元材料、锰酸锂、磷酸铁锂等	锂、钴、镍、锰、铁等
负极材料	碳基材料（石墨化碳、无定形碳）、硅基材料等	碳、合金
外壳	铝壳、不锈钢、镀镍式塑料外壳	铝、铁、镍、塑料等
电解质	全固电解质及凝胶聚合物等	部分有机物
隔膜	聚乙烯、聚丙烯膜	—

6.5　本章小结

由于目前的动力电池在能量密度、一致性、安全性等方面均未尽如人意，因此，电池管理系统对于电动汽车而言具有重要的意义，它能够在单体电池性能一定的前提下，尽可能提高电池的利用率及可靠性，实现储能高能化。

本章对电动汽车中的电池管理系统进行了详尽的介绍，根据本章内容的要点，基本上可以构造一个"可用的"动力电池管理系统。

电池管理系统主要由主控模块（MCU）、数据采集模块（BMU）、均衡模块、显示模块、控制模块（继电器、熔断装置）以及检测模块（漏电检测、电流传感器、温度传感器等）等组成。而电池管理系统的结构可以分为集中式和分布式两种。

电池管理系统的功能主要包括：数据采集、电池状态估计、能量管理、热管理、安全管理和通信功能，扩展功能包括充电管理、数据显示和故障诊断等。

动力电池的特性测试主要包括实际容量测试、充放电效率测试、放电倍率特性测试、电动势曲线及等效内阻测试等，通过对电池特性进行测试可以了解电池的基本特性，同时对电池管理系统的开发有着重要的作用。

动力电池测试的标准化有着较为重要的意义。首先，电动汽车及其零部件开发单位内部需要统一标准。其次，不同的研发单位之间若采用统一的测试标准，将有利于电池管理系统这一新兴汽车零部件的产业化发展。再次，统一的测试标准有利于测试设备的生产和制造。

电池模型可划分为电化学模型、热模型、耦合模型和等效电路模型 4 种类型。着重介绍了电池的电化学模型和等效电路模型。其中列举了几种常见的电化学模型，包括 Shepherd 模型、Un-newehr 模型、Nerst 模型和综合了以上三种模型的简化电化学模型；几种常见的等效电路模型包括 Rint 模型、Thevenin 模型、PNGV 模型和改进二阶 RC 模型。

介绍了几种常用的估计 SOC 的方法，包括放电法、安时积分法、开路电压法、负载电压法、内阻法、神经网络法和卡尔曼滤波法，其中放电法是最可靠的 SOC 估计方法，安时积分法是最常用的 SOC 估计方法。SOH 估计方面一直是电池管理系统的难点，本章简单介绍了两种电池的寿命预测模型，即多参数模型和电阻折算法预测模型。

热管理是动力电池的重要研究课题。然而，热管理是一个综合解决方案，需要与整车的机械设计、整车控制系统设计综合起来进行，但核心的管理工作还是应由电池管理系统来进行。此外，还介绍了美国国家可再生能源实验室（NREL）的 Ahmad A. Pesaran 等人总结的电池组热管理系统设计的一般过程，并介绍了电池热管理系统的几种常见的传热介质。

最后介绍了动力电池的梯次利用与回收的过程和主要技术。

习 题

1. 什么是电池管理系统？电池管理系统的基本功能和结构如何？
2. 电池性能测试主要有哪几种？
3. 电池模型主要分为哪几种？并分别举例。
4. 常用的 SOC 估计方法有哪几种？
5. 简述电池热管理系统的设计步骤，并写出常用的电池热管理传热介质。
6. 简述电池梯次利用的基本步骤。

第7章

电动汽车的电气系统

7.1 概述

电气系统是电动汽车的重要组成部分,如图7-1所示,它承担着能量与信息传递的功能,对电动汽车的动力性、经济性、安全性和舒适性等有很大影响。根据不同的电压等级和用途,电动汽车电气系统分为低电压系统和高电压系统两个部分。低电压系统采用直流12V或24V电源,一方面为灯光、刮水器等车辆的常规低压电器提供电源,另一方面为整车控制器、高压电气设备的控制电路和辅助部件提供电源。高电压系统主要由燃料电池、动力电池、电源变换器和驱动电动机等大功率、高电压电气设备组成,根据车辆行驶的功率需求完成从燃料电池和动力电池到驱动电动机的能量变换与传输过程。

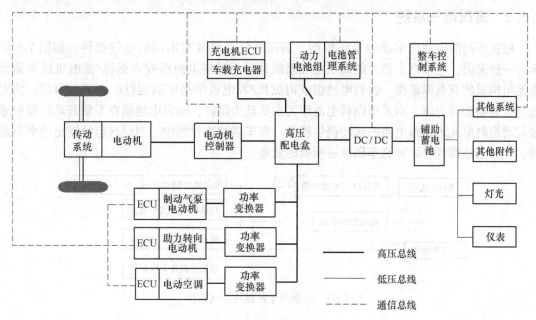

图7-1 电动汽车电气系统的结构原理

7.1.1 低压电气系统

电动汽车低压电气系统如图7-2所示,主要由DC/DC变换器、辅助蓄电池和若干低压电气设备组成。电动汽车的低压电气设备主要包括灯光系统、仪表系统和娱乐系统等。燃油汽车的蓄电池与发动机相连由发电机来充电,而电动汽车的辅助蓄电池则由动力电池通过

DC/DC 变换器来充电。

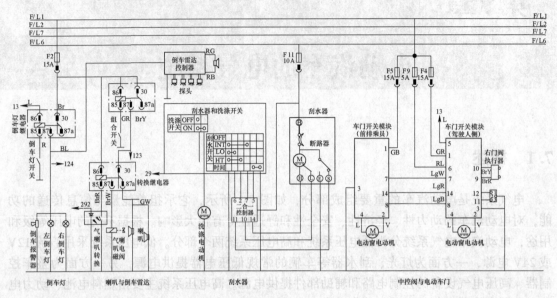

图 7-2 电动汽车低压电气系统

7.1.2 高压电气系统

根据不同的电动汽车动力系统构型，高压电气系统具有不同的电气部件，如图 7-3 所示。一般来说，电动汽车最大的高压电气系统是采用燃料电池组或内燃机/发电机组与动力电池组构成的双电源结构。燃料电池组或内燃机/发电机组是车辆运行的主要动力源，动力电池组是辅助动力源。当采用燃料电池组为主要动力源时，动力电池组在车辆起动过程中通过起动控制单元为燃料电池的起动提供能量。在车辆加速过程中，当燃料电池输出功率不足时，动力电池组放电以补充车辆加速所需的能量。

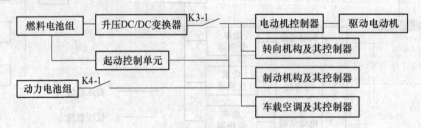

图 7-3 电动汽车的高压电气系统

当车辆减速/制动时动力电池组吸收制动能量，这种结构降低了整车运行对燃料电池峰值功率和动态特性的要求，有利于提高整车电气系统的可靠性。由于燃料电池组和动力电池组具有不同的输出电压范围和电源外特性，难以直接并联使用。因此，在燃料电池组的输出端串接一个升压 DC/DC 变换器，对燃料电池的输出电压进行升压变换及稳压调节，DC/DC 变换器的输出电压和动力电池组的工作电压相匹配，该电压称为高压电气系统的母线电压。母线电压通过各种电源变换器向驱动机构、动力转向机构和气压制动机构中的电动机等大功率电气设备提供电能，实现车辆的行驶、转向和制动等功能。

7.2 电源变换器

电源变换器可分为直流/直流（DC/DC）变换和直流/交流（DC/AC）变换两类。电动汽车电气系统中的电源变换器主要是 DC/DC 变换器，有降压、升压、双向三种形式，是实现电气系统电能变换和传输的重要电气设备。在各种电动汽车中，电源变换器主要实现以下功能：

1）不同电源之间的特性匹配。以燃料电池电动汽车为例，一般采用燃料电池组合动力电池的混合动力系统结构。在能量混合型系统中，采用升压 DC/DC 变换器；在功率混合系统中，采用双向 DC/DC 变换器。

2）驱动辅助系统中的直流电动机。在小功率（一般低于 5kW）直流电动机驱动的转向、制动等辅助系统中，一般直接采用 DC/DC 变换器供电。

3）给低压辅助蓄电池充电。在电动汽车中，需要高压电源通过降压变换器给辅助电池充电，一般采用隔离型的降压电路形式。

7.2.1 降压变换器

7.2.1.1 直流斩波式降压变换器

直流斩波式降压变换器的基本电路如图 7-4 所示，其中，U_{in} 是输入电压；L、C 分别为电感与电容，对输出电压和电流进行滤波；VT 为功率开关管；VD 为续流二极管。当 VT 导通时，输出电压 U_o 等于输入电压 U_{in}；当 VT 关断时，输出电压等于 0，通过 VT 的交替导通与关断获得给定可调的输出电压，达到降压的目的，其输入电压与输出电压的关系为

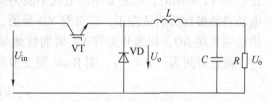

图 7-4 直流斩波式降压变换器的基本电路

$$U_o = U_{in} D \tag{7-1}$$

式中　D——开关占空比，$0 \leq D \leq 1$，因此，$U_o \leq U_{in}$。

直流斩波电路是非隔离式的，一般用在输入、输出电压相差不大的场合，如用于车载小功率高压直流电动机的调速。

7.2.1.2 单端正激式降压变换器

图 7-5 所示的单端正激式降压变换器，是由直流斩波电路衍生而来的，在变压器 TR 的一次侧，通过开关管 VT 的交替导通与关断，在绕组 W_1 上产生占空比可调的电压脉冲，通过变压器的电磁耦合作用，变压器二次绕组 W_2 的输出经过整流和滤波后输出直流电压 U_o，输出电压与输出电流的关系为

$$U_o = U_{in} D \frac{N_2}{N_1} \tag{7-2}$$

式中　D——开关占空比，$0 \leq D \leq 1$；

N_1、N_2——变压器一次绕组和二次绕组的匝数。

与直流斩波电路相比，该式多了一项变压器二次、一次绕组的匝数比，通过选择合适的

变压器降压匝数比,可以得到输出平稳的低电压,同时,由于输入、输出电压的隔离性质,单端正激式降压变换器广泛用于车载24V蓄电池的充电电源。

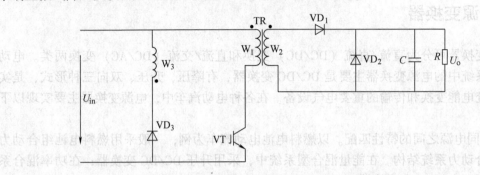

图7-5 单端正激式降压变换器的电路原理

7.2.2 升压变换器

升压变换的DC/DC变换器一般有两种结构:Boost型和全桥逆变式。

7.2.2.1 Boost型变换器

Boost型变换器如图7-6所示,也称为并联开关变换器,由开关管VT、二极管VD、储能电感L和输出滤波电容C组成。当VT导通时,能量从输入端AO流入并储存于电感L中,由于VT导通期间正向饱和管压降很小,二极管VD反偏,变换器输出由滤波电容C提供能量;当VT关断时,电感L中的电流不能突变,它所产生的感应电动势阻止电流减小,感应电动势的极性为右负左正,二极管VD导通,电感中储存的能量经二极管VD流入电容C并供给输出端BO。如果开关管VT周期性地导通和关断,开关周期为T,其中,导通时间为t_{on},截止时间为$(T-t_{on})$,则Boost型变换器输出U_o和输入U_i之间的关系为

$$U_o = U_i \frac{T}{T-t_{on}} \tag{7-3}$$

由式(7-3)可知,当开关周期T不变、改变导通时间t_{on}时,就能获得所需的上升电压值。

当开关管VT导通时,其饱和压降在1V左右。在VT截止期间,二极管VD的压降为1V左右,因此,Boost型变换器的效率可以高达90%以上。而且,其电路结构简单、器件少,作为车载变换器,还具有重量轻、体积小的特点。

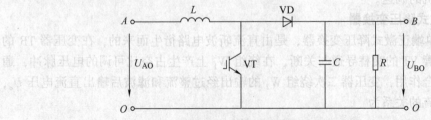

图7-6 Boost型变换器的电路原理

7.2.2.2 全桥逆变式变换器

全桥逆变式变换器如图7-7所示,主要由开关管$VT_1 \sim VT_4$、中频升压变压器TR和输出整流二极管VD_1、VD_2组成。开关管$VT_1 \sim VT_4$构成全桥逆变电路,需要两组相位相反的驱动

脉冲进行控制；当 VT_1 和 VT_4 同时导通、VT_2 和 VT_3 同时关断时，输入电压 U_i 通过 VT_1 和 VT_4 加到中频变压器 TR 的一次绕组上，一次电压 $U_{TR} = U_i$；当 VT_1 和 VT_4 同时关断、VT_2 和 VT_3 同时导通时，输入电压通过 VT_2 和 VT_3 反方向地加在中频变压器 TR 的一次绕组上，一次电压 $U_{TR} = -U_i$；当开关管 $VT_1 \sim VT_4$ 同时关断时，$U_{TR} = 0$。这样，通过开关管 $VT_1 \sim VT_4$ 的交替导通和关断，将输入的直流电压转换成交流电压加到变压器上，其二次电压通过 VD_5 和 VD_6 整流输出直流电压。如果开关管 $VT_1 \sim VT_4$ 的开关周期为 $2T$，其中，导通时间为 t_{on}，变压器电压比为 n（即二次侧与一次侧的匝数比），则全桥逆变式变换器输出 U_o 和输入 U_i 之间的关系为

$$U_o = U_i n \frac{t_{on}}{T} \tag{7-4}$$

由式（7-4）可知，当采用升压变压器时，$n > 1$，可获得变压器的升压特性；当开关周期 T 不变、改变导通时间 t_{on} 时，就能调节输出的电压值。

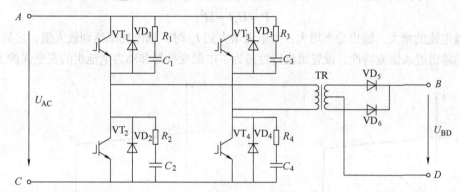

图 7-7 全桥逆变式变换器的电路原理

与 Boost 型电路相比，全桥逆变式变换器的输入和输出是通过中频变压器隔离的，由于变压器具有一定的频率响应带宽，在变换器输入端和变压器一次侧电路产生的部分高频干扰信号不能传输到变换器的输出端，因此，作为车载变换器，全桥逆变式结构具有较好的电磁兼容性能。

7.2.3 双向电源变换器

在混合动力电动汽车中，动力电池组通过双向电源变换器连接到直流母线上，以实现动力电池和燃料电池组或发电机组的功率混合。当燃料电池组或发电机组对动力电池进行充电时，电源变换器起到降压作用。当动力电池通过总线释放能量时，电源变换器起到升压作用。

7.2.3.1 双向电源变换器的电路结构

双向电源变换器采用 Buck-Boost 复合电路结构，如图 7-8 所示。在 Boost 工作模式下，电池组端电压为 U_1，总线电压为 U_h，U_1 通过升压电感 L、开关管 VT_2 的升压变换经二极管 VD_1 连接到总线电压，和燃料电池发动机实现功率混合。在 Buck 工作模式下，总线电压 U_h 通过开关管 VT_1 的斩波降压经过电感 L、电容 C_2 的滤波作用输出 U_1 对电池组

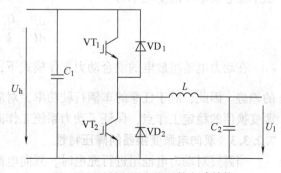

图 7-8 双向电源变换器的电路结构

进行充电，二极管 VD_2 在降压过程中实现输出电流的续流作用。

以功率混合型燃料电池电动汽车为例，说明双向电源变换器升压特性和降压特性的实现方法，系统参数的配置如下：燃料电池发动机额定输出功率为 100kW、工作电压为 350V，最大使用功率为 130kW、工作电压 330V。当总线电压低于 350V 时，镍氢电池组开始通过双向电源变换器放电，放电功率随总线电压的降低而增大。当总线电压低至 330V 时，镍氢电池组达到最大放电功率 50kW。

7.2.3.2 双向电源变换器的升压特性

双向电源变换器的升压特性如图 7-9a 所示，是缓降电压特性与恒流特性的复合电源特性。缓降电压特性段可以描述为

$$U = U_o - kI \tag{7-5}$$

其中，U_o 为电源变换器升压模型的空载输出电压，相应的输出功率特性为

$$P = U_o I - kI^2 \tag{7-6}$$

随着电流的增大，输出功率增大；当电流增大到 I_m 时，输出功率达到最大值，之后，电源变换器的输出进入恒流特性，设置恒流特性是为了电源变换器和动力电池组的安全保护工作。

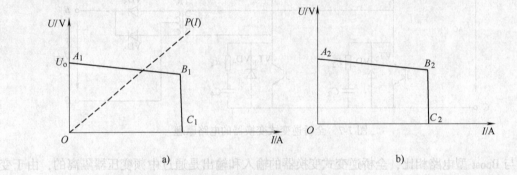

图 7-9 双向电源变换器的输出特性
a）升压特性 b）降压特性

结合燃料电池发动机或发电机的功率特性曲线，得到混合动力系统在总线电压变化时的总输出功率为

$$P = \frac{U_o}{k}U - \frac{1}{k}U^2 \tag{7-7}$$

功率随总线电压的变化率为

$$\frac{dP}{dU} = \frac{U_o}{k} - \frac{2}{k}U \tag{7-8}$$

在动力电池组放电的混合动力工作模式下，$\frac{dP}{dU} < 0$，功率随总线电压的下降呈单调增大的趋势。因此，对于任意的车辆行驶功率，对应确定的总线电压值和燃料电池或发电机、电源变换器的稳定工作点，保证了动力系统工作的稳定性。

7.2.3.3 双向电源变换器的降压特性

当需要对动力电池组进行充电时，双向电源变换器处于降压工作模式，电源输出特性如图 7-9b 所示，由缓降电压特性段和恒流特性段组成。

当动力电池组的荷电状态（SOC）较低时，降压电路工作在恒流特性段，实现大电流恒流充电；随着动力电池组值和端电压升高，电源变换器工作在缓降电压特性段，充电电流随着电池组端电压的升高而逐渐减小，保证电池组充电过程的安全。

7.2.3.4 双向电源变换器的工作模式

以燃料电池混合动力电动汽车为例，说明双向电源变换器的工作模式。根据母线电压的变化，结合上述的电源变换器升压和降压特性，双向电源变换器主要有以下三种工作模式。

（1）电池组放电的混合工作模式　当母线电压降低、接近 U_o 时，起动双向电源变换器的升压电路，输出空载电压 U_o。当总线电压保持在 U_o 以上时，升压电路中二极管 VD_1 处于截止状态，电源变换器没有输出电流；当燃料电池发动机输出功率进一步增大、使得母线电压小于 U_o 时，升压电路开始输出电流，并且跟随母线电压的进一步变化，自适应调节输出电流的大小，使得电源变换器输出功率随着燃料电池发动机输出功率的增大而增大。

（2）纯燃料电池发动机工作模式　随着车辆行驶功率的减小，母线电压大于电源变换器升压电路的空载电压 U_o 时，升压电路自动停止输出电流，系统回到纯燃料电池发动机工作模式。

（3）电池组充电的混合工作模式　当母线电压大于 U_o 较多时，说明车辆行驶的需求功率较小，起动双向电源变换器的降压电路。在降压特性作用下，根据电池组的端电压，充电电流自适应变化。随着电池组端电压的增大，充电电流逐渐减小。当充电电流小于 5A 时，说明电池的 SOC 较大，关断降压电路。这种混合工作模式利用燃料电池发动机实现车载充电，与纯电动汽车需要专用充电设备和较长充电时间相比，车辆的使用效率得到了提高。

模拟车辆加速过程得到的总线电流、电压和功率以及燃料电池发动机和双向电源变换器的输出电流、功率曲线的仿真波形如图 7-10 所示。从图可以看出：当总线电压高于 U_o 时，只有燃料电池发动机提供总线电流，如图中 I_1 所示；当总线电压低于 U_o 时，电池组通过双

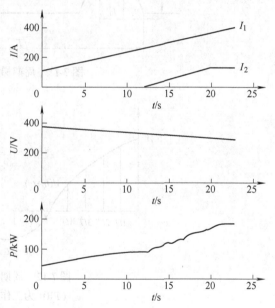

图 7-10　车辆加速过程总线电流、电压、功率波形

向电源变换器输出电流 I_2，随着总线电压的降低，混合动力系统总输出功率增大，在整个过程中，电压、电流变化平稳，系统稳定运行。

7.3　电气系统的电磁兼容性

在电源变换器完成能量的变换与传输的同时，功率开关管周期性的导通与关断将产生宽频的电磁发射，通过电缆和底盘对车辆控制系统产生干扰，形成复杂的电动汽车电磁环境。分析与评价电动汽车的电磁环境和电磁兼容性是电动汽车设计的要点。

7.3.1 电磁噪声的分析

对任何一个电路和电气设备而言,当 $\frac{\mathrm{d}i}{\mathrm{d}t} \neq 0$ 时都会产生电磁噪声。日常所接触到的电磁噪声,其时域特性与频域特性都是非常复杂的。按其时域特性分类,可分为随机噪声与脉冲噪声两大类。例如,热噪声、气体放电噪声等都属于随机噪声类型。而绝大多数脉冲噪声的时域波形都是非理想的不规则脉冲。实际上,电磁兼容领域最关心的不是脉冲的具体波形或频谱的细节,而是不同波形脉冲的总体特性。

以一周期梯形脉冲为例,其时域波形如图 7-11 所示,对应的频谱包络线如图 7-12 所示。频谱包络线有两个转折点:当频率低于 $1/(\pi d)$ (d 为脉冲宽度)时,包络幅度基本不变;当频率在 $1/(\pi d) \sim 1/(\pi t_r)$ 范围内包络幅度按 20dB/10 倍频程下降;当频率高于 $1/(\pi t_r)$ 时,包络幅度按 40dB/10 倍频程下降。

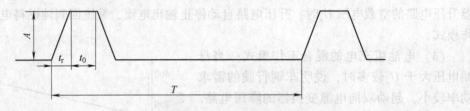

图 7-11 周期梯形脉冲的时域波形

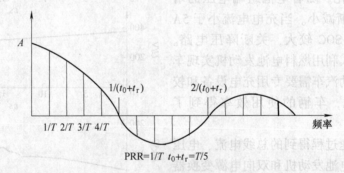

图 7-12 周期梯形脉冲的频谱
(PRR 为工作脉冲重复频率)

对于电磁波来说,无论是传导还是辐射,传播特性都与所研究的导线或空间的几何尺寸对信号的波长比值密切相关。由于电磁脉冲的频谱非常宽,信号波长所占的范围也非常宽,表 7-1 给出了不同频率信号对应的波长。

表 7-1 不同频率信号对应的波长

频率	10kHz	1MHz	100MHz	1GHz
波长/m	30000	300	3	0.3

在一个特定的空间距离,对某些频率的信号为近场,而对另一些频率则为远场。例如,在 3m 距离测量,对于 10MHz 以下的频率属于近场范围,而对于 300MHz 以上频率已进入远场区。另一方面,同样长度的导线,对某些频率为长线,而对于另一些频率则为短线。这就

需要在分析宽频谱电磁噪声的传播特性时，同时考虑远场与近场、长线与短线，从而大大增加了解决问题的复杂性。

7.3.2 电磁噪声的传播

从电磁噪声源到被干扰对象之间的耦合途径分为两种：传导、辐射。下面主要对这两种耦合途径进行介绍。

7.3.2.1 传导耦合

传导耦合要求在源与接收器之间有完整的电路连接。通常有三种耦合通路：公共电源、公共回路、导线间的近场耦合。前两种均属于互传导耦合。

（1）互传导耦合 互传导耦合包括互阻抗耦合及互导纳耦合，如图7-13所示。当电路1中的电流I_1流过公共阻抗Z时，就会在电路2中形成一个压降U_2（其中$U_2 = I_1Z$），该电压就会对电路2负载产生影响。引起这种耦合的公共阻抗可以是任何电路元件，甚至包括导线或结构件自身的阻抗。公共阻抗耦合的典型例子有公共回路阻抗——包括接地母线、机壳接地线和机架搭接带等。

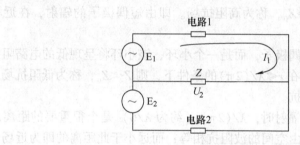

图7-13 互传导耦合

（2）导线间的感性与容性耦合 两个闭合回路，若距离很近，即使没有直接连接，没有互传导耦合，但由于电路间存在磁感应或静电感应，也会产生耦合。磁感应耦合和静电感应耦合的原理如图7-14所示。对于图7-14a中的两根导线，如果考虑两者之间的互感M，则

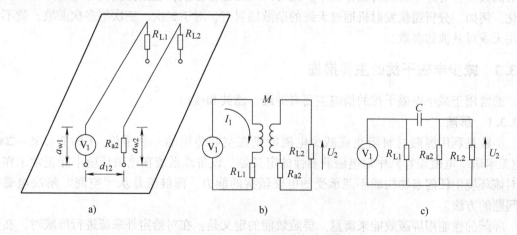

图7-14 磁感应耦合与静电感应耦合

如图 7-14b 中等效电路所示的互感耦合；如果考虑两者之间的分布电容 C，则如图 7-14c 中等效电路所示的电容耦合。实际工程中的计算比图 7-14 所示的原理电路要复杂得多。若考虑的频率范围较高，还应充分注意其分布参数。

7.3.2.2　辐射耦合

用一个长度远小于所考虑的波长的短导线周围的电场、磁场特性来介绍辐射耦合的基本原理。

根据麦克斯韦（Maxwell）方程，一个短偶极子（载有电流的短导线）周围的场具有下列特性（用 r 表示观察点至短偶极子之间的距离）。

1）不同方向的电场及磁场分量分别包含有正比于 $1/r^3$、正比于 $1/r^2$ 以及正比 $1/r$ 的项，当距离 $\lambda/(2\pi) = 1$ 时，三个分量相等。

2）当 $r \gg \lambda/(2\pi)$ 时，正比于 $1/r$ 的项起主要作用，比其他两项的数值都大，并且随着距离的增加衰减很慢。这部分是真正的"辐射场"，此时 $Z = E_\theta/H_\varphi = Z_0 = 120\pi$（$E_\theta$ 为电场强度，H_φ 为磁场强度），称为远场。

3）当 $r \ll \lambda/(2\pi)$ 时，正比于 $1/r^3$ 的项起主要作用。此时的波阻抗 $Z = E_\theta/H_\varphi \approx Z_0\lambda/(2\pi r)$，由于 $r \ll \lambda/(2\pi)$，$Z \gg Z_0$，称为高阻抗场。即由短偶极子的辐射，在近场区为高阻抗场。

此外，如果源不是一个短偶极子，而是一个小环，该小环将呈现低的电路阻抗。此时波阻抗 $Z = E_\theta/H_\varphi \approx Z_0 \times 2\pi r/\lambda$，在 $r \ll \lambda/(2\pi)$ 的条件下，则 $Z \ll Z_0$，称为低阻抗场。即由小电流环的辐射，在近场区为低阻抗。

由上述可见，在研究场的辐射时，$\lambda/(2\pi)$（约为 $\lambda/6$）是个很重要的距离。远大于此距离的即为远场，波阻抗与自由空间的波阻抗相等；而远小于此距离的即为近场。

在远场区，电波传播的特点是电场与磁场共存，且两者之间保持 120π 的关系。工程实践表明，对于远场耦合，大多是通过天线进行的。有关天线的理论与实践足以支持这方面的分析与计算。在分析通过天线进行的电磁噪声的传播时，应特别注意，在无线电业务中有关天线的特性，都是对该天线的工作频带给出的。但是在分析通过天线辐射的电磁噪声时，所关心的频率有时并非天线的工作频率。此时天线的全部参数，包括方向图等都将产生巨大的变化。例如，分析通信发射机通过天线的杂散辐射时，对于二次、三次等多次谐波，就不能使用天线对基波的参数。

7.3.3　减少电磁干扰的主要措施

通常用于减小电磁干扰的措施主要有屏蔽、滤波和接地。

7.3.3.1　屏蔽

屏蔽是利用屏蔽材料阻止或减少电磁能量在空间传输的一种措施。GB/T 4365—2003《电工术语　电磁兼容》中对电磁兼容性的定义是，设备或系统在电磁环境中能正常工作且不对该环境中任何事物构成不能承受的电磁骚扰的能力，而屏蔽是从"空间"解决电磁兼容问题的方法。

屏蔽的性能用屏蔽效能来衡量。屏蔽效能的定义是：在对给定外来源进行屏蔽时，在某一点上屏蔽体安放前后的场强之比。

对于电场屏蔽：

$$SE_E = \frac{E_0}{E_1} \tag{7-9}$$

对于磁场屏蔽：

$$SE_H = \frac{H_0}{H_1} \tag{7-10}$$

式中　SE——屏蔽效能（倍数）；

E_0、H_0——无屏蔽体时某点的电场强度、磁场强度（单位均为 dB）；

E_1、H_1——有屏蔽体时同一点的电场强度、磁场强度（单位与 E_0、H_0 相同）。

在工程上，屏蔽效能一般用分贝表示，此时上述公式可写为

$$dB_{SE_E} = 20\lg\frac{E_0}{E_1} \tag{7-11}$$

$$dB_{SE_H} = 20\lg\frac{H_0}{H_1} \tag{7-12}$$

屏蔽效能与屏蔽材料的电导率、磁导率、屏蔽体的结构、与源的距离、场的性质（电场或磁场）以及所考虑的频率等因素有关。

从屏蔽机理来观察，对于单层的屏蔽体完成屏蔽效果有三种不同的作用。

1）在空间传播的电磁波到达屏蔽体表面（边界1，图7-15）时，由于空气-屏蔽体表面阻抗的不连续性，对入射波产生反射作用。这种反射不要求屏蔽材料有足够的厚度，只要求边界的阻抗不连续。这部分以 R 表示。

2）未被表面反射而进入屏蔽体内的能量，在其内传播时，被屏蔽材料所衰减（吸收）。此种衰减除了与材料的特性有关外，还与材料的厚度有关。

3）在屏蔽体内尚未衰减掉的剩余能量，传到材料的另一表面（边界2）

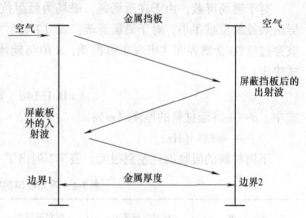

图 7-15　在空气中单层金属材料的屏蔽机理

时，遇到屏蔽体金属-空气界面阻抗的不连续再次产生反射，并重新折回屏蔽体内。这种反射在两界面间可能重复多次。在能量每次到达边界2时总有一部分流向边界2外面的空间，所有这些能量的总和，就形成了存在屏蔽体时的电场强度或磁场强度。

对屏蔽效能有贡献的以上三种作用都以分贝表示，则屏蔽效能可写为

$$dB_{SE} = R + A + B \tag{7-13}$$

式中　R——边界反射引起的衰减；

　　　A——穿过屏蔽材料引起的衰减；

　　　B——多次反射修正项，反映了能量在金属材料内部多次反射对屏蔽效能的贡献。

在近场区，电场与磁场是分别存在的，而且电场的波阻抗是高阻抗，磁场的波阻抗为低阻抗。只有在距离远大于 $\lambda/(2\pi)$ 的远场区，场才以交变电磁场的形式存在。正因为场的特性不同，屏蔽才分为电场屏蔽、磁场屏蔽以及交变电磁场屏蔽。

在电场屏蔽中,因为电场为高阻抗场,而屏蔽的金属材料的阻抗通常很低,所以对于电场屏蔽,在空气-金属界面的反射损耗起重要作用。对于电场屏蔽,R 值为

$$R = 362 - 20\lg(r\sqrt{\mu_r f^3/\sigma_r}) \tag{7-14}$$

式中 f——电磁波频率(Hz);

μ_r——相对磁导率;

σ_r——相对于铜的电导率,铜的电导率为 $5.8 \times 10^7 \Omega/m$;

r——点源与屏蔽表面的距离。

随着频率的提高,R 对屏蔽效能的贡献越大。但随着频率的提高,同样的距离 r,近场条件将趋向不满足。

随着频率的提高,而使场进入远场区,此时若距离足够远,交变电磁场成为平面波,此时 R 值为

$$R = 168 - 10\lg(\mu_r f \sigma_r) \tag{7-15}$$

从上式不难看出,R 与距离无关,因为对于一个点源,只有当距离与波长相比很大时,才可形成平面波。于是距离的因子不再有意义。

在此,用统一的波的概念去解释电场屏蔽。但有些资料中是用电路的概念去解释的。

对于磁场屏蔽,由于在近场区,磁场为低阻抗场,所以在空气-金属界面的反射损耗对屏蔽效能的贡献很小。对于磁场屏蔽,式(7-13)中的 A 项起着主要作用。由于只有在电磁波穿过空气-金属界面才出现吸收损耗,A 值与能量的性质(电场或磁场)无关,一律由下式决定:

$$A = 0.1314d\sqrt{\mu_r \sigma_r f} \tag{7-16}$$

式中 d——屏蔽材料的厚度(m);

f——频率(Hz)。

不同材料的吸收损耗差别很大。表 7-2 列出了一些常用屏蔽材料每毫米的吸收损耗。

表 7-2 不同材料的吸收损耗

材 料	相对电导率 σ_r	相对磁导率 μ_r	损耗吸收/(dB/mm)	
			150kHz	50Hz
黄铜	0.26	1	26	0.47
铝	0.61	1	40	0.73
冷轧紫铜	0.97	1	50	0.92
不锈钢	0.02	1000	220	4.2
铁	0.17	1000	650	12
坡莫合金	0.03	80000	2500	45
高导磁率镍钢	0.06	80000	3500	64

由表 7-2 可知:铁磁材料由于 μ_r 较大,吸收损耗大,有利于磁场屏蔽;由于吸收损耗正比于频率的二次方,当频率低时,吸收损耗也相应降低,因此工频(50Hz,属于低频)磁场屏蔽是很困难的,不但需要好的材料,而且厚度也应足够;在计算上表时,对于铁磁材料的 μ_r 认为是不随频率改变的,在 150kHz 以下,这一假设带来的误差不大,但当频率变高时,应考虑随频率的升高 μ_r 可能会下降。

在电磁屏蔽中，对交变电磁场（远场、平面波）的屏蔽，则应考虑 R、A、B 的全部内容，综合考虑下列原则：

1) 考虑到对于远场条件，电场与磁场是互相依存的，所以只要对两者之一进行屏蔽，则另一个也将不复存在。一般情况下，采用非铁磁材料屏蔽电场。

2) 对于平面波，当频率提高时，反射损耗的值随频率的变化远比近场的电磁屏蔽有效。因此交变电磁场屏蔽经常依靠界面的反射，而吸收损耗所起的作用很小，故而可以采用较薄的材料。

3) 考虑式（7-13）中的多次反射修正项 B 时，若屏蔽材料很薄，则由于在材料内部的各次反射的相位很接近，而使得能量有可能相互叠加，使得多次反射修正项变为负值，起到了抵消空气-金属界面的反射损耗 R 的作用，从而使总屏蔽效果有所降低。当屏蔽层厚度小于 $\lambda/4$ 时，屏蔽效果几乎与频率无关。而当厚度大于 $\lambda/4$ 时，由于 B 由负值趋向于 0，屏蔽效果将随频率的升高而增加，从而成为频率的函数。

以上只是讲述了屏蔽的基本原理，对于工程应用，还必须考虑接缝、孔洞、电缆的屏蔽以及插接件的屏蔽等。

7.3.3.2 滤波

滤波是在频域处理电磁兼容问题的手段。通过滤波，可以抑制传导电磁干扰。完成滤波作用的部件称为滤波器。

滤波器按其处理信号的类别，可以分为信号选择滤波器与电磁干扰（抑制）滤波器两大类。信号选择滤波器的主要作用是选出所需频率（或所需频率范围）的信号。例如，在一般接收机和测量接收机内的高频放大级或中频放大级中就有许多信号选择滤波器。这里主要介绍电磁干扰（抑制）滤波器。按使用场合，常见的有电源线滤波器、电话线滤波器、信号线滤波器、控制线滤波器、数据线滤波器等。这些滤波器都是低通滤波器，对应滤波器的名称，就是需要在该类滤波器内通过的有用频率成分，而高过这些频率的成分，则属于滤波器的阻带。一个电源滤波器的频率特性曲线如图 7-16 所示。由该曲线可见，对于 50Hz 的电源频率，其衰减很小，而对于高过 150kHz 的各种频率成分的电磁干扰，可以提供高达 100dB 以上的衰减。将这种滤波器串接在电源电路中，可以有效抑制由公共电网系统来的各种传导干扰。

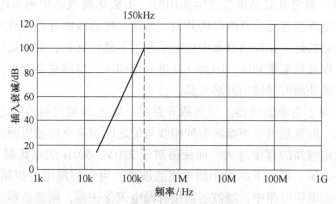

图 7-16 电源滤波器的频率特性曲线

电磁干扰滤波器的最主要指标包括以下 5 部分。

(1) 频率特性　频率特性反映了滤波器随频率改变，其插入损耗的变化。对于通带，其插入损耗应很小；对于阻带，其插入损耗很大。插入损耗 L 的定义为

$$L = 20\lg \frac{E_2}{E_1} \tag{7-17}$$

式中　L——插入损耗（dB）；

　　　E_1——不接滤波器时，信号源在负载电阻上建立的电压；

　　　E_2——信号源通过滤波器在负载电阻上建立的电压（单位与 E_1 相同）。

从频率特性也可以看到通带与阻带间过渡段的频率特性曲线的斜率。若要求的曲线越陡，则滤波器越复杂，成本也越高。

随着应用场合的不同，通带的最高频率也不同。例如电源滤波器，主要通过工频（50Hz、60Hz 或 400Hz）；信号线、控制线、数据线滤波器则需根据所需传送的信号频带判定。当需要传送的频率上限较高时，往往高过所希望滤除的电磁干扰的最低频率，即要求的通带与阻带交叉。这种情况，使用滤波器就不可能实现，而必须采取其他措施，如光电隔离器等。

(2) 阻抗　滤波器插入信号源与负载之间，理论上讲，其输入阻抗应与信号源匹配；输出阻抗应与负载匹配。但由于滤波器的工作频段（包括阻带与通带）很宽，例如用于电磁屏蔽室的电源滤波器，阻带的频段就要求从 10kHz 至十几吉赫兹；通带主要是 50Hz。在这样宽的频率范围内要求输入、输出端的良好阻抗匹配是不可能的，并且信号源本身（如电源滤波器的源就是公共电网）的阻抗也变化很大，更无法做到匹配。于是就出现了问题：测量频率特性曲线时总需要规定一个固定的源阻抗与负载阻抗，而使用时的阻抗又不可能与测试特性时的阻抗一致。这可能会导致工作时的频率特性曲线与实验室的测量结果有出入。

有一类电磁干扰滤波器，故意设计成在阻带频带范围内阻抗严重不匹配，从而通过反射达到阻带的高插入损耗。此种称为反射滤波器。

(3) 额定电压　滤波器的额定电压必须足够高，以保证在所有的预期条件下都能够可靠地工作。因为，当外加电压超过额定电压时，滤波器内的电容器或电阻可能被击穿或烧毁。额定电压这项指标对于电源滤波器或输入信号中带有脉冲时尤为重要。

(4) 额定电流　额定电流是指在连续运用时，不破坏滤波器中的电阻和电感性能的最大容许电流，额定电流应与滤波器内部的开关、熔丝、电感线圈导线的载流量、工作温度等有关。但更应该注意的是，如果滤波器中的电感采用了磁性材料，则所设计的安匝数应保证不将磁性材料的工作点推至饱和区。因为一旦进入饱和区，电感量会变小，将影响整个滤波特性。严重时还可能使滤波器输出波形失真。

(5) 漏电流　对于电源滤波器，当负载开路时，输入端相线对地线之间的电流称为滤波器的漏电流。这一电流是由于该滤波器的相线与地之间接有电容器以便滤除共模干扰而引起的。有时由于该电容器的容量过大，而使得对于 220V、50Hz 的电源漏电流可高达几安。但多个工作在同一电压、频率下的微小漏电流滤波器，可以将漏电流控制在 2mA 左右。漏电流的缺点：如果在电源电路中，滤波器前接有漏电流保护器，则滤波器的漏电流足以使保护器动作。此外，漏电流是容性的，如果大批高漏电流滤波器同时安装在同一电网上，将会使功率因数下降。对于同一滤波器，漏电流的大小正比于输入端工作电压。

7.4 电动汽车的电气安全技术

在电动汽车中，高压电气系统的工作电压可以达到300V以上，较高的工作电压对电气系统与车辆底盘之间的绝缘性能提出了更高的要求。高压电缆线绝缘介质老化或受潮湿环境影响等都会导致高电压电路和车辆底盘之间的绝缘性能下降，电源正负极引线将通过绝缘层和底盘构成漏电流回路，使底盘电位上升，不仅会危及乘客的人身安全，而且将影响低压电气设备和车辆控制器的正常工作。当高电压电路和底盘之间发生多点绝缘性能严重下降时，还会导致漏电回路的热积累效应，可能造成车辆的电气火灾。因此，高压电气系统相对车辆底盘的电气绝缘性能的实时检测是电动汽车电气安全技术的核心内容，对乘客安全、电气设备正常工作和车辆安全运行具有重要的意义。

7.4.1 电气绝缘检测的一般方法

对于封闭回路的高压直流电气系统，其绝缘性能通常用电气系统中电源对地漏电流的大小来表征，现在普遍使用两种漏电流检测方法：辅助电源法和电流传感法。

7.4.1.1 辅助电源法

在我国某些电力机车采用的漏点监测器中，使用一个直流110V的检测用辅助蓄电池，蓄电池正极与待测高压直流电源的负极相连，蓄电池负极与机车机壳实现一点连接。在待测系统绝缘性能良好的情况下，蓄电池没有电流回路，漏电流为零；在电源电缆绝缘层老化或环境潮湿等情况下，蓄电池通过电缆线绝缘层形成闭合回路，产生漏电流，监测器根据漏电流的大小进行报警，并关断待测系统的电源。这种检测方法不仅需要直流110V的辅助电源，增加了系统结构的复杂程度，而且难以区分绝缘故障是来自电源的正极引线电缆还是负极引线电缆。

7.4.1.2 电流传感法

采用霍尔式电流传感器是对高压直流系统进行漏电检测的另一种方法。将待检测系统中电源的正极和负极一起同方向穿过电流传感器，当没有漏电流时，从电源正极流出的电流等于返回到电源负极的电流，因此，穿过电流传感器的总电流为零，电流传感器输出电压为零；当发生漏电现象时，电流传感器输出电压不为零。根据该电压的正负可以进一步判断产生漏电流的来源是电源正极引线电缆还是负极引线电缆，但是，应用这种检测方法的前提是待测电源必须处于工作状态，要有工作电流的流出和流入，它无法在电源空载状态下评价电源的对地绝缘性能。

在目前的一些电动汽车研发产品中，采用母线电压在"直流正极母线-底盘"和"直流负极母线-底盘"之间的分压来表征直流母线相对于车辆底盘的绝缘程度，但是，这种电压分压法只能表征直流正、负母线对底盘的相对绝缘程度，无法判别直流正、负母线对底盘绝缘性能同步降低的情况；而且，对直流正、负母线对底盘绝缘电阻差异较大的情况会出现绝缘性能下降的误判断。严格地说，对于电动汽车，只有定量地分别检测直流正极母线和负极母线对底盘的绝缘性能，才能保证电动汽车的电气安全性。

7.4.2 电动汽车电气绝缘性的描述

电动汽车的电气设备直接安装在车辆底盘上，每个电气设备都有独立的电流回路，与底盘之间没有直接的电气连接。整个高压系统是与底盘绝缘、封闭的电气系统。

绝缘体是相对导电体而言的，在直流电源系统中，定量描述一种介质绝缘性能和导电性能的物理量是电阻。导体的电阻小，绝缘体的电阻大，绝缘体电阻的大小表征了介质的绝缘性能。电阻越大，绝缘性能越好，反之亦然，称该电阻为绝缘电阻。在电动汽车的高压电气系统中，分别利用电源的正极引线电缆和负极引线电缆对底盘的绝缘电阻，来反映电气系统的绝缘性能。

7.4.3 绝缘电阻检测原理

为了检测上述绝缘电阻，直接将车载高压电源作为检测电源。在电源正极、负极和车辆底盘之间建立了桥式阻抗网络，如图 7-17 所示。其中，A 点与电源正极相连，B 点与电源负极相连，O 点与车辆底盘相连。U_o 为高压电源的输出电压，R_{g1}、R_{g2} 分别为高压电源正、负极引线对底盘的绝缘电阻，R 为限流电阻，取 $R = 51\text{k}\Omega$。VT_1、VT_2 为电子控制的开关管，通过控制 VT_1 和 VT_2 的导通与关断，改变了 A 点和 B 点之间的等效电阻和电源的输出电流 I，根据 U_o、I 和等效电阻之间的关系，计算出 R_{g1} 和 R_{g2}。

相对电压 U_o 而言，开关管 VT_1 和 VT_2 的导通电压很小，可以忽略不计。在电动汽车运行过程中，电压 U_o 不是恒定不变的，其读数需要和电流 I 同时采集。当 VT_1 导通、VT_2 关断时，桥式阻抗

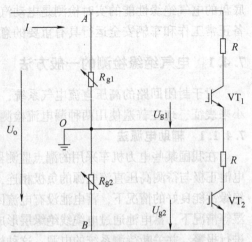

图 7-17 桥式阻抗网络电路

网络的等效形式为 R_{g1} 与 R 并联后与 R_{g2} 串联，这时，电源电压为 U_{o1}、电流为 I_1，即

$$U_{o1} = I_1\left(R_{g2} + \frac{R_{g1}R}{R_{g1}+R}\right) \qquad (7\text{-}18)$$

当 VT_2 导通、VT_1 关断时，桥式阻抗网络的等效形式为 R_{g2} 与 R 并联后与 R_{g1} 串联，这时，电源电压为 U_{o2}、电流为 I_2，即

$$U_{o2} = I_2\left(R_{g1} + \frac{R_{g2}R}{R_{g2}+R}\right) \qquad (7\text{-}19)$$

当高压电源正、负极引线对底盘的绝缘性能较好，满足 $R_{g1} > 10R$、$R_{g2} > 10R$ 时，可以做以下近似处理：

$$\frac{R_{g1}R}{R_{g1}+R} \approx R \qquad (7\text{-}20)$$

$$\frac{R_{g2}R}{R_{g2}+R} \approx R \qquad (7\text{-}21)$$

由式（7-18）和式（7-21）得到

$$R_{g1} = \frac{U_{o2}}{I_2} - R \qquad (7\text{-}22)$$

$$R_{g2} = \frac{U_{o1}}{I_1} - R \qquad (7\text{-}23)$$

如果 VT_1 和 VT_2 同时关断，电流 I 大于 2mA，则说明绝缘电阻 R_{g1}、R_{g2} 之和小于 $250k\Omega$，电源的正、负极引线电缆对底盘的绝缘性能均不好，检测系统不再单独检测 R_{g1} 和 R_{g2}，立即发出报警信号。

在待测电源输出端建立阻抗网络是电动汽车电气绝缘性能检测的新方法，其电路结构简单，能够分别定量检测电源正、负极对车辆底盘的绝缘性能。

7.5 本章小结

本章对电动汽车的电气系统进行了详细的介绍，主要包括电源变换器、电气系统的电磁兼容性及电气系统的安全等。首先介绍了电动汽车低压和高压电气系统的组成与工作原理，然后介绍了升压和降压电源变换器以及双向电源变换器的基本工作原理与基本组成，并介绍了电源变换器的基本应用。其次，对电动汽车的电磁环境和电磁兼容性进行了分析与评价，并介绍了解决电磁干扰的方法。最后，以电气绝缘为例，介绍了电气系统的电气安全技术。

习 题

1. 分析电动汽车低压电气系统的工作原理。
2. 简述升压和降压电源变换器的基本组成与工作原理。
3. 画出双向电源变换器的原理图并分析其工作原理。
4. 简述减少电磁干扰的主要措施。

第8章

整车控制系统

8.1 整车控制系统及其功能分析

电动汽车动力系统各部件的工作由整车控制系统统一协调。为了使电动汽车适应不同行驶工况的需求，获得比传统汽车更好的燃油经济性，降低有害物排放，首先需要针对给定的车辆参数和使用条件，选择合适的动力系统构型，完成动力系统的参数匹配和优化，在此基础上，建立整车控制系统来协调汽车工作模式切换和多个动力源/能量源之间的功率/能量流的在线优化。

8.1.1 整车控制系统的结构

在混合动力电动汽车或者纯电动汽车控制系统中，都有自己的控制器，这样可以实现分布式分层控制。分布式分层控制可以实现控制系统的拓扑分离和功能分离。拓扑分离使得物理结构上各个子控制系统分布在汽车不同的位置上，从而减少相互之间的电磁干扰。功能分离使得各个子部件完成相对独立的功能，从而可以减少子系统之间的相互影响并且提高了容错能力。功能的分离有利于提高汽车设计的灵活性和扩展性。

混合动力电动汽车整车控制系统示意图如图8-1所示，最底层是执行层，由部件控制器和一些执行单元组成，其任务是正确地执行中间控制器发送的指令，并且有一定的自适应和极限保护功能。中间是协调层，其核心是整车控制器（Vehicle Control Unit，VCU），它一方

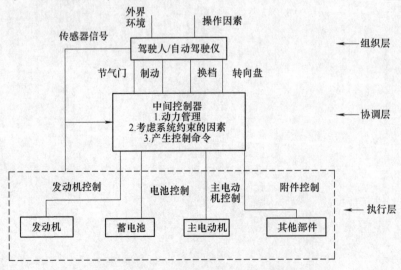

图8-1 混合动力电动汽车整车控制系统示意图

面根据驾驶人的各种操作和当前的状态解读驾驶人的意图，另一方面根据执行层的当前状态，做出最优协调控制。最高层是组织层，由驾驶人或自动驾驶仪实现车辆控制的闭环。

整车控制系统对车辆性能的影响体现在以下方面。

（1）动力性和经济性　整车控制器决定发动机和电机的转矩输出，直接关系到汽车的动力性能，影响驾驶人的操纵，混合动力电动汽车和燃料电池电动汽车的能量源可以有2个或2个以上，在汽车实际行驶过程中，整车控制器实时控制能量源之间的能量输出分配，从而实现整车能量的优化，获得较高的燃油经济性。

（2）安全性　混合动力电动汽车有动力电池等能量存储单元和动力总线、电动机及其控制器等强电环节，除了原有的车辆安全问题（如制动和操纵稳定性）之外，还增加了高电压安全等新的安全隐患。整车控制器必须从整车的角度及时检测各部件的工作状态，并对可能出现的危险及时处理，以保证乘车和车辆安全。

（3）驾驶舒适性和整车协调控制　整车控制器管理汽车上各部件的工作，可以整合汽车上各项功能，如自动巡航、防抱死制动系统（Antilock Brake System，ABS）、自动换档等，实现信息共享和全局控制，改善驾驶舒适性。

8.1.2　整车控制器的基本任务

整车控制器是整车控制系统的核心部件，主要由印制电路板、壳体、线束插座和固定螺钉等构成，印制电路板一般都封装在铝制金属壳体内，并通过线束插接件与整车线束相连接。

整车控制器作为汽车的指挥管理中心，相当于汽车的"大脑"，它在汽车行驶过程中执行多项任务，其功能是分析传感器采集到的各种信息，并向执行器或执行元件发出控制指令。根据实时测量的驾驶人操作信息、车辆行驶等信息，整车控制器通过计算和逻辑推理向各子系统控制器发送控制指令，并由各子系统控制器控制各子系统的运行，从而实现对整车的控制。具体功能如下：

（1）动力系统控制　接收、处理驾驶人的驾驶操作指令，并向相关部件控制器（如电动机控制器、电池控制器、发动机控制器等）发送控制指令，正确、可靠地执行驾驶人要求，使车辆按驾驶人期望进行上下电管理和行驶功能。

（2）附件管理功能　通过硬线直接控制电磁阀、风扇、冷却泵等设备，对整车动力系统相关附件进行协调管理。

（3）通信功能　与电动机控制器、电池控制器、ABS、电转向、仪表等控制器进行可靠通信，通过控制器局域网络（Controller Area Network，CAN）总线进行数据的采集输入及控制指令的输出。

另外，整车控制器经常位于整车平台CAN网络和动力系统CAN网络两个网络中，整车控制器也起到网关的作用，这两个网络的信息可以通过整车控制器实现数据信息的相互传递。

（4）车辆状态监测　接收处理各个零部件信息，结合能源管理单元提供当前的动力系统状况信息。

（5）故障诊断及存储功能　对整车系统故障进行实时判断，动态检测系统信息，并记录历史故障。

8.2 整车控制器的开发

8.2.1 硬件在环开发系统

　　硬件在环仿真是指将系统的一部分以数学模型描述，并把它转化为仿真计算模型，另一部分以实物方式引入仿真回路。硬件在环仿真不仅能更准确地反映真实系统的特性，而且保持了数学仿真成本低、重复性好等优点。硬件在环仿真实现了物理硬件和软件模型的互换，从而可以在原型车不存在的情况下进行部件或整车的试验。

　　硬件在环仿真系统包括硬件和软件两个部分，可以划分为相对独立的4个子系统：系统模型实时计算系统、高速接口与管理系统、监控系统和控制器实物。参照整个被控对象建立的系统动态模型在实时计算系统中运行，为控制器的设计开发提供了一个虚拟的试验环境；高速接口与管理系统的软、硬件实现了控制器硬件实物的物理信息与被控对象仿真模型的数字信息交换；硬件在环仿真的监控系统通过接口系统获得整个系统仿真运行时的全部信息，并将操作者的控制指令输入到系统内部；控制器实物是硬件在环仿真系统的被测对象。

　　硬件在环开发系统平台为满足控制器的设计与开发要求，需要具备的功能如下：

　　（1）整车及关键部件的实时前向仿真　为了充分模拟被控对象的特性，平台的仿真过程必须与汽车行驶时各部件的实际工作过程一致，并且其计算速度能够满足控制的需要。驾驶人模型作为仿真的起点，由其感知系统和环境的各项参数并跟随给定的行驶工况，输出加速踏板和制动踏板信号，仿真循环的数据流方向与实际系统的能量流动方向相同。

　　前向仿真模型应该还可以集成硬件在环仿真和驾驶人在环仿真，从而更真实地模拟系统运行状态和逻辑结构，方便整车控制器的开发和调试。

　　（2）整车控制器在环仿真　平台应该提供接口以支持快速控制器原型和目标VCU的开发和调试。平台的数据交换方式，包括VCU所有输入、输出的模拟量和开关量信号的物理特性，网络环境和通信协议及执行部件的控制方式都应和实车一致。

　　（3）硬件在环仿真　控制策略的研究，需要各个部件的精确特性。但是某些部件比较复杂，难以建立精确的模型，如动力电池就具有强时变的非线性特性。对于此类部件，平台应该采用硬件在环的仿真方法以获得部件的实时特性。

　　（4）驾驶人在环仿真　汽车处于人-车-路的闭环系统之中，驾驶人行为对整车控制器的运行与操作影响很大，但是每个驾驶人的驾驶习惯都不一样，难以建立统一的模型来描述，因此有必要采用驾驶人在环仿真的方法。这样可以在真实驾驶过程中对控制策略进行验证，也可以研究驾驶人操作习惯对控制策略的影响。

　　（5）模块化和可扩展　平台应该具有模块化和可扩展的能力，以便根据研究和开发的需要接入不同的真实部件，如ABS系统，对局部的控制算法做深入研究。

　　以混合动力控制单元（Hybrid Control Unit，HCU）测试为例的硬件在环系统示意图如图8-2所示。系统主要由三部分组成：PC机、实时仿真器、HCU。其中实时仿真器主要负责实时运行混合动力电动汽车的仿真模型，并发送CAN消息及虚拟传感器电信号给HCU，而HCU则接收实时仿真器的CAN消息及传感器信号，运行控制策略，并发出控制信号和CAN消息给实时仿真器，作为其下一运行步长的输入数据。这样，为HCU构建出一个虚拟实车的工作环境。PC 主要功能：①通过仿真器上位机软件在线观测或修改仿真模型中的变量值，如可以在线观测仿真模型中的电池 SOC、加速踏板深度等变量值，同时也能够在线修改 SOC 值、加速踏板深度等；②通过测量标定软件，对 HCU 内运行软件策略进行参数的测量或修改。

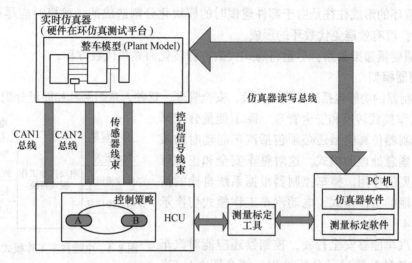

图 8-2　硬件在环系统示意图

8.2.2　建立仿真模型

按照参与仿真的模型种类不同，可将系统仿真分为物理仿真、数学仿真及物理-数学仿真（又称半物理仿真或半实物仿真，半实物仿真也称硬件在环仿真）。

按照适用的领域不同，仿真软件有通用和专业之分。用于混合动力电动汽车的专业软件主要有 ADVISOR、V-ELPH、PSAT、EASY5 和 CRUISE 等；通用软件的典型代表是 Matlab/Simulink，它已经成为控制系统开发和实时仿真领域事实上的工业标准。很多专业仿真软件都为 Matlab/Simulink 留有接口，有些就是在 Matlab 平台上做的二次开发。

1. 被控对象模型

被控对象包括整车和动力系统各个部件。下面主要介绍模型结构。

混合动力电动汽车系统仿真模型的结构如图 8-3 所示。在使用 Simulink 建立仿真模型时，代数环（Algebraic Loop）是经常出现的问题。代数环是由直接馈入（Direct-feed Through）模块如 Sum、Gain 等首尾相连造成的，其实质就是隐式代数约束方程。Simulink 一般要通过迭代的方法进行求解，这不仅会大大降低仿真的速度，甚至会造成仿真程序陷入死循环。

有代数环的 Simulink 仿真模型是不能用于

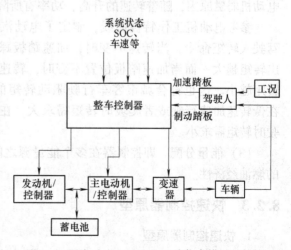

图 8-3　混合动力电动汽车系统仿真模型的结构

实时仿真的。为了建立实时仿真模型，就必须消除代数环，为消除代数环主要有以下的方法：

1) 在含有代数环的路径上加入 Memory、Unit Delay 等非直接馈入（Non Direct-feed Through）模块，从而将原代数方程转化为有初值的递推关系，但这样做有时会改变原有模型的内在结构关系。

2) 代数环的形成往往是由于部件建模时的模块化分割造成的，建模时应尽可能以状态量作为输出，可有效避免代数环的形成。

3) 理顺变量递推关系，尽量将隐式代数方程转化为显式代数方程。

2. 控制器模型

整车控制器的功能包括工作模式交换、安全管理、驾驶人意图解释和能量分配四个方面。

（1）工作模式转换和安全管理　除了能量分配算法之外，控制器仿真模型还必须包括汽车起动时的系统初始化、紧急处理的模式。这对整车安全和正常行驶起至关重要的作用。整车控制器根据系统自检的情况，判断车辆的工作模式。电动汽车工作模式切换示意图如图 8-4 所示。

图 8-4　电动汽车工作模式切换示意图

要保证汽车能够安全行驶，控制器还应能对汽车可能出现的各种故障进行分析处理。结合图 8-1，当出现故障时，执行层将数据传送到控制器，控制器通过对这些数据进行分析判断，检测出故障，通过执行层对故障做出相应的处理，在保证车辆足够安全的条件下，给出部件可供使用的工作范围，以便尽可能地满足驾驶人的驾驶意图。

（2）驾驶人意图解释　驾驶人意图解释功能主要是根据驾驶人的操作信息，亦即加速踏板和制动踏板信号，计算出电动机转矩命令。在此，主要依据电动机转速及加速踏板信号和与之相应的驾驶人意图曲线查表所得。

电动机工作特性曲线如图 8-5 所示。由图可知，电动机的工作特性主要分为三个区域：低转速区以恒转矩工作，中高转速区以恒功率工作；而在电动机最高转速区，由于电动机弱磁原因，随着转速的升高，功率有所降低。

参考电动机工作特性曲线，制定了电动汽车上所用的驾驶人转矩命令，当转速不变时，加速踏板踩得越深，输出转矩越大；而当加速踏板位置不变时，转速越大，输出转矩越小。这也符合城市客车行驶驱动转矩的需求特性，在低转速加速行驶或者爬坡时转矩需求大，在高速匀速行驶时转矩需求小。

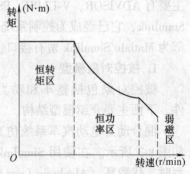

图 8-5　电动机工作特性曲线

（3）能量分配　即控制器在多个能量源之间进行需求功率分配，目的是提高电动汽车的燃油经济性。

8.2.3　快速控制器原型

1. 快速控制器原型

在控制系统的研发过程中，通常先进行仿真研究，目的在于研究技术的可行性，缩短产品的研发周期，降低研发费用。仿真工具（如 MATLAB、SABER 等）自应用以来，为控制系统的研发提供了极大的帮助。然而，在传统的研发流程中，大部分是采用纯数学仿真，这种仿真结果的置信度有限。近年来，有部分实物参与的具有较高置信度的半实物仿真系统得到了广泛的应用与发展。如果将实际控制器的仿真称为虚拟控制器，实际对象的仿真称为虚拟对象，可得到控制系统仿真的 3 种形式：

① 虚拟控制器 + 虚拟对象 = 动态仿真系统，是纯粹的系统仿真；

② 虚拟控制器 + 实际对象 = 快速控制原型（RCP）仿真系统，是系统的一种半实物仿真；

③ 实际控制器 + 虚拟对象 = 硬件在环（HIL）仿真系统，是系统的另一种半实物仿真。

快速控制原型（Rapid Control Prototype，RCP）仿真处于控制系统开发的第二阶段，远在产品开发之前，使设计者新的控制思路（方法）能在实时硬件上方便而快捷地进行测试。通过实时测试，可以在设计初期发现存在的问题，以便修改原型或参数，再进行实时测试，这样反复进行，最终产生一个完全面向用户需求的合理可行的控制原型。

快速控制原型技术是近几年发展成熟的一种仿真技术。快速控制器原型运用 dSPASE 提供的硬件和软件工具将离线仿真得到的控制算法下载到 dSPASE 的硬件中，和被控对象联调可以进一步优化控制算法并且为硬件设计提供参考，其过程如图 8-6 所示。

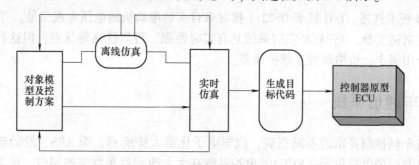

图 8-6 快速控制器原型过程

2. 测试工具

dSPACE 实时仿真系统是由德国 dSPACE 公司开发的一套基于 MATLAB/Simulink 的控制系统开发及半实物仿真的软硬件工作平台，实现了和 MATLAB/Simulink/RTW 的完全无缝连接。dSPACE 硬件系统中的处理器具有高速的计算能力，并配备了丰富的 I/O 支持，用户可以根据需要进行组合；软件环境功能强大且使用方便，包括实现代码自动生成/下载和试验/调试的整套工具。dSPACE 实时系统充当控制算法和逻辑代码的硬件运行环境，通过 I/O 板与控制对象连接进行研究和试验，验证控制方案的可行性，大大简化了开发过程，提高了开发效率。dSPACE Simulator 硬件结构示意图如图 8-7 所示。

PC 装有 Windows 操作系统、Matlab/Simulink、RTW、dSPACE 的 Control Desk 及 RTI；利用 Matlab/Simulink 建立电动机的快速控制原型，完成控制算法的设计；RTI 与 RTW 协作自动将快速控制原型转化为可执行的 c 代码，经过编译并下载到 dSPACE 实时处理器 DS1005 中运行；利用 dSPACE 的 Control Desk 软件，实现对实时硬件的图形化管理、用户虚拟仪表的轻松建立、变量的可视化管理、参数的可视化管理以及实验过程自动化。dSPACE 硬件系统中处理器板 DS1005 或 DS1006 负责控制算法的实时计算，通过内部的 PHS 总线与

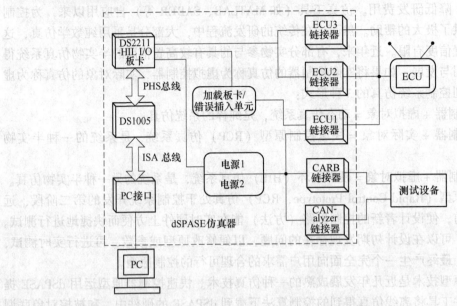

图 8-7　dSPACE Simulator 硬件结构示意图

DS2211 I/O 板卡连接，I/O 板卡 DS2211 接收来自实物电动机的电压电流信号，并发出 PWM 脉冲信号控制逆变器。dSPACE 实时系统具有实时性强、可靠性高等优点，但这种专用系统必须采用专用板卡，价格昂贵且维护性差。

8.3　整车通信系统

随着对车辆控制要求的不断提高，汽车电子化是大势所趋，像 ABS、发动机电控等系统，都要有专门的电控单元（ECU）。电控系统在大大改善汽车性能的同时，也增加了信号采集和数据交换的复杂程度。为了解决汽车上众多电控单元之间数据交换的问题，采用基于串行总线传输的网络结构，实现多路传输，组成汽车电子网络是一种必然选择。

本部分以电动客车为例，对整车的通信系统进行介绍。首先对较早出现的 CAN 进行介绍，之后分别对 TTCAN 及 FlexRay 进行介绍。

8.3.1　CAN 总线及其应用

控制器局域网络（Controller Area Network，CAN）是由以研发和生产汽车电子产品著称的德国博世（BOSCH）公司开发的，并最终成为国际标准（ISO 11519），是国际上应用最广泛的现场总线之一。

在北美和西欧，CAN 总线协议已经成为汽车计算机控制系统和嵌入式工业控制局域网的标准总线，并且拥有以 CAN 为底层协议专为大型货车和重工机械车辆设计的 J1939 协议。近年来，其所具有的高可靠性和良好的错误检测能力受到重视，被广泛用于汽车计算机控制系统和环境温度恶劣、电磁辐射强及振动大的工业环境。

8.3.1.1　技术特点

CAN 属于总线式串行通信网络，由于采用了一系列独特的设计，其数据传输具有较好的可靠性、实时性和灵活性。其特点包括以下方面：

1) CAN 采用多主工作方式，网络上任一节点都可以在任何时刻主动向网络请求发送报文，不分主从。另外，节点还可通过远程请求方式，要求某些节点发送相关报文。

2) 采用非破坏总线仲裁技术，当多个节点同时向总线发送报文时，按照显位覆盖隐位的原则决定报文的优先级，优先级低的节点自动退出发送，而优先级最高的节点可不受影响继续发送。

3) 通过报文滤波即可实现点对点、一点对多点甚至全局广播的通信，不必专门"调度"。当报文发送到网络上后，网络上所有节点通过报文滤波，均可选择接收或是拒绝。

4) 采用短帧结构，减小传输时间，从而降低传输过程中受干扰的概率。差分方式的数据传输，具有较强的抗干扰能力。另外，CRC（循环冗余校验码）校验及其他检错措施，可减小网络中的漏检率。

5) 节点在错误严重的情况下具有自动关闭的功能，减小错误节点对总线上其他节点的影响。

6) 节点数取决于总线驱动电路，最大可达 110 个，报文标识符可达 2032 种（CAN2.0A），而扩展标准（CAN2.0B）的报文标识符几乎不受限制。

7) CAN 的通信介质可为双绞线、同轴电缆或者光纤，选择灵活。

8.3.1.2 CAN 总线的组成

CAN 总线系统包括控制单元、控制器、收发器和终端电阻，如图 8-8 所示。

1. 控制单元

控制单元是 CAN 总线主要的计算器，它将控制器传递来的信息进行运算，将运算数据传输给控制器。同时，控制单元还具有故障记忆功能。

2. 控制器

控制器是 CAN 总线通信的控制单元，主要作用是接收来自传感器的信号，形成要发送的指令，或将总线通过接收器传递的信号进行转换后传递给控制单元 CPU，再将控制单元传来的信号形成发送指令通过发送器传递至总线，或直接驱动执行单元。总线控制系统内部结

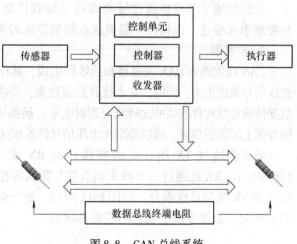

图 8-8 CAN 总线系统

构如图 8-9 所示。控制单元接收的传感器值（如车速）会被定期查询并按顺序存入存储器，这个过程在原理上就相当于一个带有旋转式输入开关的选择器。CPU 对存储器内的传感器数据进行运算处理，然后存入输出存储器，执行控制功能。

因为控制单元通过 CAN 控制器实现了网络传输，所以 CAN 总线既是控制单元的输入信息来源，也是控制单元的信息输出对象。

微控制器按事先规定好的程序处理输入值，处理后的结果存入相应的输出存储器内，然后送到各个执行元件。为了能够处理数据传输总线信息，各控制单元内还有一个数据传输、总线存储区，用于容纳接收到的和要发送的信息。

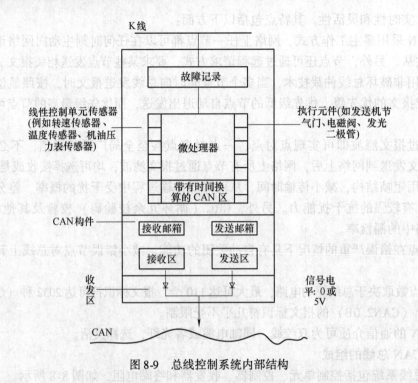

图 8-9　总线控制系统内部结构

数据传输总线构件通过接收邮箱（接收信息存储器）或发送邮箱（发送信息存储器）与控制单元相连，该构件一般集成在控制单元的微控制器芯片内。

3. 收发器

CAN 收发器由 CAN 发送器和接收器组成，其作用是将 CAN 控制器提供的数据转换成 CAN 总线信号发送出去。同时，它也接收总线数据，并将数据传送到 CAN 控制器。其中，发送器把数据传输总线构件连续的比特流（逻辑电平）转换成电压值（线路传输电平），这个电压值适合铜导线上的数据传输。接收器则把电压信号转换成接收的比特流，这种比特流适合 CPU 处理。

收发器通过 TX 线（发送导线）或 RX 线（接收导线）与数据传输总线构件相连（图 8-10）。RX 线通过一个放大器直接与数据传输总线相连，始终监控总线信号。发送器的特点是 TX 线与总线耦合，如图 8-11 所示。这个耦合过程是通过一个断路式集流电路来实现的。因此，总线导线上就会出现两种状态。

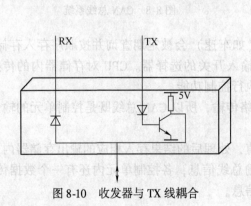

图 8-10　收发器与 TX 线耦合

图 8-11　总线开关状态示意图

① 状态1：截止状态，晶体管截止（开关未闭合）；
无源：总线电平 = 1，电阻高。
② 状态0：接通状态，晶体管导通（开关闭合）；
有源：总线电平 = 0，电阻低。

假设有三个收发器耦合在同一根总线导线上，开关断开表示1（无源），开关闭合表示0（有源），如果开关S_C闭合，开关S_A、S_B断开，则收发器C有源，收发器A和B无源，如图8-12所示。工作过程如下：

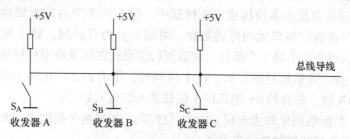

图8-12 在一条总线上耦合的三个收发器

1) 如果某开关一闭合电阻就有电流通过，则总线导线上的电压为0V，总线状态为0。
2) 如果所有开关均未闭合，则没有电流流过，电阻上就没有压降，于是总线导线上的电压就为5V，总线状态为1。

按照图8-12所示的连接方式，三个控制器连接在CAN总线上的工作状态见表8-1。

表8-1 控制器和总线状态对应表

控制器 A	控制器 B	控制器 C	总线状态（电压/V）
1	1	1	1 (5)
1	1	0	0 (0)
1	0	1	0 (0)
1	0	0	0 (0)
0	1	1	0 (0)
0	1	0	0 (0)
0	0	1	0 (0)
0	0	0	0 (0)

4. 终端电阻

整个CAN总线系统共有两个终端电阻，分别安装在系统的两个控制单元内，其作用是阻止CAN总线信号产生变化电压的反射。若终端电阻出现故障，则会因为线路的反射影响，导致控制单元的信号无效。

8.3.1.3 数据传输形式和数据传输原理

1. 数据传输形式

目前，在汽车上应用的总线数据传输可以采用单线形式，也可以采用双线形式。原则上数据传输总线用一条导线就可以满足功能要求，使用第二条导线传输信号只不过是与第一条导线上的传输信号形成镜像关系，这样就可以有效地抑制外部干扰。控制单元之间的所有信息都是通过两根数据总线 CAN-Low 和 CAN-High 来传输的。即使控制单元之间进行大量的信息交换，CAN 总线也能完全胜任，如果需要增加额外信息，只需修改软件即可。

2. 数据传输原理

CAN 总线中的数据传递就像一个电话会议。一个电话用户（控制单元）将数据"讲入"总线中，其他用户通过总线"接听"这个数据，对这个数据感兴趣的用户就会利用数据，而其他用户则会选择忽略。

3. CAN 总线传递数据的格式

CAN 总线传递的数据由多位构成。在数据中，位数的多少由数据域的大小决定。CAN 总线在极短时间内在各控制单元间传递数据，可将其分为开始域、状态域、检查域、数据域、安全域、确认域和结束域 7 个部分。该数据构成形式在两条数据传输线上是一样的。

1）开始域：标志着数据列的开始，由 1 位构成。带有约 5V 电压（由系统决定）的 1 位被送入高位 CAN 线；带有约 0V 电压的 1 位被送入低位 CAN 线。

2）状态域：判断数据中的优先权，由 11 位构成。如果两个控制单元都要发送各自的数据，则具有较高优先权的控制单元先发送。

3）检查域：用于显示数据域中所包含的信息项目数，由 6 位构成。在本部分，允许任何接收器检查是否已经接收到所传递过来的所有信息。

4）数据域：传给其他控制单元的信息，最大由 64 位构成。

5）安全域：检测传递数据中的错误，由 16 位构成。

6）确认域：由 2 位构成。在此，CAN 接收器立即通知 CAN 发送器，确认 CAN 接收器已经收到传输数据。若检查到错误，CAN 接收器立即通知 CAN 发送器，CAN 发送器将再重新发送一遍数据。

7）结束域：由 7 位构成，标志数据列的结束。此部分是显示错误并重复发送数据的最后一次机会。

4. 传递的信息

用于交换的数据称为信息，每个控制单元均可发送和接收信息。信息是以二进制（0 和 1）来表示的，其中包含要传递的物理量。例如，发动机转速为 1800r/min，可表示为 00010101，如图 8-13 所示。

在发送过程中，二进制值先被转换成连续的比特流，该比特流通过 TX 线（发送线）到收发器（放大器），收发器将比特流转化成相应的电压值，最后这些电压值按时间顺序依次被传送到数据传输总线的导线上。

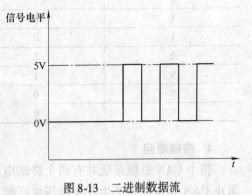

图 8-13　二进制数据流

在接收过程中，这些电压值经收发器又转化成比特流，再经 RX 线（接收线）传至控制单元，控制单元将这些二进制连续值转换成信息。例如，00010101 这个值又被转换成 1800r/min。

每个控制单元均可接收信息。人们也把该原理称为广播，就像一个广播电台发送某一节目一样，每个连接的用户均可接收，但收与不收由用户决定。这种广播方式可以使连接的所有控制单元总是处于相同的信息状态,如图 8-14 和图 8-15 所示。

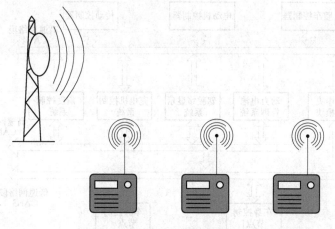

图 8-14　数据传递与广播原理一样

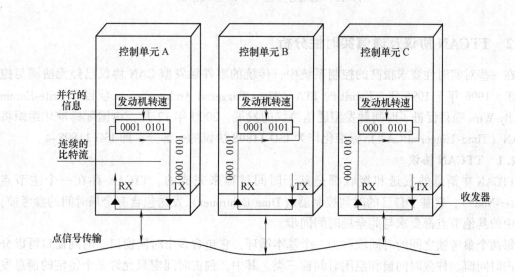

图 8-15　控制单元内部的信息交换

8.3.1.4　CAN 总线的应用

目前国内很多大中城市都有纯电动公交客车运营,多采用基于多路 CAN 总线的电动客车通信协议。某电动客车的整车 CAN 总线系统如图 8-16 所示,该系统通过 CAN 总线实现了整车信息共享及数字化控制。该系统采用了三路 CAN 将整车各个电控系统连接起来,形成一个有机的整体。其中,CAN1 高速网络段将整车动力系统部件连接起来,保证整车的行驶性能,网络段以整车控制器为网关可以接入其他 CAN 网络,由于电动汽车上需要监测的电池数量和数据较多,单独为电池设计了一条高速网络段 CAN2,将电池的详细信息传送给智能仪表系统和整车控制器,保证整个系统的稳定性和可靠性;CAN3 为低速网络段,将车身控制系统中的各个模块以及智能仪表等节点连接起来,将车身低压电器、电动汽车控制开关、电动空气悬架系统等接入网络,实现了线束约 70% 的大幅减少、控制诊断功能智能化

（如制动灯替代功能、低压电源的管理等）以及系统功能的扩展。

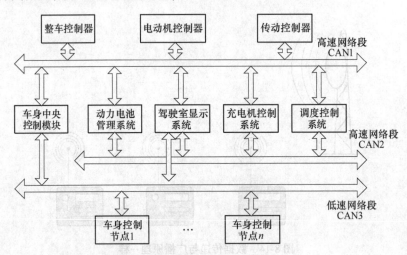

图 8-16 电动客车整车 CAN 总线系统

8.3.2 TTCAN 协议及通信实时性分析

在一些对实时性要求很高的控制系统中，传统的事件触发型 CAN 协议已经无法满足控制要求。1996 年至 1998 年，Esprit 的 TTA（Time Triggered Architecture）项目和 Brite-Euram 的 X-By-Wire 项目促进了时间触发型通信协议的发展。2000 年 12 月，由国际标准化组织将 TTCAN（Time-Triggered CAN）标准化作为 ISO 11898 协议的一部分，即 ISO 11898-4。

8.3.2.1 TTCAN 协议

TTCAN 中消息的发送和接收都是基于时间过程来完成的。TTCAN 存在一个主节点（Master-Node），它基于自己的时间控制器（Time Controuer）发送包含有全局时间的参考帧，网络中的其他节点都要求与此全局时间同步。

每两个参考帧之间的时间段称为一个基本循环，它包含多个时间窗口。时间窗口可以分为独占时间窗、仲裁时间窗和空闲时间窗三类。其中，独占时间窗只允许某个特定的消息发送；仲裁时间窗允许多个消息帧在该段时间内传送，它们对总线的访问仍然基于优先级仲裁完成；空闲时间窗用于以后系统的扩展。

整个网络需要传输的消息帧和发送时间都预先定义，构成一个系统矩阵（System Matrix）。消息的发送和接收都将按照这个矩阵有序地进行。这种方法使得消息的响应时间大大缩短，有效满足了系统实时性的要求。

8.3.2.2 TTCAN 和标准 CAN 的延迟时间模型

TTCAN 和标准 CAN 采用了相同的数据链路层和物理层，其通信延迟时间都可以划分为四个部分，即生成延迟、队列延迟、传输延迟和接收延迟，如图 8-17 所示。

生成延迟是从发送节点处理器接收到本节点的请求到它将准备好的数据写入缓存队列里的时间。队列延迟是从消息帧进入发送缓存到消息帧获得总线控制权的时间。传输延迟是从消息帧占据总线到消息帧脱离总线的时间。接收延迟是从消息帧脱离总线到将其中的有效数据提供给接收节点微处理器中目标任务的时间。

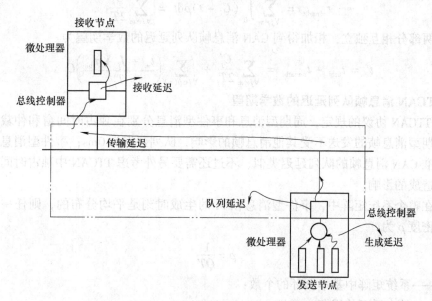

图 8-17 TTCAN 和标准 CAN 的通信延迟构成

按照现在微处理器的速度，生成延迟和接收延迟可以忽略不计，因而延迟时间（R_m）可用队列延迟（t_m）加传输延迟（C_m）来表示，即

$$R_m = t_m + C_m \tag{8-1}$$

由于传输延迟只与消息帧长度和总线参数有关，可以直接建立其数学模型。下面重点分析 CAN 和 TTCAN 消息帧的队列延迟时间。

1. CAN 消息帧队列延迟的数学期望

队列延迟可以分为仲裁延迟和非仲裁延迟两部分。仲裁延迟是指两帧消息同时发送时，高优先级消息帧造成低优先级消息帧的延迟，它包括在节点内部的仲裁延迟和总线上的仲裁延迟两部分。非仲裁延迟是由于总线上已有其他消息帧传输，造成该消息帧的延迟。

首先考虑仲裁延迟，对于理想缓存无穷大的 CAN 控制器来说，可以将节点内部的仲裁延迟和总线上的仲裁延迟合为一体考虑。直接利用优先级排序理论获得仲裁延迟的数学期望，即

$$t_{\text{arbi}} = \sum_{\forall j \in h(m)} \left(\frac{t_m + J_j + \tau_{\text{bit}}}{T_j} \right) C_j \tag{8-2}$$

其中，$h(m)$ 表示优先级比 m 高的消息帧的集合。T_j 代表周期型消息帧 j 的传送周期；对于事件型传送的消息，T_j 代表的是这个消息帧两次传送时间间隔的最小值。因为消息帧 j 不可能是非常严格地按照时间周期 T_j 产生，所以用 J_j 代表消息帧 j 产生的最大周期误差。C_j 为消息帧 j 的传输延迟。τ_{bit} 代表在传输介质上传送一个数据位（bit）所需要的时间，对于波特率为 250kbit/s 的网络，τ_{bit} 的值为 4μs。

任意一帧消息在总线上的某一时间发送的概率密度为 $\rho = 1/T$，考虑 m 在其占据总线后发送的情况，得到非仲裁延迟的数学期望：

$$t_{\text{nonarb}i} = \sum_{\forall j \neq m} \int_0^{C_j} (C_j - t)\rho \mathrm{d}t = \sum_{\forall j \neq m} \frac{C_j^2}{2T_j} \quad (8\text{-}3)$$

由于两部分相互独立，相加得到 CAN 消息帧队列延迟的数学期望为

$$t'_m = t_{\text{arb}i} + t_{\text{nonarb}i} = \sum_{\forall j \neq m} \frac{C_j^2}{2T_j} + \sum_{\forall j \in h(m)} \left(\frac{t_m + J_j + \tau_{\text{bit}}}{T_j} \right) C_j \quad (8\text{-}4)$$

2. TTCAN 消息帧队列延迟的数学期望

按照 TTCAN 协议的规定，周期型消息和事件型消息分别在独占时间窗和仲裁时间窗中发送。周期型消息帧的发送不受其他消息帧的影响，队列延迟为 0ms；事件型消息帧的队列延迟与标准 CAN 消息帧的队列延迟类似，不过还需要另外考虑 TTCAN 中独占时间窗对事件型消息帧造成的影响。

假定在整个系统矩阵中，事件型消息帧 m 的生成时刻是平均分布的，则任一时间点生成的概率密度 ρ 为

$$\rho = \frac{1}{QT} \quad (8\text{-}5)$$

式中　Q——系统矩阵中基本循环的个数；

　　　T——基本循环的周期。

假设任意两个独占时间窗之间、独占时间窗与自由时间窗之间，都是不连续的（这符合 TTCAN 系统矩阵布置特点）。当事件型消息帧 m 在某个独占时间窗 i 内生成时，它必须要延迟到随后的某个仲裁时间窗才可能发送，由此引起延迟时间的数学期望记为 g_i，则由概率论可以得到：

$$g_i = \int_0^{W_i + C_m} (W_i + C_i - t)\rho \mathrm{d}t = \frac{1}{2}\rho (W_i + C_m)^2 \quad (8\text{-}6)$$

代入式 (8-5)，可得

$$g_i = \frac{(W_i + C_m)^2}{2QT} \quad (8\text{-}7)$$

消息帧 m 受到独占时间窗和自由时间窗影响而造成的延迟时间的数学期望值 G_m 为

$$G_m = \sum_{i=1}^{Z} g_i = \sum_{i=1}^{Z} \frac{(W_i + C_m)^2}{2QT} \quad (8\text{-}8)$$

式中　Z——系统矩阵中独占时间窗和自由时间窗的个数；

　　　W_i——独占时间窗 i 的时间长度。

因而 TTCAN 事件型消息帧 m 队列延迟的数学期望为

$$t'_m = \sum_{\forall j \in h(m), j \in E} \left(\frac{t_m + J_j + \tau_{\text{bit}}}{T_j} \right) C_j + G_m + \sum_{\forall j \neq m} \frac{C_j^2}{2T_j} \quad (8\text{-}9)$$

8.3.2.3　TTCAN 和标准 CAN 的实时性试验分析

在实验室条件下，可以方便地实现不同的通信协议和通信参数，从而可以分析 CAN 和 TTCAN 通信协议下网络负载和帧优先级对延迟时间的影响，并且验证前述模型的正确性。

某试验得到的延迟时间如图 8-18 所示，整理试验结果得到表 8-2 和表 8-3。

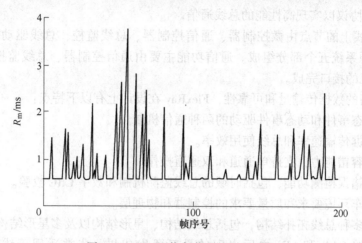

图 8-18　30%网络负载下的延迟时间

表 8-2　周期型消息延迟时间试验结果

CAN				TTCAN			
网络负载	数学期望/ms	最大值/ms	尖峰数	网络负载	数学期望/ms	最大值/ms	尖峰数
10%	0.614	1.143	7	10%	0.593	0.606	0
20%	0.626	1.165	16	20%	0.590	0.604	0
30%	0.635	1.151	25	30%	0.595	0.613	0

表 8-3　事件型消息延迟时间试验结果

CAN				TTCAN			
网络负载	数学期望/ms	最大值/ms	尖峰数	网络负载	数学期望/ms	最大值/ms	尖峰数
10%	0.623	1.950	15	10%	0.823	2.264	24
20%	0.700	2.721	25	20%	0.877	2.419	44
30%	0.803	3.779	31	30%	1.051	3.241	53

从表中可以发现，随着负载的升高，CAN 消息帧的尖峰数量越来越多，说明该消息帧与其他消息帧发生碰撞的次数增加，延迟时间数学期望值增加。而 TTCAN 消息帧的延迟时间很稳定，给实时分布系统的设计带来很大方便。

随着网络负载的升高，CAN 和 TTCAN 事件型消息帧延迟时间的数学期望值、最大值和尖峰数都会增大。而在同样负载下，TTCAN 的尖峰更多，这是由于增加了独占时间窗而导致的事件型消息帧延迟时间增大。

从上述试验结果可以看出，TTCAN 的周期型消息帧没有队列延迟，其延迟时间是确定的，且不受网络负载的影响；但是其事件型消息帧延迟时间比 CAN 协议大，并且随负载的增加而明显增加。

8.3.3　FlexRay 总线及其应用

8.3.3.1　FlexRay 总线

为了满足未来的车内通信需要，各大汽车及半导体公司联合成立了 FlexRay 协会，制定了 FlexRay 通信协议以实现高性能的总线通信。

FlexRay 总线上的节点由微控制器、通信控制器、总线监控、总线驱动器（发送/接收驱动器）和电源系统五个部分组成。通信功能主要由通信控制器、总线监控及驱动器以及这些部分与主机的接口完成。

为了保证高的数据传输量和可靠性，FlexRay 在设计上有以下特点：

1) 支持静态事件和动态事件驱动的两种通信机制。
2) 高的数据传输速率和总线使用效率。
3) 灵活的容错能力，支持单通道和双通道操作。
4) 可靠的错误检测功能，包括时域的总线监测机制和数字 CRC 校验。
5) 满足汽车环境要求和质量要求的控制器和物理层。
6) 可采用多种总线拓扑结构，包括总线结构、星形结构以及多星形结构。

FlexRay 是继 CAN 和 LIN 之后出现的最新研发成果，非常适用于线控系统（X-by-Wire）。FlexRay 两个信道上的数据速率最大可达到 10Mbit/s，总数据速率可达到 20Mbit/s，应用在车载总线，FlexRay 的总线带宽是 CAN 的 20 倍之多。FlexRay 还能够提供很多 CAN 总线所不具有的可靠性特点，尤其是 FlexRay 具备的冗余通信能力可实现通过硬件完全复制总线配置，并进行进度监测。另外，FlexRay 可以进行同步（实时）和异步的数据传输，以满足车辆中各种系统的需求。

8.3.3.2 FlexRay 应用

FlexRay 应用层的协议设计，首先要根据控制需要，将各节点的信息分为周期型的静态消息和事件型的动态消息两类，然后针对静态段和动态段分别优选协议参数，完成消息封装，最后得到具体协议。

以最早量产的 MFR4200 为协议控制器设计的网络节点原理如图 8-19 所示，节点采用 XC164 作为主控制器，SN65HVD11 作为网络收发器。XC164 向 MFR4200 输出的信号包括数据、地址、读写使能和片选信号，MFR4200 向 XC164 输出数据和中断信号。MFR4200 在需要向网络中发送信息时，不仅发送使能信号，还将串行数据传给 SN65HVD11。

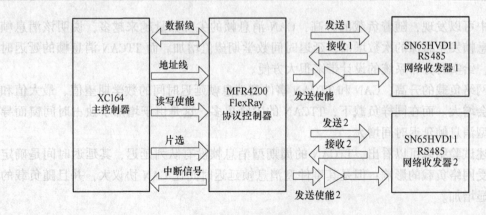

图 8-19　FlexRay 节点原理

RS485 收发器的发送使能是高电平有效，而 MFR4200 的发送使能是低电平有效，中间需要增加一个非门。节点的主程序流程如图 8-20 所示。

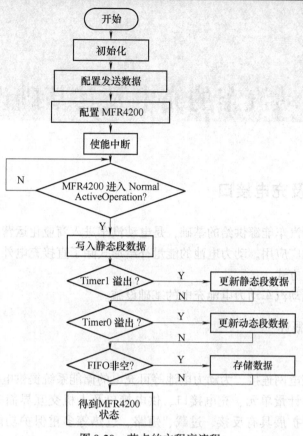

图 8-20 节点的主程序流程

8.4 本章小结

本章围绕整车控制系统进行了论述，包括整车控制系统的结构和功能、整车控制器开发以及通信系统。

电动汽车动力系统各部件的工作由整车控制系统统一协调。整车控制系统由整车控制器、通信系统、部件控制器以及驾驶人操纵系统构成，其主要功能是根据驾驶人的操作和当前的整车及部件工作状况，在保证安全和动力性要求的前提下，选择尽可能优化的工作模式和能量分配比例，以达到最佳的燃油经济性和排放指标。

众多电控单元之间的数据交换采用基于串行总线传输的网络结构，实现多路传输组成电子网络。本章的最后介绍了整车通信系统中 CAN、TTCAN 和 FlexRay 的技术特点及应用。

习 题

1. 整车控制系统分为哪几层？各有什么作用？
2. 整车控制系统在哪些方面对车辆性能有影响？
3. 简述整车控制系统的功能。
4. 整车控制器的开发和调试平台需要具备哪些功能？
5. 整车控制器有什么功能？
6. 整车通信系统有哪几种？各自的特点是什么？

第9章

电动汽车的充电及其基础设施

9.1 充电设备及充电接口

充电设施是电动汽车能源供给的基础,是电动汽车进入商业化运营的保障,直接关系到电动汽车的产业化推广应用。动力电池的能量补给形式除了直接充电外,还可以采用机械式更换与充电相结合的方式。

本章重点介绍电动汽车动力电池充电的基础设施。

9.1.1 充电设备概述

1. 充电机

充电机是与交流电网连接、为动力电池等可充电的储能系统提供电能的设备,一般由功率单元、控制单元、计量单元、充电接口、供电接口及人机交互界面等部分组成,实现充电、计量等功能,并扩展具有反接、过载、短路、过热等多重保护功能及延时起动、软起动、断电记忆自起动等功能。

充电机技术涉及以下两个方面:

(1) 充电机的集成和控制技术 主要是通过研究充电过程对动力电池使用寿命、温度、安全性等方面的影响,选择合理的拓扑结构,采取合适的充电方式,实现充电过程的动态优化及智能化控制,从而实现最优充电。

(2) 充电监控技术 主要是规范充电机和充电站监控系统之间的通信协议,实现对多台充电机状态和充电过程的实时监控,并实现和其他监控系统、运营收费系统等通信的功能。

2. 充电机的类型

电动汽车充电机根据不同的分类标准,可分成多种类型,见表9-1。

表9-1 电动汽车充电机类型

分类标准	充电机类型	
安装位置	车载充电机	非车载充电机
输入电源	单相充电机	三相充电机
连接方式	传导式充电机(接触式)	感应式充电机(非接触式)

(1) 车载充电机 如图9-1所示,车载充电机安装于电动汽车上,通过插头和电缆与交流插座连接。车载充电机的优点是在动力电池需要充电的时候,只要有可用的供电插座,就可以进行充电。其缺点是受车上安装空间和重量限制,功率小,只能提供小电流慢速充电,

充电时间一般较长。

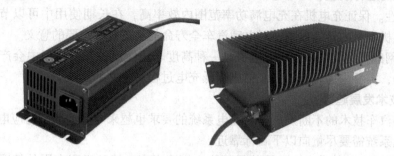

图 9-1　电动汽车车载充电机

按照连接方式的不同，车载充电机可分为传导式充电机和感应式充电机两种。其中传导式充电机的供电部分与受电部分有着机械式的连接，即输出通过电力电缆直接连接到电动汽车充电接口上。这种充电机结构相对简单，容易实现，但操作人员不可避免地要接触到强电，容易发生危险。感应式充电机示意图如图 9-2 所示。它利用电磁能量传递原理，电磁感应耦合方式向电动汽车传输电能，供电部分和受电部分之间没有直接的机械连接，二者的能量传递只是依靠电磁能量的转换，这种结构设计比较复杂，受电部分安装在电动汽车上，受到车辆安装空间的限制，因此功率受到一定的限制，但由于不需要充电人员直接接触高压部件，安全性高。

图 9-2　感应式充电机示意图

(2) 非车载充电机　非车载充电机一般安装于固定的地点，与交流输入电源连接，直流输出端与需要充电的电动汽车充电接口相连接，如图 9-3 所示。非车载充电机可以提供大功率电流输出，不受车辆安装空间的限制，可以满足电动汽车大功率快速充电的要求。

3. 充电机的性能要求

为实现安全、可靠、高效的动力电池组充电，充电机需要达到以下基本性能要求：

1) 安全性。保证电动汽车充电时，操作人员的人身安全和动力电池组的充电安全。

2) 易用性。充电机应具有较高的智能性，不需要操作人员对充电过程进行过多的干预。

3) 经济性。充电机的成本降低对降低整个电动汽车

图 9-3　电动汽车直流非车载充电机

使用成本、提高运行效益、促进电动汽车的商业化推广有重要的意义。

4）高效性。保证充电机在充电满功率范围内效率高，在长期使用中可以节约大量的电能。提高充电机能量的转换效率，对电动汽车全寿命的经济性有重要的意义。

5）对电网的低污染性。由于充电机是一种高度非线性设备，在使用中会产生对电网有害的谐波污染，需要采用相应的滤波措施降低充电过程对电网的污染。

4. 充电技术发展趋势

随着电动汽车技术的不断发展，对充电系统的要求也越来越高，为了适应电动汽车的快速发展，充电系统需要尽量向以下目标靠近：

1）快速化。在目前动力电池比能量不能大幅度提高、续驶里程有限的情况下，提高充电速度，从某种意义上可以缓解电动汽车续驶里程短而导致的使用不方便的问题。

2）通用性。电动汽车应用的动力电池具有多样性，在同种类电池中由于材料、加工工艺的差异也存在各自的特点。为了节约充电设备投入，增加设备应用的方便性，就需要充电机具有充电适用的广泛性和通用性，能够对不同种类的动力电池组进行充电。

3）智能化。充电系统应该能够自动识别电池类型、充电方式及电池故障等信息，以降低充电人员的工作强度，提高充电安全性和充电工作效率。

4）集成化。目前电动汽车充电系统是作为一个独立的辅助子系统而存在的，但是随着电动汽车技术的不断成熟，本着子系统小型化和多功能化的要求，充电系统将会和电动汽车能量管理系统以及其他子系统集成为一个整体，从而为电动汽车其余部件节约出布置空间并降低电动汽车的生产成本。

5）网络化。对于一些公共场合，如大型购物中心及办公场所的停车场、公交车总站等，为了适用数量巨大的电动汽车充电要求，就必须配备相当数量的充电机，如何对这些充电机进行有效的协调管理是一个不可忽视的问题。基于网络化的管理体制可以使用中央控制主机来监控分散的充电机，从而实现集中管理、统一标准、降低成本的目的。

5. 充电桩

如图9-4所示，充电桩可分为直流充电桩和交流充电桩，一般电动汽车充满电需要6~8h。智能交流充电桩和直流充电桩作为电动汽车充电的辅助设备，提供充电接口、人机接口等功能，对电动汽车的充电进行控制。充电桩由嵌入式单片机经二次开发后作为主控制器，包括IC卡管理、充电接口管理、凭据打印、联网监控等功能，是充电操作人员进行操作的人机界面。

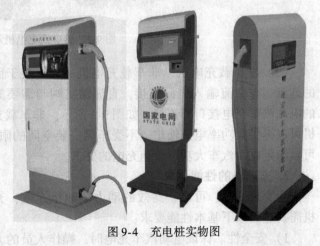

图9-4 充电桩实物图

充电桩主要包含以下功能：

1）界面显示。显示提示信息、用户IC卡信息、充电相关信息等内容，是充电装置提供给用户和管理员的唯一可视内容。

2）身份识别。读取IC卡内信息，识别用户身份及相关信息。

3）充电操作。提供操作按钮，用于用户充电操作和管理员管理操作。

4）控制输出接触器。管理输出接触器，实现对充电输出的控制。

5）与充电机交互。向充电机发送控制指令、开关量信号，控制充电机起动与停止，获取充电机工作状态信息。

6）管理电能表。与电能表通信，获取充电电量信息。

7）费用收取。收取充电费用，进行卡内余额信息的读写操作。

8）票据打印。打印用户充电费用的票据。

9）数据管理。管理各项数据，保护数据的完整性、安全性，提供管理员查询、复制、删除等功能。

10）系统配置。管理员进行系统配置，实现不同充电装置的相关设置。

11）远程监控。接收远程监控主机的指令，传送相关数据信息，执行控制指令。

9.1.2 充电接口的标准

1. 充电接口形式

充电接口是指用于连接活动电缆和电动汽车的充电部件，由充电插座和充电插头两部分构成。由于是连接电缆使用，充电插口是传导式充电机的必备设备。充电插头在充电过程中与充电插座结构进行耦合，从而实现电能的传输。

在电动汽车产业化的过程中，充电接口的标准化至关重要。充电接口应该满足以下要求：

1）能够实现较大电流的传输和传导，避免因电流过大引起插座发热和故障。

2）插头和插座能够充分耦合，接触电阻小，避免接触不良引起火花烧蚀或虚接。

3）能够实现必要的通信功能，便于电动汽车 CAN 通信或者电池管理系统与充电机对接。

4）具备防误插能力。由于电动汽车使用的充电设备或者动力电池的型号和性能不同，所需要的电源就不一样，同时，由于插头的电极不能插错，要求不同的电源插头要有一定的识别能力。

5）具备合理的外形，便于执行插拔作业。

充电接口的种类有三种：单相交流充电接口、三相交流充电接口和直流充电接口。

单相交流充电接口主要是用于家庭用户充电设施和一些标准的公共充电设施，这类充电插头比较简单，供单相交流充电使用。一般插头有三个端子，分别是交流火线、交流零线和接地线。它与传统的电源插座类似，只是形体和额定电流较大。

三相交流充电接口和直流充电接口相对于单相交流充电接口要复杂得多，这类充电接口一般用于较大的充电站，为较大型的电动汽车进行充电服务，而且充电电流相对较大，外形也较大，功能复杂。由于这类插头较大，设计的形状类似于枪，一般称为充电枪，如图 9-5 所示。

图 9-5 常见的充电枪

我国常用的充电接口有以下几种形式：

（1）交流充电接口　交流充电接口如图9-6所示。交流充电接口端子的功能定义见表9-2。

表9-2　交流充电接口端子的功能定义

触点编号/功能	功能定义	触点编号/功能	功能定义
1/交流电源（L）	交流电源	5/保护接地（PE）	连接供电设备地线和车辆底盘地线
2/交流电源（NC1）	备用触头	6/控制确认1（CC）	充电连接确认
3/交流电源（NC2）	备用触头	7/控制确认（CP）	控制确认
4/中线（N）	中线		

（2）直流充电接口　直流充电接口如图9-7所示。直流充电接口端子的功能定义见表9-3。

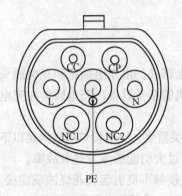

图9-6　交流充电接口

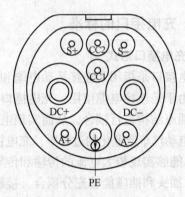

图9-7　直流充电接口

表9-3　直流充电接口端子的功能定义

触点编号/功能	功能定义
1/直流电源正（DC+）	连接直流电源正与电池正极
2/直流电源负（DC-）	连接直流电源负与电池负极
3/保护接地（PE）	连接供电设备地线与车辆车身地线
4/充电通信CAN-H（S+）	连接非车载充电机与电动汽车的通信
5/充电通信CAN-L（S-）	连接非车载充电机与电动汽车的通信
6/控制确认（CC1）	充电连接确认1
7/控制确认（CC2）	充电连接确认2
8/低压辅助电源正（A+）	连接非车载充电机，为电动汽车提供低压辅助电源正
9/低压辅助电源负（A-）	连接非车载充电机，为电动汽车提供低压辅助电源负

2. 充电接口标准

在各国车企潜心研发电动车技术的同时，电动汽车的充电标准也是影响其普及的重要因素。随着电动汽车在各个国家受到的扶持越来越大，充电站建设也越来越多，各国标准已经面临直接冲突的状况。下面将介绍目前市场上的5大充电连接器标准。

（1）Combo　Combo插座可以允许电动车慢充和快充，是目前在欧洲应用最广的插座类型，包括奥迪、宝马、克莱斯勒、戴姆勒、福特、通用、保时捷以及大众都配置SAE（美国汽车工程师学会）所制定的充电界面。2012年10月2日，SAE相关委员会成员投票通过的 SAE J1772 修订草案成为全球唯一一个正式的直流充电标准。该标准的推出是为了改变鱼龙混杂的充电系统的现状，提升消费者对于电动车的购买积极性。基于 J1772 修订版制定的关于直流快速充电的标准，其核心为 Combo Connector。该标准之前的版本（2010 年制定）明确了用于交流电充电的基础 J1772 连接器的规格，充电水平较低（交流 Level 1 针对 120V，Level 2 针对 240V）。这种基础连接器在今天已经得到广泛应用，与日产聆风、雪佛兰沃蓝达以及三菱 i-MiEV 电动车兼容。而 2012 年制定的新版 J1772 标准中，Combo Connector 除了具备原来的所有功能外，还多了两个引脚，可用于直流快充，但无法与当前生产的旧款电动车兼容。

Combo Connector 的最大好处在于，未来汽车制造商可以在他们新车型上采用一个插座，不仅适用于第一代尺寸较小的基础交流连接器，还适用于第二代尺寸较大的 Combo Connector，后者可以提供直流及交流两种电流，分别以两种不同的速度充电。但 Combo Connector 的缺点是，快充模式下需要充电站提供最高 500V 电压和 200A 电流。

（2）CHAdeMO　CHAdeMO 是 CHArge de Move 的缩写，是日本日产及三菱汽车等支持的插座，CHAdeMO 从日语翻译过来的意思为"充电时间短如茶歇"。这种直流快充插座可以提供最大 50kW 的充电功率。支持该充电标准的电动汽车车型包括：日产聆风、三菱 Outlander 插电混动车、雪铁龙 C-Zero、雪铁龙 Berlingo、标致 Partner、三菱 i-MiEV、三菱 MINI-CAB-MiEV、三菱 MINICAB-MiEV 货车、本田飞度电动版、马自达 Demio EV、斯巴鲁 Stella 插电混动车等。这里需要注意的是，日产聆风和三菱 i-MiEV 电动车都有两个不同的充电用插座，其中一个适用于基础 J1772 连接器，就是上文中介绍的 Combo Connector；另外一个是适用于日本本土的 CHAdeMO 标准的连接器。CHAdeMO 采用的快速充电方式中电流受控于汽车的 CAN 总线信号。即在监视电池状态的同时，实时计算充电所需电流值，通过通信线向充电器发送通知，快速充电器及时接收来自汽车的电流命令，并按规定值提供电流。通过电池管理系统一边监视电池状况，一边实时控制电流，完全实现了快速、安全充电所需的各项功能，确保充电不受电池通用性限制。在日本，按照 CHAdeMO 标准安装的快速充电器已经有 1154 个投入使用。在美国，CHAdeMO 的充电站也已广泛"撒网"，来自美国能源部的最新数据显示，美国现有 1344 个 CHAdeMO 交流快速充电站。

CHAdeMO 除了数据控制线外，还采用 CAN 总线作为通信接口，由于其抗噪性优越且检错能力高，通信稳定性、可靠性高。其良好的充电安全记录受到了业内的肯定。但 CHAdeMO 最初设计的充电输出功率为 100kW，连接器十分笨重，而在充电时的输出功率仅为 50kW。

（3）特斯拉　特斯拉汽车有一套自己的充电标准，号称能在 30min 内充满可跑 300km 以上的电量。因此其充电插座最高容量可达 120kW，最高电流可达 80A。目前，特斯拉在美国已拥有 908 座超级充电站。而为了进入中国，特斯拉也已在我国建立了一些超级充电站。此外，为了更好地融入各个地区，特斯拉计划放弃对充电标准的控制，采用各国的国标，其在中国已经如此执行。虽然特斯拉如此做的有利效果是：特斯拉车主可以借用中国建立的庞大充电网络充电；特斯拉提升产品销量。但问题是，已经购买了特斯拉车型的车主，在标准改变后如何充电。如果没有相应的解决方案，特斯拉车主面临的矛盾是：①只能在标准更改前建好的充电站充电，充电便利性不会随时间推移改进；②找特斯拉退车。

特斯拉充电标准的优点是技术先进，充电效率高。其缺点是难与各国国标相符，不妥协难以提升销量；妥协后充电效率将打折扣，处于两难境地。

(4) CCS 为了改变混乱的充电接口标准现状，美系和德系的八大厂商福特、通用、克莱斯勒、奥迪、宝马、奔驰、大众和保时捷于2012年发布了"联合充电系统"。"联合充电系统"（Combined Charging System），即"CCS"标准，可将现行所有充电接口统一起来，这样，用一种接口就能够完成单相交流充电、快速三相交流充电、家用直流充电和超速直流充电四种模式。SAE已选定联合充电系统作为其标准，除SAE外，欧洲汽车制造商协会（ACEA）也已宣布选择联合充电系统作为直流/交流充电界面，从2017年开始用于所有在欧洲销售的插电式电动车。自2014年德国与中国统一了电动车充电标准，中国也加入了欧美系这一阵营，为中国的电动汽车发展带来前所未有的机遇。之诺1E、奥迪A3 e-tron、北汽E150EV、宝马i3、腾势、大众E-Up、长安逸动EV和Smart EV均属于"CCS"标准阵营。

CCS标准的优点是：宝马、戴姆勒以及大众这三家德国汽车制造商将加大对中国的电动车投入，CCS标准或更有利于中国。其缺点是：支持"CCS"标准的电动汽车，或者销量较小，或者刚刚开始发售。

(5) GB/T 20234 中国在2006年就发布了《电动汽车传导充电用插头、插座、车辆耦合器和车辆插孔通用要求》（GB/T20234—2006），这个国家标准详细规定了充电电流为16A、32A、250A交流和400A直流的连接分类方式，主要借鉴了国际电工委员会（IEC）2003年提出的标准，但是这个标准并未规定充电接口的连接针数、物理尺寸和接口定义。2011年，中国发布了GB/T 20234—2011标准，替换了部分GB/T 20234—2006中的内容，其中规定：交流额定电压不超过690V，频率50Hz，额定电流不超过250A；直流额定电压不超过1000V，额定电流不超过400A。2015年，中国发布了GB/T 20234—2015标准，以GB/T 20234—2011为基础进行修订，其中规定：直流充电接口增加了额定电流80A和200A，并且修改了充电接口控制导引触头和机械锁的部分尺寸。

新版GB/T 20234的优点是：相比2006年的标准，对更多充电接口参数进行了详细标定。

其缺点是：标准仍不够完善。另外，其只是推荐性标准，也并未强制执行。

各国车企都已逐渐意识到，"标准"才是左右电动车发展前景的关键因素。我们也看到近年来全球充电标准逐渐从"多样化"走向了"集中化"。但要真正实现充电标准统一，除了接口标准之外，还需要电流通信标准，前者关乎接头是否吻合，后者则影响插头插入时能否通电。电动车充电标准统统一化仍然任重道远。

9.2 常用充电设施和应用形式

9.2.1 家用充电设施

在家对电动汽车进行充电，普遍采用车载充电机。因为只需将车载充电机的插头插到停车场或其附近的电源插座上即可进行充电，所以对于需要为电动汽车充电的用户而言，在家里充电是最可取的方式，一个晚上即可将动力电池充满，汽车便可行驶超过100km的里程。由于充电速度较慢，而且需几千瓦的功率，充电时间通常为5~8h。总的来说，由于在家充电通常是在晚上或用电低谷期，因而有利于电能的有效利用。因此，电力部门也愿意采取打折等措施以吸引电动汽车用户在用电低谷期充电。

家用充电设施的基本要求是有一个配有电源的车库或停车场地，有两种不同的方式：

1) 对于拥有私人车库的家庭来说，只需安装一个专用的充电接口。

2) 对带有停车场的公寓或多层住宅来说，可安装带保护回路的室外电源插座，保证它能够独立运行，而且应保证不经允许，居民不得靠近电源插座。

家用充电设施的计费方案相当简单，电动汽车可以视为一种用电设备，因此，现有的计价表和收费方法可以直接采用。很明显，由于不需要什么额外的装置和其他贵重的仪表，家用充电方式相应的初始成本较低。

9.2.2 公共充电设施

公共充电设施基本上就是一些公共充电站或充电桩。公共充电站或充电桩应分布广泛，以保证电动汽车用户能够随时为电动汽车充电。

1. 常规充电站

常规充电站是为带车载充电机的电动汽车而设计的，采用常规充电电流充电。这类充电站一般分布在居民区或工作场所附近，在这些场所电动汽车一般要停放 5~8h。这类充电站的设计规模一般比较大，以便能够同时为很多电动汽车用常规充电电流充电（$0.1~5C$）。实际应用时，电动汽车驾驶人只需将车停放在充电站指定的位置，接上电线即可开始充电。常规充电站的充电接口是由国家规定并专门设计的，在充电过程中插头应具有锁止保护功能。

2. 快速充电站

快速充电也称为迅速充电或应急充电，其目的是在短时间内给电动汽车充电，充电时间应与燃油车的加油时间接近。当然，快速充电的效果会受到动力电池充电特性的影响，普通动力电池不能进行快速充电，因为在短时间内接受大量的电量会导致动力电池过热。快速充电时使电池容量快速达到80%所需要的时间为20min。这意味着每充电1min，就可使电动汽车的行驶里程增加8km。如果沿途有足够多的快速充电站，电动汽车总的行驶里程就会大大增加。

快速充电站的关键是能够在短时间内给电动汽车补充高能量，因而对充电机的要求比较高，一般应输出大于 50kW 的功率，甚至更高的功率，相应的额定充电电压和电流分别为 200~750V 和 65~250A，保证电动车辆在充电 20min 内达到行驶 50km 的能量需求。由于功率和电流的额定值都很高，应该把这种充电设施建在检测站或服务中心。为了避免动力电池出现过充电和过热，充电站的快速充电组件和电动汽车上的电池监测回路之间应有信息交流，这样可以实时监测动力电池的状态，并调整充电电流的大小。

9.2.3 动力电池更换站

除了实时给动力电池充电外，还可以采用更换电池组的方式，即在动力电池电量耗尽时，用充满电的电池组更换电量过低的电池组。将电池箱从汽车上换下的机械装置，目前主要有纯手动形式、半自动形式和机器人三种模式，如图9-8所示。

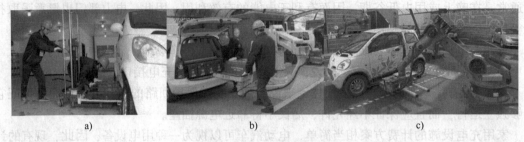

图9-8 电池更换模式
a) 纯手动 b) 半自动 c) 机器人

更换电池组的工作原理如图9-9所示，电动汽车用户把车停在一个特定的区域，然后用更换电池组的机器将耗尽的动力电池取下，换上已充满电的电池组。这种机器可以选择叉式升降装卸车，工作时机器从原地伸出悬臂，而且应有足够的前后伸展空间，以便适应电动汽车所在的位置。更换电池时，装卸车把叉子伸入电池组底部的槽内，然后把电池组放到正确的位置上。对于更换下来的电量较低的动力电池，可以在服务站充电，也可以集中收集起来以后再充电。由于电池更换过程包括机械更换和动力电池充电，有时也称它为机械"加油"或机械充电。电池更换站同时具备常规充电站和快速充电站的优点，也就是说可以用低谷电给动力电池充电，同时又能在很短的时间内完成"加油"过程。通过使用机械设备，整个电池更换过程花费的时间与现有的燃油车加油时间大致相当。

图9-9 更换设备更换电池的过程
a) 停车定位 b) 取车上电池 c) 取架上电池 d) 回转换位 e) 推入车上电池 f) 推入架上电池

9.3 无线电能传输技术

无线电能传输技术也称为无线电力传输、非接触电能传输，是指通过发射器将电能转换为其他形式的中继能量（如电磁场能、激光、微波及机械波等），隔空传输一段距离后，再通过接收器将中继能量转换为电能，实现无线电能传输。它是电动汽车充电的解决方案之一，也是提高电动汽车充电安全性、降低系统维护成本的有效途径之一。无线电能传输系统不含外接端口，无需人工操作，不占用地上空间，能够实现静止状态和行驶状态充电，避免了因线路破坏而导致的漏电隐患，也杜绝了插座因频繁插拔而造成的磨损、老化问题。无线电能传输技术有多种类型，不同类型的无线电能传输技术在工作原理、工作状态及技术特点等方面存在差异。

电动汽车无线充电技术作为无线电能传输技术的一种，为适应电动汽车充电需求，其在功率等级、充电间距、充电效率、系统尺寸与质量以及数据通信等方面具有一定特殊性。

9.3.1 无线电能传输技术分类

无线电能传输技术的分类如图9-10所示，按照电磁场距离长短远近可分为近场耦合式和远场辐射式两种类型。近场耦合式无线电能传输技术又可分为磁场耦合式和电场耦合式，由于传输机理的不同，磁场耦合式又包含了两种方式，即磁感应耦合式和磁耦合谐振式。远场辐射式无线电能传输技术包括三种方式，即微波辐射式、激光方式以及超声波方式。

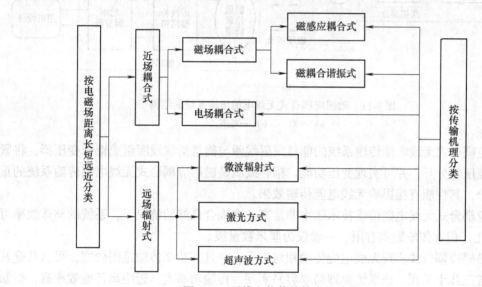

图9-10 无线电能传输技术的分类

1. 磁感应耦合式无线电能传输技术

磁感应耦合式无线电能传输技术是目前应用最广的一种无线电能传输技术。20世纪70年代，利用电磁感应原理进行无线充电的电动牙刷已经出现并申请了发明专利。到20世纪90年代初，新西兰奥克兰大学的Boys团队经过长期攻关，已经将该项技术投入到部分实际应用中。经过多年的发展，现已形成了系统的科学理论研究基础，在部分关键技术问题上取得了突破性进展，并在工业领域取得了较好的技术应用前景，主要应用包括：有轨电动汽车的研发与推广、便携式无线平板充电器及医疗器械无线供电装置等。

该技术利用耦合变压器的电磁耦合原理，以空气作为磁介质，以一定频率的交变电流在一次侧部分感应出交变磁场，并利用空气将磁场能量传至二次侧部分。二次侧部分接收的能量通过电磁效应感应出与输入端同频率的交变电流,并经由整流、电压调节等供负载使用。磁感应耦合式无线电能传输系统的结构主要有一对一和一对多两种(图9-11)。

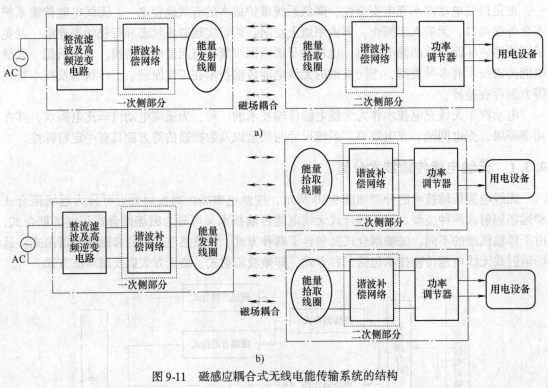

图9-11 磁感应耦合式无线电能传输系统的结构
a) 一对一 b) 一对多

磁感应耦合式无线电能传输系统的能量发射线圈与能量拾取线圈组成耦合变压器,将紧密耦合的变压器分开,并可实现变压功能。耦合线圈是磁感应耦合式无线电能传输系统的重要组成部分,其性能直接影响无线电能传输效果。

磁感应耦合式无线电能传输技术效率非常高,在耦合良好的情况下,系统的整体效率可达95%以上。但其传输距离有限,一般仅为厘米数量级。

利用磁感应耦合式实现无线电能传输相对容易,并且其功率传输范围较宽,可从几毫瓦到几千瓦甚至几十千瓦。该系统原理简单容易实现,传输功率大,近距离传输效率高,但漏磁损耗较大,传输距离短,传输效率会随距离的增大而迅速减小,同时,该系统对二次铁心的形状和对齐方式的要求也很高。

2. 磁耦合谐振式无线电能传输技术

磁耦合谐振式无线电能传输技术又称为电磁共振式无线电能传输技术,该技术于2007年由麻省理工学院(MIT)提出。它主要利用电磁场的近场理论建立一种强耦合谐振关系的新型无线电能传输技术。该技术的提出为无线充电技术的研究开辟了一个新的方向,也引起了世界范围内研究的热潮。经过近年来的发展,该技术在应用上取得了较大的进展,并在电动汽车、医疗器械、消费电子等领域得到应用。

该技术将直流电能转换成高频交流电,经发射端谐振回路及近场耦合介质将电能传输至接收端,并经过电能转换电路将电能转换成工作电能,为负载提供电能。其中发射端谐振回路主要由单匝发射线圈和谐振线圈组成，接收端谐振回路由单匝接收线圈和谐振线圈构成。高频电源向发射天线输出高频正弦交变电流，单匝发射线圈在高频正弦交变电流的作用下在附近空间产生交变磁场，发射端谐振线圈感应到交变磁场而发生谐振。接收端线圈与发射端谐振线圈结构参数完全相同，在磁耦合谐振作用下，接收端谐振线圈发生谐振，并通过感应耦合作用将电能传输至接收线圈，接收线圈收到的电能经过负载驱动电路进行整流滤波处理后，给负载供电，进而实现电能传输。磁耦合谐振式无线电能传输系统的结构如图9-12所示。

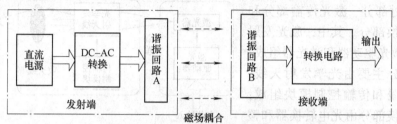

图9-12　磁耦合谐振式无线电能传输系统的结构

为保证无线电能传输的距离和效率，谐振频率通常处于MHz级别。谐振的波长远大于谐振回路的尺寸，因此能量传输几乎不受外界的影响。随着磁耦合谐振线圈距离的增大，系统的传输效率随之下降，但从理论上讲，被负载吸收的能量将会反射回发射端谐振回路，因此系统能量传输的效率不会下降太多。

磁耦合谐振式无线电能传输的效率和距离与谐振频率有直接关系。整个系统的效率，很大程度上取决于发射中产生高频交流功率环节的效率。就目前的半导体技术来说，使工作在开关模式的器件工作频率达到MHz级别是非常困难的。若谐振频率太低，传输效率和传输距离都将严重下降，同时，无线传输距离与谐振回路线圈的尺寸也密切相关。

3. 微波辐射式无线电能传输技术

微波辐射式无线电能传输技术最早由日本学者YagiH提出。经过多年的研究，目前已经能够实现较大功率、较远距离的电能传输。该系统主要包括微波功率源、整流天线和发射天线。其中，微波功率源包括直流电源和DC-RF变换器；整流天线包括天线、低通滤波器、整流二极管和直流滤波器；发射天线则按照定向控制方法的不同分为相控阵天线和具有定向功能的方向天线阵，并且通常采用抛物面天线结构实现其高聚焦能力。

微波功率发生器将直流转换成微波能量，并由发射天线聚焦后向整流天线高效发射，微波能量经自由空间传播到整流天线，并经过整流天线的整流滤波电路转换为直流功率后，给负载供电。微波辐射式无线电能传输系统的结构如图9-13所示。

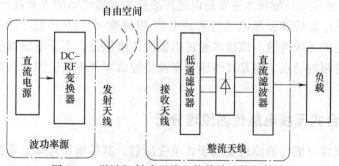

图9-13　微波辐射式无线电能传输系统的结构

微波辐射式无线电能传输技术通常采用 S 波段和 C 波段进行微波能量传输，传输距离一般从几百米至几千米。该技术具有高精度定向能量传输能力，传输距离较远，并且在大气中传输损耗较小。但技术上仍存在不足，如该系统对发射天线的设计要求较高，传输效率较低，传输能量的利用率较低，接受功率信号较小等。

4. 激光方式无线电能传输技术

激光方式无线电能传输系统主要包括激光发射部分、激光传输部分和激光-电能转换部分。其中，激光发射部分主要由激光驱动器和激光器组成；激光传输部分主要由光学发射天线、光学接收天线和传输控制模块组成；激光-电能转换部分由光电转换器和整流稳压器组成。激光方式无线电能传输系统的主要结构如图 9-14 所示。

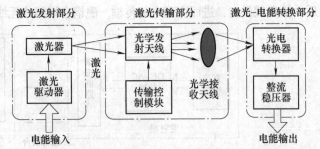

图 9-14　激光方式无线电能传输系统的主要结构

激光方式无线电能传输系统的激光发射部分发出特定波长的激光，激光束通过光学发射天线进行集中、准直整形处理后发射，并通过自由空间达到接收端，且经过光学接收天线接收聚焦到光电转换器上完成激光电能的转换。传输控制模块控制激光光束的发射方向，使光束与光伏电池板正入射，实现最高的光电转换效率。

采用激光方式的无线电能传输技术通常采用波长为 800nm 的激光进行无线能量传输，传输距离从几十米到几千米。该结构具有发散角较小，定向性好，能量密度更高，汇聚性更好，发射接收口径小等优点，但是仍存在一些不足，如在大气层内的传输损耗相对较大，传输距离相对较短，对精度要求较高以及技术不够成熟等。

5. 其他方式无线电能传输技术

电场耦合式无线电能传输技术也称为电容耦合式无线电能传输技术，该技术于 2006 年由 Jeff 团队考虑电容与电感的对应性，利用类比法提出。主要利用电场耦合机构——金属平板电容的交互电场耦合进行无线电能传输，即在高频交变电流的作用下，金属平板电容的发射极板与接收极板之间形成交互电场，交互电场耦合作用在接收极板上产生位移电流，从而实现电能的无线传输。该项技术具有抗干扰能力强，穿透金属导体能力强等技术优势，但同时也存在容量小，功率传输能力受耦合机构参数变化影响较大等技术缺陷。此外，由于电感对人体损害较大，目前从事该项技术的研究相对有限，尚处于起步阶段。

超声波方式无线电能传输技术主要是以超声波作为能量传输的主要耦合媒介，通过发射/接受换能器的逆压电效应和正压电效应实现电能-机械能-声能和声能-机械能-电能的能量转化，进而实现电能的无线传输。该技术通过机械波传输能量，不受电磁辐射和电磁干扰的影响，具有适应场合强的特点。但是其传输功率及传输效率并不高，因此仅适用于小功率设备的无线电能传输。

9.3.2　感应耦合式无线电能传输原理分析

感应耦合式无线电能传输原理类似于传统变压器，其传输原理等效模型也可以表示为松耦合变压器互感模型。根据松耦合变压器中一次、二次绕组个数不同，分别进行建模分析。

1. 单一负载模型

典型的单一负载松耦合变压器示意图如图 9-15 所示,其一次绕组与二次绕组分别绕在相互分离的 U 形铁心上,流经一次绕组与二次绕组的电流分别为 i_1 和 i_2,一、二次绕组的电压分别为 u_1 和 u_2。

松耦合变压器的等效磁路模型如图 9-16a 所示。Φ_{11} 和 Φ_{22} 分别为电流 i_1 和 i_2 所产生的与一、二次绕组交链磁通;Φ_{L1} 和 Φ_{L2} 分别为 i_1 和 i_2 所产生的漏磁通;Φ_m 为一、二次绕组之间经由闭合磁路所产生的互感磁通,则一、二次电流 i_1 和 i_2 产生的总磁通分别为

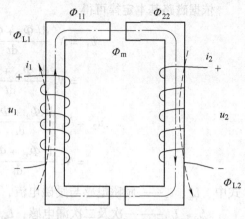

图 9-15 松耦合变压器示意图

$$\Phi_1 = \Phi_{11} + \Phi_{L1} \tag{9-1}$$

$$\Phi_2 = \Phi_{22} + \Phi_{L2} \tag{9-2}$$

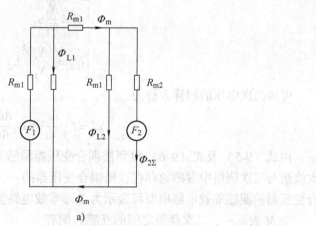

a)

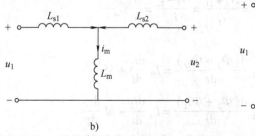

b)

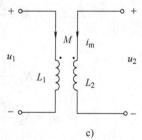

c)

图 9-16 松耦合变压器模型

a) 等效磁路模型 b) 漏感等效电路模型 c) 互感电路模型

(F 为磁动势,$F = NI$)

与一次绕组和二次绕组相交链的总磁通分别为

$$\Phi_{1\Sigma} = \Phi_1 + \Phi_{22} \tag{9-3}$$

$$\Phi_{2\Sigma} = \Phi_2 + \Phi_{11} \tag{9-4}$$

依据磁路基本定律可得

$$u_1 = N_1 \frac{d(\Phi_1 + \Phi_{22})}{dt} = N_1 \frac{d(\Phi_{11} + \Phi_{L1} + \Phi_{22})}{dt} \qquad (9\text{-}5)$$

$$= N_1 \frac{d(\Phi_{22} + \Phi_{11})}{dt} + N_1 \frac{d\Phi_{L1}}{dt} = L_m \frac{di_m}{dt} + L_{s1} \frac{di_1}{dt}$$

$$u_2 = N_2 \frac{d(\Phi_2 + \Phi_{11})}{dt} = N_2 \frac{d(\Phi_{22} + \Phi_{L2} + \Phi_{11})}{dt} \qquad (9\text{-}6)$$

$$= N_2 \frac{d(\Phi_{22} + \Phi_{11})}{dt} + N_2 \frac{d\Phi_{L2}}{dt} = \frac{N_2}{N_1} L_m \frac{di_m}{dt} + L_{s2} \frac{di_2}{dt}$$

式中　L_m、i_m——励磁电感与励磁电流，$L_m = N_1 \Phi_{11}/i_1 = N_2 \Phi_{22}/i_2$，$i_m = i_0 = i_1 i_2 N_2/N_1$；

　　　L_{s1}、L_{s2}——一次及二次漏电感，$L_{s1} = N_1 \Phi_{L1}/i_1$，$L_{s2} = N_2 \Phi_{L2}/i_2$。

对松耦合变压器的二次侧电路进行绕组折算，即令

$$\begin{cases} i_2' = \dfrac{N_2}{N_1} i_2 \\ u_2' = \dfrac{N_1}{N_2} u_2 \\ L_{s2}' = \left(\dfrac{N_1}{N_2}\right)^2 L_{s2} \end{cases} \qquad (9\text{-}7)$$

可得二次电压的归算方程为

$$u_2' = L_m \frac{di_m}{dt} + L_{s2}' \frac{di_2'}{dt} \qquad (9\text{-}8)$$

由式（9-5）及式（9-6）得到松耦合变压器漏感等效电路模型如图 9-16b 所示，由于一次绕组与二次绕组中漏感的存在，松耦合变压器的一、二次电压不再呈线性关系变化。松耦合变压器的漏感等效电路模型可表示为 T 形等效电路模型。

令 M 表示一、二次绕组之间的互感，则有

$$M = \frac{N_2 \Phi_{11}}{i_1} = \frac{N_1 \Phi_{22}}{i_2} = \frac{N_2}{N_1} L_m \qquad (9\text{-}9)$$

则

$$u_1 = N_1 \frac{d(\Phi_1 + \Phi_{22})}{dt} = L_1 \frac{di_1}{dt} + M \frac{di_2}{dt} \qquad (9\text{-}10)$$

$$u_2 = N_2 \frac{d(\Phi_2 + \Phi_{11})}{dt} = L_2 \frac{di_2}{dt} + M \frac{di_1}{dt} \qquad (9\text{-}11)$$

式中，$L_1 = N_1 \Phi_1/i_1$，$L_2 = N_2 \Phi_2/i_2$ 分别代表松耦合变压器的一、二次绕组自感。在感应耦合系统中，通常定义耦合系数 k 来描述两个线圈的电磁耦合松紧程度，即表示两个线圈的互感磁通链与自感磁通链的比值，有

$$k = \sqrt{\frac{|\Psi_{12}||\Psi_{21}|}{\Psi_{11}\Psi_{22}}} \qquad (9\text{-}12)$$

式中　Ψ_{11}、Ψ_{21}——一次电流所产生的与一次绕组交链的自感磁链及与二次绕组交链的互感磁链；

Ψ_{22}、Ψ_{12}——二次电流所产生的与二次绕组交链的自感磁链及与一次绕组交链的互感磁链。

从而可得耦合系数 k 为

$$k = \frac{M}{\sqrt{L_1 L_2}} \tag{9-13}$$

在理想变压器及全耦合变压器中，耦合系数 $k=1$。在普通的电力变压器中，其耦合系数通常都在 0.95 以上，而常见的感应电机，其耦合系数也在 0.92 以上，都属于电磁紧密耦合系统。在非接触感应耦合电能传输系统中，由于较长的一次导轨绕组及较短的二次电能接收绕组，导致漏磁通相对数值较大，因此其耦合系数较低，在某些感应式系统中，其耦合系数 k 约为 0.01，甚至更低。

松耦合变压器的互感等效电路如图 9-16c 所示，如采用电流控制电压源来表示一、二次绕组中互感电压的作用，则可得图 9-17a 所示的等效电路，图中 $j\omega\dot{I}_2$ 与 $j\omega\dot{I}_1$ 分别表示互感对松耦合变压器一次侧与二次侧电路的影响。

根据互感电路理论，设松耦合变压器二次侧负载阻抗为 Z_L，r_1、r_2 分别表示一次绕组与二次绕组的内阻，则可得松耦合变压器一次侧与二次侧相互分离的等效电路，分别如图 9-17b 与图 9-17c 所示，图中 Z_{r2} 表示二次侧电路映射至一次侧电路的映射阻抗，U_{oc} 表示二次绕组通过与一次绕组的互感而获得的感应开路电压，即有

$$Z_{r2} = \frac{\omega^2 M^2}{Z_2} \tag{9-14}$$

$$Z_2 = j\omega L_2 + r_2 + Z_L \tag{9-15}$$

$$\dot{U}_{OC} = j\omega M \dot{I}_1 \tag{9-16}$$

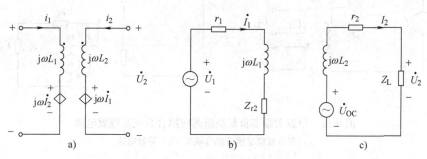

图 9-17 基于互感模型的松耦合变压器等效电路

a）用受控电压源表示的松耦合变压器 b）一次侧等效电路 c）二次侧等效电路

与理想变压器或全耦合变压器的模型不同，由于松耦合变压器中一次侧与二次侧之间存有较长的气隙，从而在一次侧与二次侧存在较大的漏感，因而其磁路模型与电路模型都具有自身独有的特点。松耦合变压器的等效磁路模型与松耦合变压器的物理结构相对应，即不同物理结构的松耦合变压器，其等效磁路模型受到绕组的形状、相对位置及是否采用铁心和铁心结构等因素的影响而具有不同的磁路结构。对于单一一次绕组和单一二次绕组的松耦合变压器，一次绕组电流与二次绕组电流所产生的磁通与一、二次绕组的相互交链，可分成漏磁通与互感磁通，从而可获得一致的漏感等效电路模型，不受其物理结构的影响。松耦合变压

器的互感等效电路模型以一次绕组与二次绕组之间的互感磁通为基础导出，在互感确定的情况下，基于互感模型的等效电路能将变压器的一次侧与二次侧分离成两个独立的电路，有利于简化分析。

2. 多负载模型

在实际的感应耦合系统应用中，存在着多个二次侧拾取绕组的情况，超出了上面所述的等效磁路模型与等效电路模型所属范围。对于系统中存在多个负载拾取绕组的情况，根据无线能量传输系统现有的应用情况，如电子设备无线充电通用平台和一次绕组为导轨形式的感应耦合方式，多为二次绕组通过与一次绕组的部分磁通耦合来获得感应电能的情况，从磁路结构方面分析，属于并联磁路结构，即负载侧拾取绕组分别与一次侧电能发射绕组所产生的部分磁通耦合。

对具有多个二次侧拾取绕组的感应耦合系统进行分析，为了降低系统的复杂性，通常设定二次侧拾取绕组之间的互感为零，即互感磁通只存在于一次绕组与二次绕组之间。此时，根据一次绕组的空间分布情况，对多负载感应耦合系统的分析，可分为一次侧一个电感线圈结构及多个电感线圈串联结构两种情况，下面将分别展开进行分析。基于互感模型的等效电路可以将松耦合变压器的一次侧与二次侧分离成相对独立的电路进行分析，具有一定的优越性。对于多负载绕组感应耦合系统（图9-18a）电路模型的分析，都将基于互感电路原理。

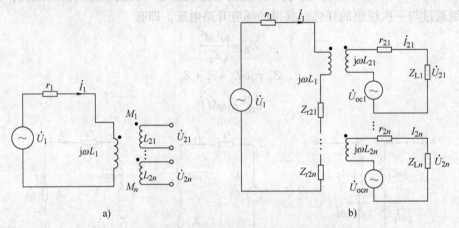

图9-18 单发射端多负载绕组感应耦合系统及等效电路

a）多负载绕组感应耦合系统 b）等效电路

等效电路如图9-18b所示，分析可得

$$\dot{I}_1 = \frac{\dot{U}_1}{r_1 + j\omega L_1 + Z_{r2\Sigma}} \quad (9\text{-}17)$$

$$Z_{r2\Sigma} = Z_{r21} + \cdots + Z_{r2n} \quad (9\text{-}18)$$

$$\dot{I}_{2i} = \frac{\dot{U}_{OCi}}{j\omega L_{2i} + r_{2i} + Z_{Li}} \quad (9\text{-}19)$$

对单一发射端绕组对应多个负载绕组的感应耦合系统，在忽略各拾取绕组之间互感的情况下，多负载系统对于松耦合变压器一次侧的影响表现为增加了映射阻抗。而对于感应耦合系统负载侧而言，拾取负载所能获得的电能主要取决于一次侧电流的大小、拾取绕组与发射绕组的互感大小及负载侧自身的电路参数。在拾取绕组与发射绕组的互感大小大致确定的情况下，增加发射端电流的数值能有效地提高传输至负载侧的电能。

3. 多发射端负载模型

多个发射端绕组多个接收端负载绕组的感应耦合系统电路如图9-19a所示，在此类多负载感应耦合系统中，发射端与接收端负载拾取绕组一一对应，可用于电动汽车无线充电平台等的感应耦合无线电能传输。在多发射绕组多负载拾取绕组感应耦合系统中，多个发射绕组通过串联方式连接，为简化系统分析，设定多负载感应耦合系统中多个负载拾取绕组之间互感磁通为零，且单个负载拾取绕组仅和与之对应的发射绕组之间存在互感，而与其他发射绕组之间不存在互感磁通，根据互感理论，可得到的多发射绕组多负载电能拾取绕组感应耦合系统的发射端、接收端相互分离的等效电路如图9-19b所示。与采用单一发射绕组的多负载感应耦合系统相比，在多发射绕组感应耦合系统中，其接收端负载侧电路模型与单一发射绕组相同，主要区别在于一次侧等效电路模型，发射电流 $\dot{I}_1$ 为

$$\dot{I}_1 = \frac{\dot{U}_1}{r_{1\Sigma} + j\omega L_{1\Sigma} + Z_{r2\Sigma}} \tag{9-20}$$

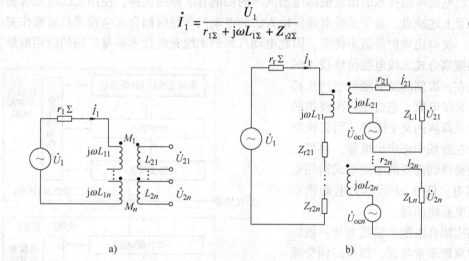

图9-19 多发射端多负载绕组感应耦合系统及等效电路
a) 多发射端多负载绕组感应耦合系统 b) 等效电路

对于多负载感应耦合系统，当系统中拾取绕组与发射绕组之间的互感确定时，单一的发射绕组或者多个发射绕组对系统的传输功率不产生实质性影响，即在发射电流恒定的条件下，负载侧所获得的开路感应电压仅与系统的运行频率有关，此时，多发射绕组形式或单个发射绕组形式仅仅影响负载拾取绕组与发射绕组之间的相对耦合系数。如在互感 M_i 恒定时，令多发射绕组多负载系统中第 i 个负载绕组与第 i 个发射绕组之间的耦合系数为 k_i，则有

$$k_i = \frac{M_i}{\sqrt{L_{1\Sigma}L_{2i}}} \tag{9-21}$$

设各个发射绕组的自感相同，则可得

$$k_i' = \frac{M_i}{\sqrt{nL_{1i}L_{2i}}} = \frac{1}{\sqrt{n}}k_i \tag{9-22}$$

式 (9-21) 和式 (9-22) 即为单发射端多负载绕组感应耦合系统与多发射绕组多负载绕

组感应耦合系统间耦合系数的换算公式。

9.3.3 无线电能传输技术在电动汽车中的应用

1. 电动汽车无线充电技术背景

对电动汽车进行无线充电或无线供电，不仅体现了未来智能电网送电的灵活性，同时也极大地增加了电动汽车充电的灵活性，甚至可将电动汽车作为移动的、分布式储能单元接入电网，发挥其削峰填谷的作用。目前电动汽车充电主要有两种方式，一种是使用车载充电机，另一种是使用外置充电桩。这两种方式的区别是车载充电机可以接 220V 的家用工频电，功率较小，可以进行慢速充电；而充电桩一般接入的是 380V 的三相电，功率较大，理论上可以实现快速充电。相同之处是它们都采用插入式连接器的方式进行充电。这种连接方式有很多缺点，譬如插电容易产生火花、容易产生磨损、不容易维护、不够美观、不够灵活、不够安全等问题。

无线电能传输技术的出现使得电动汽车的供电有了新的选择，使用无线电能传输可以有效地克服上述缺点。基于无线电能传输方法的电动汽车感应耦合充电技术具有操作安全、防水防尘、接口免维护等诸多优点，因此电动汽车的无线充电技术具有广阔的应用前景。

感应耦合式无线电能传输技术的原理是在一次侧的发射绕组中产生高频的正弦波电流，它会在一次绕组的周围产生高频的交变磁场，而二次绕组将会在磁场中感应出电能，再经过能量变换得到需要的电能形式给用电设备供电。图 9-20 所示为电动汽车无线充电系统原理。

感应耦合电能传输技术与一般的变压器原理非常接近，都是高频交流电通过电磁感应来进行传输。区别在于感应耦合电能传输的发射绕组和接收绕组是松耦合方式的，通常情况下发射绕组和接收绕组的距离较大，而且根据传输的需要还分为有磁心和无磁心的感应绕组。由于是松耦合方式，能量在一次到二次绕组传递过程中，会在空气中有一部分的损失。把感应耦合电能传输技术应用到电动汽车的供电上面，不仅可以实现对电动汽车电池的无线充电，同时也可以实现对电动汽车电动机的运行进行无线供电。

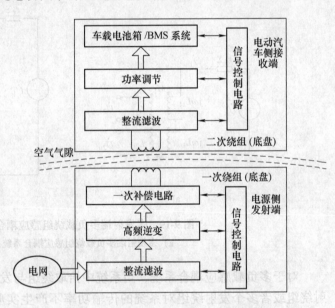

图 9-20 电动汽车无线充电系统原理

电动汽车无线充电方式可分为在线式充电和定点式充电两种。在线式需要在车辆行驶的道路下方埋设电能发射装置，从而在汽车行驶过程中，实现对电动汽车的实时供电，这种方式可大幅减少配备的动力电池容量，减轻车体重量，提高能量的有效利用率。同时有助于降低初始购置成本，解决其受制于大容量电池的高成本问题，推进市场化。在国内，很多汽车制造厂商，如比亚迪、奇瑞、长安、吉利等都推出了自己的电动汽车，但是已经上市销售的电动车不是很多,而且都采用传统的接触式充电方式。目前市面上还没有出现采用无线电能技术进行充电的电动汽车车型。

2. 电动汽车定点式无线充(供)电系统分析

电动汽车定点式无线充(供)电系统的结构如图9-21所示,能量发射绕组埋置在地面上方,能量拾取绕组放置在电动车的下方,一次侧的输入电能经过能量变换后通过能量发射机构向上方发射,经过15~30cm高度的空气传播,拾取绕组拾取到电能后,经过能量变换装置把高频的交流电能转化成电动车所需的电能,车体在静止时可以给储能装置长时间充电。

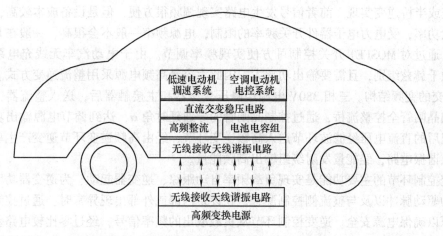

图9-21 电动汽车定点式无线充(供)电系统的结构

基于电磁谐振式电动汽车超级电容驱动无线充电装置的系统总体框图如图9-22所示。输入的交流电经二极管整流变换成直流电,直流斩波电路根据输出负载功率要求控制全桥逆变器输入端直流电压,经全桥逆变电路变换成高电压输送给电磁耦合无线电能传输发射端,谐振补偿电容和发射绕组电感形成发射端谐振回路,通过电磁耦合,在接收端回路谐振补偿电容和接收绕组形成电磁共振,接收端的电能经输出整流变换成直流电,提供给超级电容充

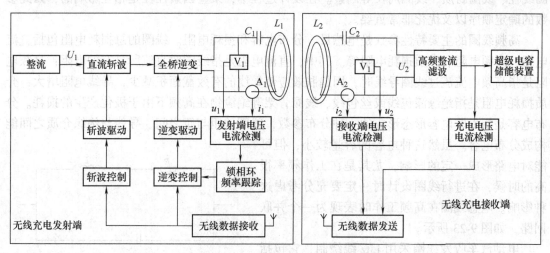

图9-22 无线充电装置的系统总体框图

电。控制部分分为直流电压控制和逆变器频率跟踪控制两部分。直流电压控制采用 PWM 脉宽调制技术，逆变器频率跟踪采用锁相环电压电流相位控制技术，当发射端和接收端谐振回路参数变化时，及时改变逆变频率，保持逆变器输出电压和电流的相位稳定在逆变电路允许的最小相位角，功率因数最大。控制电路由电压电流检测电路、斩波驱动电路、逆变电流检测电路、频率跟踪和逆变控制电路、逆变驱动电路等组成。

（1）大容量高频电源　高频电源是无线电能传输系统中必不可少的部分，其性能参数和输出波形稳定度及失真度将直接影响整个系统的特性。目前无线电能传输高频电源主要有两种实现方法，一种是利用功放将信号功率进行放大实现；另一种是利用电力电子器件通过全桥逆变或半桥逆变实现。前者信号发生电路实现调频很方便，但是设备成本较高，后者可实现较大功率，受电力电子器件开关频率的限制，电源频率一般不会很高，一般在几百千赫兹以内，通过对 MOSFET 开关控制可方便实现频率调节。由于电动汽车无线充电系统工作频率在数千赫兹级别，且需要输出功率大，因此大容量高频电源采用整流逆变方式。电源采用交-直-交的变频结构。三相 380V 电源经降压变压器和主接触器后，送入整流器，整流器采用三相晶闸管全控整流桥，通过控制晶闸管的导通延时角 α，达到调节电源输出功率的目的，整流后的直流电压经滤波环节送入高频逆变环节，经由高频逆变环节逆变产生单相高频电流送入谐振电路，经能量发射绕组输出高频能量。

逆变控制环节的主要功能是实现负载频率自动跟踪、逆变器起动、为逆变器功率器件提供可靠的驱动脉冲以及与整流侧控制配合，在设备内部或外部出现异常时，通过控制整流桥输出电压以确保电源安全。逆变控制环节从负载取出的频率信号，经过零比较电路获得自激信号，逆变工作前，由于负载上的电压、电流均为零，因此无法获得启动时所需的自激信号。励高频电源采用他励起动，逆变环节启动后，当电源输出电压达到一定值时，电平检测电路输出翻转，使电子开关输出由他激信号转换成自激信号，从而完成逆变器的起动过程。

（2）线圈优化设计　收发线圈的优化设计是电动汽车无线电能传输系统设计的核心部分，直接决定着无线电能传输的成功与否和传输的功率、效率。设计时需要满足保持相同的固有谐振频率，具有较高的品质因数 Q 值。除此之外，还要涉及尺寸大小、线圈直径、线圈线径、线圈材质、线圈周长等因素。在设计过程中，某些因素往往是相互影响的，因此参数的确定顺序以及优化非常重要。

高频线圈的主要特性参数是电感量、分布电容和损耗电阻。线圈的总损耗电阻包括直流电阻、高频电阻、介质损耗电阻等。其中，直流电阻是指线圈对直流所具有的电阻；高频电阻是指高频电流流过线圈导线时，因趋肤效应使导线的有效截面积减少，导线电阻增大；介质损耗电阻是指绝缘漆包线或丝包线、线圈骨架等绝缘物在高频下由于极化产生的损耗。分布电容是指由非电容形态形成的一种分布参数，线圈的匝与匝之间、导线与绝缘介质之间能构成分布电容。虽然这种电容的容量较小，但可能对电路形成一定的影响，尤其是在工作频率很高的时候，在进行线圈设计时一定要充分考虑这种影响。电感线圈在高频工作时表现为一个并联回路，如图 9-23 所示。

电动汽车收发线圈采用 Litz 线绕制，它包括多股细铜线，可有效减小电流的趋肤效应引起的

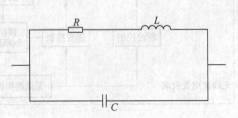

图 9-23　电感线圈在高频下的等效电路

电阻，从而降低系统损耗。收发线圈的结构如图 9-24 所示。

（3）电磁屏蔽　在电动汽车无线电能传输系统中，电磁屏蔽的设计也是一个重要部分，尤其是大功率无线电能传输系统。收发线圈间上百安培的电流可产生高达数十万毫高斯（$1Gs = 10^{-4}T$）的磁通。即使主磁通存在 0.1% 的漏磁，也可产生数百毫高斯，这个磁通值比国际非电离辐射防护委员会标准规定的磁通值要大几倍。因此，在电动汽车大电流无线充电系统中，控制漏磁通是极其必要的。为了防止漏磁，在收发线圈边界处安装金属刷，金属刷由多股金属线组成，在电动汽车进行充电时，金属刷可有效减小漏磁，降低对外界的电磁干扰。此外，为了防止高频磁场对周围的影响，在收发线圈的顶层各加入一层铝板，如图 9-25 所示。

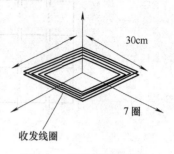

图 9-24　收发线圈的结构

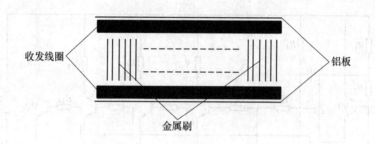

图 9-25　铝板和金属刷的结构

（4）储能系统　目前市面上的电动汽车大都采用锂电池或者铅酸电池供电的方式。而使用电池供电有许多不足之处，最重要的原因是目前电池的容量相对电动汽车的需求还比较小，这导致了电动汽车续航能力非常有限。100～200km 的续航能力只能满足一般的市区交通需求，远远不能满足长途行驶的需求，而且较小的电池容量直接导致电池需要频繁的充电。另一方面，电动汽车电池充电需要的时间比较长，目前电动汽车电池的充电时间往往在 6～8h。因此电动汽车的电池和充电是电动汽车技术中的重点，也是电动汽车发展的关键所在，更快速、安全、高效、清洁的充电方式将成为未来的发展方向。

超级电容存储能量具有充电时间短、充电次数多、容量大的优点，能解决锂电池污染大、充电时间长、可充电次数少的弊端。电动汽车无线充电系统中接收线圈通过谐振耦合接收到的高频电经高频整流电路变换成直流电，对超级电容电池组进行充电。充电时间和充电电压、电流由超级电容电池组的容量和充电电源的功率决定。

一般超级电容的电压低，额定电压一般只有 1～3V，过电压工作将会引起超级电容内部的电解质分解，从而使电容损坏。因此，必须通过超级电容串并联组合构成超级电容模块才能满足实际应用系统对电压和能量等级的需要。超级电容组合电路如图 9-26 所示，采用 288 个 500F 的超级电容，其中 6 个超级电容串联为一个单元，12 个单元并联为一组，超级电容组合电路的组成结构为两组串联后，再与另外两组串联组合并联。

在实际应用中，超级电容还要考虑容量偏差、漏电流和等效串联电阻等因素影响，这些因素是导致超级电容无法均匀充电的直接来源。因此，电动汽车应用超级电容作为传能装置，必须采取限压措施，防止超级电容过充及保证各个超级电容均衡充电。

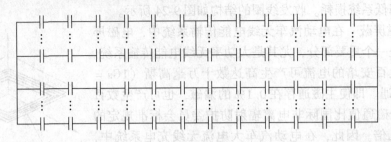

图 9-26 超级电容组合电路

超级电容限幅均压电路如图 9-27 所示。电路工作时的特性类似稳压二极管特性，在一定程度上将端电压限制在"稳压值"以下，控制超级电容在电池组中的转移，实现基于电荷转移的均衡。

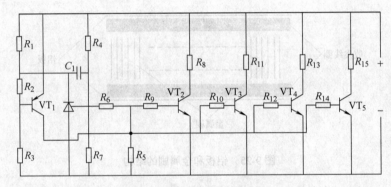

图 9-27 超级电容限幅均压电路

控制保证了超级电容在充电时不会过电压。该方法与以往的传统电容均衡相比，硬件设计更易实现，转换开关的数量大大减少，控制方法也较易于实现，可实现大电流的均衡，独特的设计结构更易于扩展和模块化设计。

（5）收发端通信系统　在实际应用中，只要把充电装置安装在边上，发送绕组安放在汽车停车路面下，汽车上的接收绕组对准发送绕组，发送绕组和接收绕组的垂直距离在 400mm 左右，汽车上的充电控制开关遥控充电装置，自动完成充电过程。

3. 电动汽车在线式无线充电系统分析

（1）电动汽车在线式充电系统设计　电动汽车在线式充电系统由电能发射部分与电能接收部分组成。电能发射部分包含转换器和电力线两部分，电能转换器可将工频电转换成高频电后，通过电力线来传输电流，产生磁通量。电能接收部分由接收模块、整流器和调节器组成。接收模块获得感应电压和电流后，整流器将交流电转换成直流电，调节器控制输入储能装置的电压。

（2）磁心结构　电动汽车在线式充电系统中，由于接收端电压、电流、驱动装置和工作的谐振频率都依靠目标功率决定，因此，在设计中目标功率是一个需要考虑的重要因素。其次，电动汽车在线式充电系统发射端安装在道路下面，属于人们日常生活场所，所以系统中应用的谐振频率必须经过相关部门允许。一般地，电动汽车无线充电使用的频率范围为 10~100kHz。

无线电能传输系统的基本模型如图 9-28 所示,它与变压器模型类似。在电路中,互感 M 实现了有效的电能传输,它由电感和耦合系数 k 决定,即

$$M = k\sqrt{L_1 L_2} \tag{9-23}$$

式中 k——耦合强度,且 $k \leq 1$。

然而,由于汽车底部与道路间存在较大的空气间隙,电动汽车定点式无线充电中 k

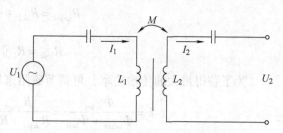

图 9-28 无线电能传输系统的基本模型

值很小,因此,为了增强磁场耦合强度,必须加入磁心来增强磁场,获得最大的磁通密度。应用中,基本磁心结构有 EE 形和 UU 形两种。EE 形由一对 E 形磁心组成,UU 形由一对 U 形磁心组成。在 EE 形结构中,电力电缆缠绕在中心的磁极周围,从而形成了两个目标磁环和两个主要的漏磁环路。

在 UU 形结构中,电力电缆缠绕在一次磁心的一个极棒周围,形成了一个目标磁环和两个主要的漏磁环,如图 9-29a 所示。

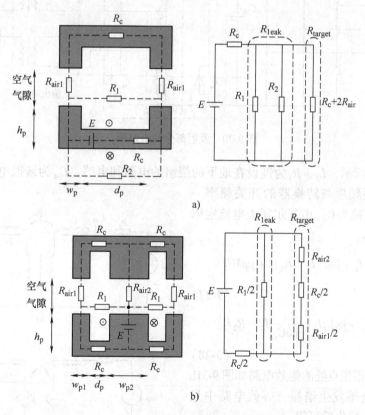

图 9-29 磁回路和等效电路
a) UU 形 b) EE 形

EE 形磁性结构如图 9-29b 所示,分别为目标环路和漏磁环路的等效磁阻,表达式如下:

$$R_{\text{target}} = R_{\text{air2}} + \frac{1}{2}R_{\text{air1}} + \frac{1}{2}R_c \tag{9-24}$$

$$R_{\text{leak}} = R_1 \parallel R_1 = \frac{1}{2}R_1 \tag{9-25}$$

为了获得最大的传输功率，可调节磁阻来增大耦合系数 k，公式如下：

$$k = \frac{\Phi_{\text{target}}}{\Phi_{\text{target}} + \Phi_{\text{leak}}} = \frac{R_{\text{target}}}{R_{\text{target}} + R_{\text{leak}}} = \frac{R_1}{2R_{\text{air2}} + R_{\text{air1}} + R_c + R_1} \tag{9-26}$$

因此，$(2R_{\text{air2}} + R_{\text{air1}} + R_c)$ 应该保持最小，R_1 应该最大。

（3）发射部分设计　发射部分的电路图如图 9-30 所示，铺设在道路下的电力线路由三相电力转换器和电力线路两部分组成。电能转换器将 50Hz 交流电转换成单相 20kHz 交流电。在电能转换器内部，三相交流电被转换成直流，再通过单相转换器转换成单相交流电。

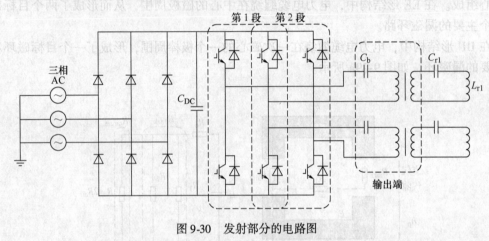

图 9-30　发射部分的电路图

如图 9-31a 所示，L_1、R_1 为铺设在地下的绕组的电阻和电感，C_{r1} 为谐振电容，与 L 构成串联谐振，谐振频率与转换器的开关频率一致，此时输出阻抗为 0。由基尔霍夫电流定律和欧姆定律可得

$$U_{\text{inv}} = \frac{1}{j\omega C_{r1}}I_1 + j\omega L_1 I_1 + R_1 I_1 + j\omega M I_2 \tag{9-27}$$

$$U_{\text{Ld}} = j\omega M I_1 - j\omega L_2 I_2 - \frac{1}{j\omega C_{r2}}I_2 - R_2 I_2 \tag{9-28}$$

理想状态下谐振点处的等效电路如图 9-31b 所示，电容和电感发生谐振，等效电路中只剩下电阻部分，简化后可得

$$U_{\text{inv}} = R_1 I_1 + j\omega M I_2 \tag{9-29}$$

$$U_{\text{Ld}} = j\omega M I_1 - R_2 I_2 \tag{9-30}$$

（4）接收部分设计　接收部分由铁氧体磁心、补偿电容和纤维增强复合塑料（FRP）

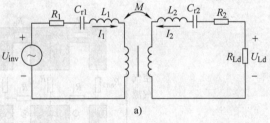

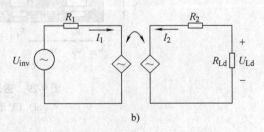

图 9-31　发射系统的等效电路
a）谐振点处的等效电路　b）理想的谐振等效电路

材料组成。FRP材料能保护内部的物理结构和隔离外部干扰。与发射端电力电缆类似，接收部分采用Litz线。为了增加感应电压，中间部分采用顺时针方向绕制，左右采用逆时针方向绕制。

9.4 本章小结

本章重点介绍了电动汽车充电及其基础设施，先对充电设备及其性能要求、发展趋势以及充电接口的形式和标准进行了归纳总结；之后介绍了家庭充电设施、公共充电设施以及动力电池更换站，使读者对现阶段的常用充电设施的建设和应用形式有一个基本的了解；最后主要介绍了无线电能传输技术，分别对磁感应耦合式无线电能传输技术、磁耦合谐振式无线电能传输技术、微波辐射式无线电能传输技术以及激光方式无线电能传输技术等不同类型的无线电能传输技术在工作原理及技术特点的差异性方面进行对比分析。

电动汽车的发展是一个渐进而漫长的过程，与电动汽车配套的充换电设施和相关政策法规等也在不断的调整和更新，本章仅对目前电动汽车的充换电技术发展设计的若干问题进行了关注。随着电动汽车及充换电技术的快速发展，必将有大量的新技术和新产品不断涌现，需要密切跟踪和深入研究。

习 题

1. 按照安装位置充电机可以分为哪几种？它们各自的优点是什么？
2. 电动汽车充电接口主要有哪几种？
3. 常用充电设施有哪几种？它们各自的优点是什么？
4. 无线电能传输技术主要分为哪几类？

附　　录

附录A　中国电动汽车标准列表

序号	标准号	标准名称	参考或对应的主要标准
基础通用			
1	GB/T 18384.1—2015	电动汽车　安全要求　第1部分：车载可充电储能系统（REESS）	ISO 6469-1—2000
2	GB/T 18384.2—2015	电动汽车　安全要求　第2部分：操作安全和故障防护	ISO 6469-2—2000
3	GB/T 18384.3—2015	电动汽车　安全要求　第3部分：人员触电防护	ISO 6469-3—2000
4	GB/T 4094.2—2005	电动汽车操纵件、指示器及信号装置的标志	ISO 2575—2000
5	GB/T 19596—2004	电动汽车术语	ISO 8713—2002
6	QC/T 837—2010	混合动力电动汽车类型	—
7	GB/T 24548—2009	燃料电池电动汽车　术语	—
8	QC/T 893—2011	电动汽车用驱动电机系统故障分类及判断	—
整车-纯电动汽车			
9	GB/T 24552—2009	电动汽车风窗玻璃除霜除雾系统的性能要求及试验方法	—
10	GB/T 19836—2005	电动汽车用仪表	IEC 60784—1984
11	GB/T 28382—2012	纯电动乘用车　技术条件	—
12	QC/T 838—2010	超级电容电动城市客车	—
13	GB/T 18385—2005	电动汽车　动力性能　试验方法	ISO 8715—2001
14	GB/T 18386—2005	电动汽车　能量消耗率和续驶里程　试验方法	ISO 8714—2002
15	GB/T 18387—2008	电动车辆的电磁场发射强度的限值和测量方法，宽带，9kHz～30MHz	SAE J551-5—2004
16	GB/T 18388—2005	电动汽车　定型试验规程	—
17	QC/T 925—2013	超级电容电动城市客车　定型试验规程	—
整车-混合动力电动汽车			
18	GB/T 19751—2005	混合动力电动汽车安全要求	ECE R100
19	GB/T 19750—2005	混合动力电动汽车　定型试验规程	—
20	GB/T 19752—2005	混合动力电动汽车　动力性能　试验方法	EN 1821-2、ETA TP002
21	GB/T 19753—2013	轻型混合动力电动汽车能量消耗量试验方法	ECE R101.01
22	GB/T 19754—2015	重型混合动力电动汽车能量消耗量试验方法	SAE J2711 ECE R101.01
23	GB/T 19755—2016	轻型混合动力电动汽车污染物排放控制要求及测量方法	ECE R83
24	QC/T 894—2011	重型混合动力电动汽车污染物排放车载测量方法	—

(续)

序号	标 准 号	标准名称	参考或对应的主要标准
		整车-燃料电池电动汽车	
25	GB/T 24549—2009	燃料电池电动汽车 安全要求	—
26	GB/T 29123—2012	示范运行氢燃料电池电动汽车技术规范	—
27	GB/T 26991—2011	燃料电池电动汽车 最高车速试验方法	ISO/TR 11954：2008
28	GB/T 29124—2012	氢燃料电池电动汽车示范运行配套设施规范	—
		关键总成-车载储能系统	
29	GB/T 32620.1—2016	电动道路车辆用铅酸蓄电池 第1部分：技术条件	IEC 61982-1：2006
30	GB/T 18332.2—2001	电动道路车辆用金属氢化物镍蓄电池	IEC 61436
31	GB/Z 18333.1—2001	电动道路车辆用锂离子蓄电池	
32	QC/T 741—2014	车用超级电容器	
33	QC/T 742—2006	电动汽车用铅酸蓄电池	IEC 61982
34	QC/T 743—2006	电动汽车用锂离子蓄电池	IEC 62660
35	QC/T 744—2006	电动汽车用金属氢化物镍蓄电池	
36	QC/T 840—2010	电动汽车用动力蓄电池产品规格尺寸	ISO/IEC PAS 16898
37	QC/T 897—2011	电动汽车用电池管理系统技术条件	
38	GB/T 18333.2—2015	电动汽车用锌空气电池	
		关键总成-驱动系统	
39	QC/T 896—2011	电动汽车用驱动电机系统接口	
40	GB/T 29307—2012	电动汽车用驱动电机系统可靠性试验方法	
41	QC/T 926—2013	轻型混合动力电动汽车（ISG型）用动力单元可靠性试验方法	
		关键总成-燃料电池系统	
42	GB/T 26990—2011	燃料电池电动汽车 车载氢系统 技术要求	
43	GB/T 29126—2012	燃料电池电动汽车 车载氢系统 试验方法	
44	QC/T 816—2009	加氢车技术条件	
45	GB/T 24554—2009	燃料电池发动机性能试验方法	
		关键总成-电子控系统	
46	GB/T 24347—2009	电动汽车DC/DC变换器	—
		基础设施	
47	GB/T 29317—2012	电动汽车充换电设施术语	
48	GB/T 29316—2012	电动汽车充换电设施电能质量技术要求	
49	GB/T 18487.1—2015	电动车辆传导充电系统 第1部分：通用要求	IEC 61851-1
50	GB/T 18487.2—2001	电动车辆传导充电系统 电动车辆与交流/直流电源的连接要求	IEC 61851-2-1，-2-2
51	GB/T 18487.3—2001	电动车辆传导充电系统 电动车辆交流/直流充电机（站）	IEC 61851-2-3
52	NB/T 33001—2010	电动汽车非车载传导式充电机技术条件	
53	NB/T 33002—2010	电动汽车交流充电桩技术条件	
54	QC/T 895—2011	电动汽车用传导式车载充电机	
55	NB/T 33008.1—2013	电动汽车充电设备检验试验规范 第1部分：非车载充电机	—

(续)

序号	标准号	标准名称	参考或对应的主要标准
56	NB/T 33008.2—2013	电动汽车充电设备检验试验规范 第2部分：交流充电桩	—
57	NB/T 33006—2013	电动汽车电池箱更换设备通用技术要求	
58	GB/T 29781—2013	电动汽车充电站通用要求	
59	GB 50966—2014	电动汽车充电站设计规范	
60	GB/T 29772—2013	电动汽车电池更换站通用技术要求	
61	NB/T 33009—2013	电动汽车充换电设施建设技术导则	
62	NB/T 33004—2013	电动汽车充换电设施工程施工和竣工验收规范	
63	GB/T 29318—2012	电动汽车非车载充电机电能计量	
64	GB/T 28569—2012	电动汽车交流充电桩电能计量	
65	NB/T 33005—2013	电动汽车充电站及电池更换站监控系统技术规范	
66	NB/T 33007—2013	电动汽车充电站/电池更换站监控系统与充换电设备通信协议	
67	GB 29303—2012	用于I类和电池供电车辆的可开闭保护接地移动式剩余电流装置（SPE-PRCD）	IEC 62335：2008
接口与界面			
68	GB/T 20234.1—2015	电动汽车传导充电用连接装置 第1部分：通用要求	IEC 62196-1
69	GB/T 20234.2—2015	电动汽车传导充电用连接装置 第2部分：交流充电接口	IEC 62196-2
70	GB/T 20234.3—2015	电动汽车传导充电用连接装置 第3部分：直流充电接口	IEC 62196-3
71	GB/T 27930—2015	电动汽车非车载传导式充电机与电池管理系统之间的通信协议	IEC 61851-24
72	GB/T 26779—2011	燃料电池电动汽车加氢口	—

附录B 国外电动汽车相关标准

说明：由于国外标准的名称原版为英文或其他语言，以下名称均为翻译后的，请以原版名称为准。

国际标准化组织（ISO）标准（ISO/TR为技术报告，ISO/TS为技术规范）

（1）ISO 6469-1—2009 电动车安全技术规范第1部分：车载电能储存装置

（2）ISO 6469-2—2009 电动车安全技术规范第2部分：功能安全性措施及失效防护

（3）ISO 6469-3—2011 电动道路车辆安全技术规范第3部分：人身防电击保护

（4）ISO 6469-4—2015 电动道路车辆安全技术规范第4部分：碰撞后的电气安全

（5）ISO 7628—2010 道路车辆气制动系统热塑管

（6）ISO 8713—2012 电动车辆词汇

（7）ISO 8714—2002 电动车辆能源消耗参考值和续驶里程乘用车和轻型商用车辆试验程序

（8）ISO 8715—2001 电动车辆道路操纵特性

（9）ISO/TR 11954—2008 燃料电池道路车辆最高车速检测方法

（10）ISO/TR 11955—2008 混合动力电动道路车辆充电均衡检测方法指南

（11）ISO 12405-1—2011 电动车辆锂离子电池包和系统试验规范第 1 部分：强动力应用

（12）ISO 23273-1—2006 燃料电池道路车辆安全技术条件第 1 部分：汽车功能安全性

（13）ISO 23273-2—2006 燃料电池道路车辆安全技术条件第 2 部分：对以压缩氢为燃料的车辆氢伤害的防护

（14）ISO 23273-3—2006 燃料电池道路车辆安全技术条件第 3 部分：人员电气伤害防护

（15）ISO 23274-1—2013 混合动力电动车辆排放污染物和燃料消耗量第 1 部分：非外接充电车辆

（16）ISO 23274-2—2012 混合动力电动车辆排气污染物和燃料消耗量测量第 2 部分：外接充电车辆

（17）ISO 23828—2013 燃料电池道路车辆能量消耗量供以压缩氢燃料的车辆

（18）ISO 13043：2011 道路汽车车用空调系统制冷系统（MAC）安全要求

（19）ISO 13984—1999 液氢加注接口

（20）ISO 13985—2006 液态氢地面车辆燃料箱

（21）ISO 14687—2012 氢燃料产品规范

（22）ISO 14687-1—2012 氢燃料产品规范第 1 部分：不包括道路车辆用质子交换膜（PEM）燃料电池的所有应用

（23）ISO/TS 14687-2—2012 氢燃料产品规范第 2 部分：道路车辆用质子交换膜（PEM）燃料电池的应用

（24）ISO/TS 15869—2009 气态氢和混合氢地面车辆燃料箱

（25）ISO/RT 15916—2015 氢系统安全基础问题

（26）ISO 17268—2006 压缩氢气路面车辆加注连接装置

（27）ISO/TS 20100—2008 氢燃料站

（28）ISO 22734-1—2008 用水电解处理的氢发生器第 1 部分：工业和商业设施

国际电工委员会（IEC）标准（IEC/TR 为技术报告，IEC/TS 为技术规范）

（1）IEC 61851-21—2001 电动道路车辆传导充电系统第 21 部分：电动车辆与直流、交流电源传导连接的要求

（2）IEC 61851-22—2001 电动道路车辆传导充电系统第 22 部分：道路车辆交流充电站

（3）IEC 62196-1—2011 电动车辆传导充电第 1 部分：250A 交流电和 400A 直流电以下的电动车辆充电插头、插座、车辆耦合器和引入线

（4）IEC/TS 62282-1—2013 燃料电池技术第 1 部分：术语

（5）IEC 62282-2—2012 燃料电池技术第 2 部分：燃料电池模块

（6）IEC 62282-5-1—2012 燃料电池技术第 5-1 部分：移动式燃料电池装置安全

（7）DS/IEC/TS 62282-7-1—2012 燃料电池技术第 7-1 部分：单体聚合物电解质燃料电池的试验方法

（8）IEC 62576—2009 混合动力电动汽车用双层电容器试验方法和电气特性

欧洲标准化技术委员会（CEN）标准

（1）EN 1821-1—1998 电动道路车辆道路操纵特性测量方法第 1 部分：纯电动汽车

（2）EN 1821-2—1999 电动道路车辆道路操纵特性测量方法第 2 部分：热电混合动力

汽车

(3) EN 1986-1—1997 电动道路车辆能量特性测量第 1 部分：纯电动汽车

(4) EN 1986-2—2003 电动道路车辆能量特性测量第 2 部分：热电混合动力汽车

(5) EN 1987-1—1998 电动道路车辆特殊安全要求第 1 部分：车载储能装置

(6) EN 1987-2—1997 电动道路车辆特殊安全要求第 2 部分：功能安全和故障防护

(7) EN 1987-3—1998 电动道路车辆特殊安全要求第 3 部分：使用者触电防护

(8) EN 12736—2001 电动道路车辆利用车载充电器进行充电时的噪声声压级的确定

(9) EN 13444-1—2001 电动道路车辆混合动力汽车排放的测量第 1 部分：热电混合动力汽车

(10) EN 13447—2001 电动道路车辆术语

(11) EN 61851-1—2011 电动车辆感应充电系统

(12) EN 61851-21—2002 电动车辆感应充电系统第 21 部分：电动车辆与直流、交流电源传导连接的要求

(13) EN 61851-22—2001 电动车辆感应充电系统第 22 部分：电动车辆交流充电站

(14) EN 61982-2—2002 电动道路车辆动力电池第 2 部分：动态放电试验和动态耐久试验

(15) EN 62196-1—2014 电动车导电充电第 1 部分：通用要求插头、电气插座、车辆连接器和车辆引入线

(16) EN 62576—2010 混合动力电动汽车用双层电容器试验方法和电气特性

联合国世界车辆法规协调论坛（UN/WP29）标准

(1) ECE R83：2003 关于就污染物的排放方面批准汽车的统一规定（修订版）

(2) ECE R100：2002 关于纯电动汽车的结构和功能安全及氢气排放的统一规定

(3) ECE R101：2003 关于就 CO_2 排放和油耗的测量方面批准装用内燃机的乘用车和就电耗量和续驶里程的测量方面批准装用电传动系的 M1 和 N1 类车辆的统一规定（修订版）

美国汽车工程师学会（SAE）标准

(1) SAE J551-5—2012 电动车宽带（9kHz～30MHz）磁场和电场强度的性能等级和测量方法

(2) SAE J1494—2012 蓄电池电缆

(3) SAE J1495—2005 蓄电池阻燃通风系统试验方法

(4) SAE J1634—2012 电动车辆能源消耗与续驶里程试验规范

(5) SAE J1673—2012 高压汽车电线装配计划

(6) SAE J1711—2010 混合电动汽车燃料经济性和排放污染物检测规程

(7) SAE J1715—2008 混合动力电动汽车（HEV）和电动汽车（EV）用术语

(8) SAE J1718—1997 电动乘用车和轻型载货车在电池充电过程中氢气排放检测

(9) SAE J1723—1995 过充电试验标准

(10) SAE J1742—2010 道路车辆高压电气线束试验方法和一般性能要求用连接件

(11) SAE J1766—2014 电动车和混合电动车电池系统碰撞完整性试验的推荐规程

(12) SAE J1772—2016 电动车辆和混合动力电动车辆电导耦合器中的插头

(13) SAE J1797—2016 电动汽车电池模块包装推荐规程

(14) SAE J1798—2008 电动汽车电池模块性能级别推荐规程
(15) SAE J2288—2008 电动汽车电池模块寿命周期试验
(16) SAE J2293-1—2014 电动汽车能量转换系统第 1 部分：功能要求及系统构造
(17) SAE J2293-2—2014 电动汽车能量转换系统第 2 部分：通信要求及网络结构
(18) SAE J2344—2010 电动汽车安全指南
(19) SAE J2380—2013 电动汽车电池振动试验
(20) SAE J2464—2009 电动和混合动力车辆可充电储能系统的安全和滥用试验
(21) SAE J2572—2014 使用压缩氢气的燃料电池车辆和燃料电池混合动力车辆燃料消耗量和续驶里程的推荐测量规程
(22) SAE J2574—2002 燃料电池汽车术语
(23) SAE J2578—2014 一般燃料电池车辆安全性推荐规程
(24) SAE J2579—2013 燃料电池和其他氢燃料车辆的燃料系统的技术信息报告
(25) SAE J2594—2003 循环式质子交换膜燃料电池系统设计推荐性操作规程
(26) SAE J2600—2012 压缩氢表面车辆加油连接装置
(27) SAE J2615—2005 机动车用燃料电池系统性能试验
(28) SAE J2616—2005 自动燃料电池的燃料处理及子系统的性能测试
(29) SAE J2617—2007 汽车设备用 PEM 燃料电池组子系统的性能测试用推荐实施规程
(30) SAE J2711—2002 混合动力和传统重型车辆排放和燃料经济性测试推荐规程
(31) SAE J2719—2015 燃料电池汽车制定的氢燃料质量
(32) SAE J2758—2007 混合动力车用可充注能量储存系统可用最高能量的确定
(33) SAE J2799—2014 70MP 汽车加氢站通信装置的硬件和软件
(34) SAE J2836-5—2013 用于插电式混合动力电动车的无线充电通信的使用案例
(35) SAE J2841—2010 用旅行调查数据定义插电式混合动力电动车的效用（适用性）因素
(36) SAE J2847-1—2013 可插电式车辆和公用电网之间的通信
(37) SAE J2929—2011 电动和混合动力车辆推进电池系统安全性标准：锂基可充电电池

美国电动运输协会（ETA）标准（美国电动汽车、混合动力电动汽车技术要求）
(1) ETA-HAC002：2001 试验控制
(2) ETA-HAC006：2001 整车检验
(3) ETA-HTP002：2001 混合动力汽车加速、爬坡性能和减速试验规程
(4) ETA-HTP003：2001 混合动力电动汽车能量消耗率和续驶里程试验规程
(5) ETA-HTP004：2001 电动汽车等速续驶里程试验
(6) ETA-HTP005：2001 混合动力电动汽车粗糙路面试验
(7) ETA-HTP006：2001 制动试验
(8) ETA-HTP008：2001 电池充电
(9) ETA-HTP009：2001 混合动力电动汽车产生的磁场（EMF）和电磁辐射（EMI）的测量和评估
(10) ETA-HTP012：2001 电动汽车车载电池能源管理系统（BEMS）评估

日本工业标准调查会（JIS）标准

(1) JIS D0112—2000 电动车辆相关的术语汇编（车辆）
(2) JIS D0113—2000 电动车辆相关的术语汇编（电机及控制装置）
(3) JIS D0114—2000 电动车辆相关的术语汇编（电池）
(4) JIS D0115—2000 电动车辆相关的术语汇编（充电器）
(5) JIS D1301—2001 电动车辆续驶里程和能耗测量方法
(6) JIS D1302—2004 电动车辆电动摩托最大动力试验方法
(7) JIS D1303—2004 电动车辆蓄电池充电效率试验方法
(8) JIS D1304—2004 电动车辆充电设备效率试验方法
(9) JIS D1401—2009 混合动力电动车用双层电容器的电气特性试验方法
(10) JIS D5303-1—2004 铅酸牵引蓄电池第1部分：一般要求和试验方法
(11) JIS D5303-2—2004 铅酸牵引蓄电池第2部分：电池尺寸和电池电极端子与极性标记
(12) JIS D5305-1—2007 电动道路车辆安全规范第1部分：牵引用蓄电池
(13) JIS D5305-2—2007 电动道路车辆安全规范第2部分：功能性安全措施和失效的防护

日本电动车辆协会（JEVA）标准

(1) JEVS Z 101：1987 电动汽车道路试验方法通则
(2) JEVS Z 102：1987 电动汽车最高车速试验方法
(3) JEVS Z 103：1987 电动汽车续驶里程试验方法
(4) JEVS Z 104：1987 电动汽车爬坡试验方法
(5) JEVS Z 105：1988 电动汽车行驶能量消耗率试验方法
(6) JEVS Z 106：1988 电动汽车能量消耗率试验方法
(7) JEVS Z 107：电动汽车电机及其控制器综合试验方法
(8) JEVS Z 108：1994 电动车辆续驶里程和能量消耗率试验方法
(9) JEVS Z 109：1995 电动车辆加速性能试验方法
(10) JEVS Z 110：1995 电动车辆最大巡航车速试验方法
(11) JEVS Z 111：1995 电动车辆标准能量消耗率试验方法
(12) JEVS Z 112：1996 电动车辆爬坡能力试验方法
(13) JEVS Z 701：1994 电动车辆电动机及控制器联合驱动测量
(14) JEVS Z 804：1998 电动汽车操纵件、指示器及信号装置的识别标志
(15) JEVS Z 805：1998 电动汽车术语（车辆）
(16) JEVS Z 806：1998 电动汽车术语（电机及控制装置）
(17) JEVS Z 807：1998 电动汽车术语（电池）
(18) JEVS Z 808：1998 电动汽车术语（充电器）
(19) JEVS Z 901：1995 电动车辆技术参数标准格式（主要技术参数表）
(20) JEVS C 601：2000 电动汽车充电器用插入连接器
(21) JEVS D 001：2006 电动车辆用阀控式铅酸蓄电池的尺寸和结构
(22) JEVS D 002：1999 电动车辆用镍金属混合密封蓄电池尺寸和构造
(23) JEVS D 701：2006 电动车辆用铅酸蓄电池的容量试验方法

（24）JEVS D 702：2006 电动车辆用铅酸蓄电池的能量密度试验方法
（25）JEVS D 703：2006 电动车辆用铅酸蓄电池的功率密度试验方法
（26）JEVS D 704：2006 电动车辆用阀控式铅酸蓄电池循环试验方法
（27）JEVS D 705：1999 电动汽车用密闭镍氢电池的容量试验方法
（28）JEVS D 706：1999 电动汽车用密闭镍氢电池的能量密度试验方法
（29）JEVS D 707：1999 电动汽车用密闭型氢电池的功率密度及峰值功率试验方法
（30）JEVS D 708：1999 电动汽车用密闭镍氢电池的寿命试验方法
（31）JEVS D 709：1999 电动汽车用密闭镍氢电池的动态放电容量试验方法
（32）JEVS D 710：2002 电动汽车用电池的充电效率试验方法
（33）JEVS D 711：2003 混合动力电动汽车用密闭镍氢电池容量试验方法
（34）JEVS D 712：2003 混合动力电动汽车用密闭镍氢电池的能量密度试验方法
（35）JEVS D 713：2003 混合动力电动汽车用密闭镍氢电池的输出密度及输入密度试验方法
（36）JEVS D 714：2003 混合动力电动汽车用密闭镍氢电池直流内阻计算规程
（37）JEVS D 715：2003 混合动力电动汽车用密闭镍氢电池容量保持特性测试规程
（38）JEVS D 716：2003 混合动力电动汽车用密闭镍氢电池循环寿命测试规程
（39）JEVS D 717：2006 电动汽车用阀控式铅酸蓄电池的动态放电容量试验规程
（40）JEVS D 718：2006 电动汽车用阀控式铅酸蓄电池容量保存特性测试规程
（41）JEVS D 901：1985 动力蓄电池铭牌
（42）JEVS D 902：1985 动力蓄电池的警告标志
（43）JEVS E 701：1994 电动汽车用电机及其控制器联合功率测量
（44）JEVS E 702：1994 电动车辆等效于车载状况的电机功率测量方法
（45）JEVS E 901：1985 电动汽车用电机及其控制器铭牌
（46）JEVS G 101：1993 电动车辆适用于经济充电站快速充电系统的充电器
（47）JEVS G 102：1993 电动车辆适用于经济充电站快速充电系统的铅酸电池
（48）JEVS G 103：1993 电动车辆适用于经济充电站快速充电系统的充电站台
（49）JEVS G 104：1993 电动车辆适用于经济充电站快速充电系统的通信协议
（50）JEVS G 105：1993 电动车辆适用于经济充电站快速充电系统的连接器
（51）JEVS G 106：2000 电动汽车用感应充电系统：一般要求
（52）JEVS G 107：2000 电动汽车用感应式充电系统：手动连接器
（53）JEVS G 108：2001 电动汽车用感应式充电系统：软件接口
（54）JEVS G 109：2001 电动汽车用感应式充电系统：通用要求
（55）JEVS G 901：1985 动力蓄电池充电器铭牌
（56）JEVS TG D001：1999 电动汽车用阀控式铅酸蓄电池的安全标识相关导则
（57）JEVS TG G101：2000 电动汽车的200V 充电系统
（58）JEVS TG G102：2001 电动汽车充电设备的安装
（59）JEVS TG Z001：1999 电动汽车用充电操作标识的相关导则
（60）JEVS TG Z002：1999 电动汽车用高电压部件标识的相关导则
（61）JEVS TG Z002：2002 电动汽车高压线束颜色
（62）JEVS TG Z101：1999 电动汽车电量测试方法

参 考 文 献

[1] 陈全世. 先进电动汽车技术 [M]. 2版. 北京：化学工业出版社，2013.
[2] 王震坡，孙逢春. 电动车辆动力电池系统及应用技术 [M]. 北京：机械工业出版社，2012.
[3] 余志生. 汽车理论 [M]. 4版. 北京：机械工业出版社，2006.
[4] 张舟云，贡俊. 新能源汽车电机技术与应用 [M]. 上海：上海科学技术出版社，2013.
[5] 王震坡，孙逢春，刘鹏. 电动汽车原理与应用技术 [M]. 北京：机械工业出版社，2014.
[6] 胡信国. 动力电池技术与应用 [M]. 北京：化学工业出版社，2009.
[7] 欧阳明高，等. 汽车新型动力系统：构型、建模与控制 [M]. 北京：清华大学出版社，2008.
[8] 王成元，等. 现代电机控制技术 [M]. 2版. 北京：机械工业出版社，2014.
[9] 杨庆新，张献，等. 无线电能传输技术及其应用 [M]. 北京：机械工业出版社，2014.
[10] 杨世春，徐斌，姬芬竹. 电动汽车设计基础 [M]. 北京：国防工业出版社，2013.
[11] 李相哲，苏芳，林道勇. 电动汽车动力电源系统 [M]. 北京：化学工业出版社，2011.